BEAT THE DEALER

켈리공식으로 카지노와 월가를 점령한 수학자 이야기

딜러를 이겨라

에드워드 소프 지음
신가을 옮김 | **안혁** 감수

BEAT THE DEALER : A Winning Strategy for the Game of Twenty-One
by Edward O. Thorp
Copyright ⓒ 1962, 1966 by Edward O. Thorp
All rights reserved.
This Korean edition was published by Iremedia Co., Ltd. in 2015
by arrangement with Edward O. Thorp c/o Curtis Brown Ltd.
though KCC(Korea Copyright Center Inc.), Seoul.

이 책은 (주)한국저작권센터(KCC)를 통해 Curtis Brown Ltd.와의 독점 계약으로 도서출판 이
레미디어에서 출간되었습니다. 한국 내에서 저작권법에 따라 보호를 받는 책이므로 무단 전재
와 무단 복제를 금합니다.

BEAT THE DEALER

켈리공식으로 카지노와 월가를 점령한 수학자 이야기

딜러를 이겨라

에드워드 소프 지음 | 신가을 옮김 | 안혁 감수

이레미디어

＊일러두기
이 책은 1962년도에 출판된 책으로, 이 책에서 소개하는 카드 카운팅은 현대 카지노에서는 적용이 불가능합니다.

이 책을 아내 비비안과
세 아이 라운, 카렌, 제프리에게 바칩니다.

감사의 글

블랙잭의 정교한 연산들은 로저 R. 볼드윈$^{Roger\ R.\ Baldwin}$, 윌버 E. 캔티$^{Wilbur\ E.\ Cantey}$, 허버트 마이젤$^{Herbert\ Maisel}$, 제임스 P. 맥더멋$^{James\ P.\ McDermott}$ 덕분에 가능했다. 그리고 M.I.T. 계수센터$^{M.I.T.\ Computation\ Center}$의 배려로 IBM 704 컴퓨터를 활용할 수 있었다.

귀중한 제언을 해준 친구들, 동료들에게도 고마움을 전하고 싶다. 특히 클로드 E. 샤논$^{Claude\ E.\ Shannon}$ 교수, 버솔드 슈바이처$^{Berthold\ Schweizer}$ 교수, 아베 스클러$^{Abe\ Sklar}$ 교수, 엘버트 워커$^{Elbert\ Walker}$ 교수에게 고마움을 전한다. 오랜 시간 동안 '하우스' 역할을 해준 비비안 소프와 제임스 소프에게도 큰 신세를 졌다. 카지노가 사용하는 수많은 속임수 수법과 장치 그리고 도박업계에 관한 전반적인 정보를 제공해준 네바다 도박규제위원회의 전직 특별 조사관 마이클 맥두걸$^{Michael\ MacDougall}$, 네바다 주의 초기 '카운팅' 플레이어들, 네바다의 카드 메커닉 한 분께 감사를 전한다. 연방조사관 한 분은 네바다 카지노들의 내부 동향과 주(州) 밖의 연줄에 관해 많은 이야기를 들려주었다. 마지막으로 나의 시스템을 카지노에서 실험할 수 있도록 자금을 제공해준 백만장자 두 분께도 감사드린다. 이 실험 결과는 5장에서 다루었다.

IBM 사의 줄리안 브라운$^{Julian\ Braun}$ 씨의 광범위한 연구로 초판의 결과들이 다듬어지고 개선되었다. 포인트 카운트 방식의 연산 대부분은 브라운 씨의 작업이며, 그밖에도 세밀하고 귀중한 제언을 많이 해주었다. 자신의 작업을 2판에 사용하도록 허락해주신 브라운 씨에게 감사드린다.

　네바다의 바카라 도박과 관련하여 나와 함께 작업해준 윌리엄 E. 월든$^{William\ E.\ Walden}$에게 특별한 감사의 마음을 전한다. 〈라이프〉 지에 《Beat the Dealer》와 저자에 관해 기자 정신으로 성실하고 정확하게 보도해준 폴 오닐$^{Paul\ O'Neil}$에게 감사드린다. 또한 적대적인 조직 폭력배들과 정치꾼들에 굴하지 않고 진실을 알려준 〈라이프〉 지의 용기에 고마움을 전하지 않을 수 없다.

　유용한 조언과 아이디어, 개인적인 경험과 체험을 제공해주시고 카지노에서 이 책을 거듭하여 증명해준 많은 독자에게도 감사를 전한다. 마지막으로 《Beat the Dealer》 초판을 열성적으로 읽어주고, 구입해주어 베스트셀러 반열에 올려준 독자 여러분께 감사드린다.

감수의 글

수학으로 돈을 벌 수 있음을 증명한 기념비적인 책

대다수의 한국 학생들에게 어렵고 재미없는 수학은 더 좋은 대학을 가기 위한 수단일 뿐이다. 세상을 살아가기 위해서는 덧셈뺄셈만 할 줄 알면 되지 굳이 미적분까지 배울 필요는 없다고 생각한다. 그래서인지 대학 진학이라는 소기의 목적을 달성한 후에는 수학이라는 학문과 담을 쌓고 지낸다. 하지만 수학이 돈을 벌어준다면 사정은 어떨까? 좋은 대학에 진학하고자 하는 목적이 돈을 많이 벌 수 있는 회사에 취직하려는 것이라면, 수학은 돈을 벌어주는 학문으로 가장 심도 있게 공부해야 할 것이다.

이러한 측면에서 에드워드 소프의 《딜러를 이겨라》는 현대 사회에서 수학으로 돈을 벌 수 있다는 것을 몸소 증명한 기념비적인 책이다. 이 책에서 자세히 소개된 바와 같이 그는 확률 분석을 통한 최적의 블랙잭 전략을 연구했고, 실제로 이 전략을 이용해 직감, 배짱, 속임수 그리고 근거 없는 미신이 지배했던 과거의 구태의연한 도박판을 평정했다. 그리고 그 가운데 수학이라는 학문이 있다.

그렇다면 이 책에 나오는 모든 전략을 외우고 숙지하면 지금 당장 카지노에서 돈을 벌 수 있을까? 이 책이 1960년대 나온 고전이라는 점을 고려한다면 여기서 제시된 전략이 2014년의 카지노에 100% 유효하다고 말할 수는 없다. 소프 역시 이 책으로 인해 그 당시 블랙잭 규칙이 변경되는 불리함을 겪었기 때문이다. 하지만 소프는 블랙잭의 각 전략들이 가지고 있는 확률적 이점의 본질을 정확하게 이해하고 있었기 때문에 변경된 규칙에 적용할 수 있도록 전략을 바로 수정하였다. 21세기를 살아가는 블랙잭 플레이어 역시 이 책에서 제시된 각 전략을 바로 적용하기보다는 각 전략의 본질을 이해하고 현대의 수정된 규칙을 반영한 자신만의 전략을 개발해야 할 것이다.

이 책의 가치는 여기에 제시된 각각의 전략보다 이 책에 영향을 받은 후대의 많은 영역의 발전에 있다고 생각한다. 내가 몸담고 있는 금융시장도 소프의 영향을 많이 받았다. 소프는 이 책의 후반부에 주식시장에 대한 생각을 짧게 언급했는데, 실제로 5년 뒤에《시장을 이겨라 Beat the Market: A Scientific Stock Market System》(1967)는 책을 통해 주식시장에 대한 그의 접근 방법을 소개했다. 그리고 그가 세운 펀드는 그 뒤로 29

년 동안 연평균 20%의 수익률을 달성한 것으로 알려져 있다. 2014년 8월 서울에서 열린 세계수학자대회에서 강연을 한 르네상스 테크놀로지의 제임스 사이먼스$^{James\ Simons}$도 수학을 이용한 펀드 운용으로 13조 원의 부를 쌓은 입지적인 인물이다. 나 역시 숫자를 이용한 계량 모델을 이용하는 퀀트애널리스트로서 금융시장에서 수학의 중요성이 과거보다 훨씬 더 중요해지고 있다는 것을 피부로 느끼고 있으며 앞으로 그 중요성은 더욱 커질 것이다. 정말로 수학은 돈을 벌 수 있게 해준다.

    수학과 전혀 관계가 없어 보이는 스포츠 분야에도 수학의 중요성은 점점 커지고 있다. 가장 대표적으로 야구를 꼽을 수 있는데, 야구통계로 불리는 세이버메트릭스^{sabermetrics}라는 분야는 야구를 통계와 확률로 접근하고자 하는 시도에서 시작됐다. 책과 영화로 친숙한 〈머니볼〉역시 세이버메트릭스를 구단 운영에 접목하고자 했던 메이저리그 오클랜드애슬레틱스의 실제 사례다. 이 책을 감수하면서 개인적으로 좋아하는 〈머니볼〉의 주인공 빌리빈 단장의 모습이 《딜러를 이겨라》의 소프 교수에게서 보여 즐거운 마음으로 감수할 수 있었다.

    통계와 확률 관점에서 주식시장과 현대야구를 분석한 《프로야구 명

감독이 주식투자를 한다면》이라는 책을 썼는데, 비슷한 시기에 도박을 같은 방식으로 분석한 이 책을 감수할 수 있어서 개인적으로 의미가 깊다. 사회 여러 분야에 수학을 이용한 접근 방법을 필요로 한다는 것을 다시 한 번 확인할 수 있었다. 아무쪼록 이 책을 읽는 독자들이 단순한 도박 전략 소개서가 아닌 현대 응용수학의 출발점이 된 훌륭한 고전으로서의 가치를 충분히 느낄 수 있었으면 한다. 더 나아가 이 책으로 인해 살아가면서 마주치는 다양한 분야에 수학적인 아이디어를 응용해 각자의 방식으로 돈을 벌 수 있는 계기를 만들었으면 한다.

안혁, CFA

목차

감사의 글 _ 6
감수의 글 _ 8
서문 _ 18

⚜ 1. 블랙잭 게임의 규칙 _ 24

플레이어의 수 | 카드 | 딜링 | 베팅 | 카드의 점수 계산 : 하드 핸드와 소프트 핸드 | 플레이어의 목표 | 내추럴(블랙잭) | 드로우(카드 받기) | 정산 | 페어 스플리팅 | 더블 다운 | 인슈어런스(보험 전략) | 관습과 관행 | 카드 섞기 | 바람잡이 | 데크 교체

⚜ 2. 이기는 시스템의 기본 전략 세우기 _ 36

플레이어가 내려야 할 결정 | 드로우, 스탠드를 결정하는 기본 전략 | 더블 다운의 기본 전략 | 페어 스플리팅의 기본 전략 | 기본 전략 사용 시 기대 수익률 | 다른 블랙잭 전략을 사용할 때 및 다른 게임과 비교한 하우스 어드밴티지 | 흔히 범하는 오류들 | 첫 번째 실험 : 딜러의 공개된 카드 에이스, 내 패가 하드 16일 때 드로우 vs. 스탠드 | 두 번째 실험 : 딜러의 공개된 카드 에이스, 내 패가 하드 10일 때 더블 다운하기 | 세 번째 실험 : 딜러의 공개된 카드가 5일 때 6페어 스플리팅 | 딜러 따라 하기 | 버스트 하는 법이 없는 플레이어 | 이발사의 머리를 깎은 사나이

3. 승리 전략 1. 5카드 카운트 시스템 _ 71

널리 쓰이는 도박 시스템의 실패 | 블랙잭에서 종속 시행의 중요성 | 유리한 상황 이용하기 | 첫 번째 승리 전략: 5카드 카운팅 | 카드 카운팅 | 5카드 카운팅 방식의 개선 | 유리한 상황의 빈도 | 베팅 금액의 변화 | 필요한 자금, 리스크의 크기, 수익률

4. 네바다 주에서 이론을 실험하다 _ 95

준비 | 1만 달러 판돈으로 시스템을 실험하다 | 몸 풀기 게임 | 여기서는 100, 저기서는 1,000 | 1핸드에 900달러를 베팅하다 | 베팅 하한선 25달러 게임 | 2시간에 1만 7,000달러를 벌다

5. 승리 전략 2. 단순 포인트 카운트 시스템 _ 115

단순 포인트 카운팅 | 전략 정밀화 | 헨리 모건과 함께 푸에르토리코에 가다 | 카드 귀신 등장이요! | 엔드 플레이를 위한 흥미로운 작전 | 딜러의 홀 카드를 알 때의 플레이 전략 | 딜러의 홀 카드를 알면 얼마나 유리할까? | 카드 귀신, 마침내 5만 달러를 따다! | 푸에르토리코, 규칙이 바뀌다

6. 승리 전략 3. 완전 포인트 카운트 시스템 _ 142

카드 카운팅 | 베팅 | 드로우와 스탠드 | 더블 다운 | 페어 스플리팅 | 인슈어런스 | 어드밴티지와 유리한 상황의 빈도

7. 승리 전략 4. 10카드 카운트 시스템 _ 156

10카드 비율의 변화가 플레이어의 어드밴티지에 미치는 영향 | 카운팅하는 법 익히기 | 인슈어런스 | 전략 도표 | 전략 도표 익히기 | 수익률 | 에이스를 포함하는 카운팅 | 적절한 엔드 플레이로 놀라운 수익을 얻을 수 있다

8. 카지노의 대응책 격파하기 _ 187

셔플 업 | 카운팅하는 딜러 | 데크가 한창 달아올랐을 때 승부를 걸어라 | '짝퉁' 응징하기 | 여러 벌의 카드 | 규칙은 바뀐다 | 다양한 규칙 변화 | 위장 전술 | 변장술 | 자동 블랙잭 기계 | 신문 배달 기법

9. 카지노 속임수 적발하는 법 _ 211

일당백 딜러 : 고집불통 전문가, 하룻밤에 2만 달러를 잃다 | 하트 퀸 | 표시된 카드 | 엿보기 | 집에서 간단히 할 수 있는 실험 | 세컨드 딜링 | 데크 스택 : 하이-로우 픽업 | 데크 스택 : 7카드 스텝업 | 앵커맨 | 패 미리 엿보기 | 메커닉 항시 대기 중 | 기타 사소한 수법들 | 속임수 피하기

10. 카지노의 속임수를 막을 수 있을까? _ 241

〈라이프〉 속보 : 속임수에 관한 이야기 | 네바다 주의 응수 | 카드 속임수를 막는 방법 | 빼돌린 돈에 재무성이 세금을 거두는 방법 | '지폐 투입' 작전 (1962년 6월)

⚜ **11. 과학 대 확률** _ 252

초기의 승자들 | 카운팅 플레이어에 맞서는 카지노들의 대책 | 신형 장비들
| 컴퓨터 대 카지노 | 과학 대 확률 | 주식시장 | 미래

부록 1_ 영국의 블랙잭 _ 267

부록 2_ 완전한 데크의 기본 확률 _ 273

특별수록_ 정보율에 대한 새로운 해석(켈리공식) 전문 _ 293

참고 문헌 _ 315

"세상만사에는 다 때가 있는 법, 기회를 잘 타면 성공에 도달한다."

– 셰익스피어(줄리어스 시저)

서문

21이라고도 하는 블랙잭 게임은 전 세계에서 가장 널리 성행하는 도박 게임이다. 미국에서는 네바다 주, 뉴올리언스 인근 제퍼슨 패리시, 갤버스턴 지역, 핫스프링스와 인근 지역, 알칸사스 주, 화이트 설퍼 스프링스, 웨스트버지니아 주 그리고 미 전역의 가정과 회원제 클럽에서 블랙잭을 즐기고 있다. 푸에르토리코, 아루바, 파나마, 그랜드바하마 등을 비롯해 카리브 해 곳곳에서도 블랙잭을 즐길 수 있다. 유럽에서는 베니스의 리도, 맨 섬, 런던 카지노*에 블랙잭이 있다. 필리핀 제도의 마닐라, 포르투갈령 마카오, 홍콩 인근에도 블랙잭을 할 수 있는 카지노가 있다.

영국에서는 블랙잭을 반 존$^{\text{van-john}}$이라고 하며 호주에서는 폰툰^{pontoon}이라고 부른다. 두 용어 모두 프랑스어인 뱅테탱$^{\text{vingt-et-un}}$의 변형이다. 독일에서는 아인운트 즈반지히$^{\text{Ein-und-Zwanzig}}$, 또는 악첸 운트 드라이$^{\text{Achtzehn-und-Drei}}$라고 한다. 이름은 제각각이지만 모두 숫자 21을 의미하며 본질적으로는 같은 게임이다.

오늘날 카지노 블랙잭 게임에서 이 책에 소개된 전략을 이용하면 플레이어는 어드밴티지 측면에서 꾸준히 하우스보다 우위에 설 수 있다. 이 전략은 '확률'이라는 수학이론에 토대를 둔 것으로 나를 비롯해 많은 사람이 컴퓨터로 이 전략을 산출했다. 다행스러운 한편 놀랍기도 한 것은 이 시스템이 몇 가지 단순한 표로 압축할 수 있어서 평범한 플

---

* 이 책을 집필하는 시점에서 볼 때 영국에서는 여러 가지 합법적 도박이 있다. 수많은 런던의 대형 도박 클럽들이 라스베이거스와 본질적으로 동일한 블랙잭 규칙을 적용하고 있다. 따라서 이 책의 승리 전략들을 런던에 적용할 수 있다.

레이어도 이해하고 암기할 수 있다는 점이다. 카지노에서는 게임 속도가 대체로 빠른데 이 시스템은 이처럼 속도 빠른 게임에 유용하다.

블랙잭 규칙은 카지노마다 조금씩 다르다. 나는 카지노 여러 곳을 연구 분석한 결과를 토대로 얻은 이러한 규칙의 차이를 〈표 8.2〉에 정리했다. 이 표에는 규칙의 차이가 플레이어의 승률에 미치는 영향이 나타나 있으므로, 카지노를 비교해보고 어디에서 게임을 할지 결정하면 된다.

카지노의 고질적 병폐에 부딪히면 어떤 시스템으로도 이길 수 없다. 그것은 바로 속임수다. 블랙잭 게임에서는 딜러가 속일 수 있는 절호의 기회가 있다. 아예 게임에서 손을 떼면 물론 속을 일도 없다. 하지만 게임을 하겠다면 카드 전문가의 도움을 받는 것이 유일한 방어책이다. 하지만 이 책 9장에 설명된 대비책들을 사용하면 평범한 플레이어도 대부분의 상황에서 너끈히 스스로를 방어할 수 있다.

앞으로 블랙잭 게임의 규칙을 설명하고 어떤 수준의 숙련도를 원하든 독자들이 원하는 수준까지 한 단계, 한 단계 이끌어나갈 것이다. 첫 번째 단계는 '기본 전략'을 익히는 것이다. 기본 전략이란 언제 드로우할지, 언제 스탠드할지, 언제 더블 다운할지, 언제 페어 스플리트할지 가르쳐주는 간단한 규칙들이다. 이 기본 전략만으로도 플레이어는 라스베이거스에 있는 대부분의 카지노에서 0.1%의 확률적 우위를 누릴 수 있다.

오늘날 카지노 게임 중에서 지속적으로 확률적 우위를 점할 수 있는 게임은 블랙잭이 유일하다. 공개된 다른 블랙잭 전략으로는 플레이어에게 2~5%의 확률적 불이익이 있다. 정확도가 상당한 첫 번째 기본 전략은 볼드윈과 공저자들이 발견한 것으로《The Optimum Strategy in Blackjack》로 발간되었다. ❷ 두 가지 판이 존재하는 이 책에는 몇 가지 오류가 있는데,《딜러를 이겨라$^{Beat\ the\ Dealer}$》초판에서 수정되었다. 1벌 데크^{deck}(게임용 카드 1벌을 말한다. 대부분의 게임에서 1벌 데크는 52장의 카드로 구성된다)를 쓰고 일정한 카지노 규칙들이 적용된다고 가정할 때 기본 전략으로서 가장 정확한 전략은 이 책 2장에 기술되어 있다. 이 전략은 줄리안 브라운$^{Julian\ Braun}$이 연산해낸 것이다.

플레이어에게 유리한 규칙을 적용하는 카지노라면 플레이어는 기본 전략을 통해 하우스보다 더 큰 어드밴티지를 가질 수 있다. 그러나 플레이어에게 불리한 규칙을 적용하는 카지노라면 약간의 디스어드밴티지가 있다(0.5%까지). 그러나 주사위 도박(주사위 2개를 던져 첫 번째에 7 또는 11이 나온 쪽이 이기고 2, 3, 12가 나온 쪽이 지는 게임)을 비롯한 다른 어떤 카지노 게임보다도 대체로 승률이 높다.

기본 전략에는 카드 카운팅이 포함되지 않는다. 그러나 기본 전략을 모두 숙지한 뒤에 독자들은 카드 카운트 시스템을 활용한 간단한 수정 전략을 배우게 되는데, 많은 상황에서 카지노보다 3% 이상 어드밴티지가 높아진다. 카드 카운팅을 해보라고 조언하면 많은 사람이 이렇게 말한다. "데크에 있는 카드를 전부 기억할 수 없어요. 전화번호도 못 외우는 걸요." 그러나 카드 네 장(딜러가 사용하는 데크 하나당)만 외우면 된다는 걸 알면 놀랄 것이다. 놀랄 일은 또 있다. 전략을 조금만 수정하고 거기에 카드 카운팅까지 더하면 3% 어드밴티지는 너끈하다는 사실이다!

네 장 이상을 카운팅할 수 있는 플레이어는 더 정교한 전략에 도전할 수 있다. 첫째, 강력한 신(新) 소프^{Thorp} 포인트 카운트 시스템이 있다. 이 방식은 《딜러를 이겨라》 초판이 발행된 이후 몇 사람이 완성한 전략이다. 이 전략은 카지노의 다양한 대응책에 대항하는 데 아주 효과적이라는 것이 입증되었다. 특히 여러 벌의 카드를 쓸 경우에 활용하면 효과적이고 쉬운데, 브리지 게임의 유명한 고렌^{Goren} 포인트 카운트만큼이나 단순하다. 모든 카드는 +1, 0, −1로 카운팅된다. 지금까지 본 모든 포인트의 총합(즉 오로지 하나의 숫자)만 기억하면 된다. 포인트-카운트 방식은 플레이어가 보는 모든 카드를 고려하기 때문에 효과적이다. 이렇게 하면 모든 상황의 약 절반 정도에서 자신에게 유리한 상황을 식별해낼 수 있다. 사실 1벌 카드를 사용하는 게임에서 단 한 장의 카드를 보는 순간 절반 정도의 상황에서 약간의 어드밴티지가 생기게 된다.

10카드 카운트 방식(10카드를 카운팅하는 전략)은 초판에 상세히 소개되어 있다. 수많은 독자가 10카드 카운트 방식을 이용해서 돈을 따는 바람에 라스베이거스 카지노들이 블랙잭 규칙을 변경하는 초유의 사태가 벌어졌다❹. 개정된 규칙은 실패했고 얼마 못가 폐기되었다. 나는 초판을 쓰면서 규칙 개정을 예견하고 '규칙 변화'에서 계속 이길 수 있는 방법을 설명했다. 카지노 운영자들은 겨우 10카드 카운트 방식까지만 읽어본 게 틀림없다.

눈으로 직접 확인하기 전에는 어떤 이론도 믿지 않는 회의론자들을 위해 4장에서 내가 직접 네바다 주에서 10카드 카운트 방식을 실험한 사례를 설명해두었다. 돈이나 좀 벌까 하고 백만장자 두 사람이 1만 달러를 빌려주었는데 이 돈을 밑천으로 나는 약 30시간 가까이 최대한 몸을 사리면서 목적의식을 갖고 게임에 임했다. 30시간이 지나자 백만장자의 1만 달러는 2만 달러 이상으로 불어났다. 우리가 유명세를 타자 카지노 측에서는 '점잖은' 게임을 포기하였다. 카지노는 우리에게 단독 테이블을 거부하고 한 핸드hand(카드 게임에서 '한 게임'을 가리키는 말) 혹은 두 핸드 마칠 때마다 카드를 다시 섞거나, 딜러를 계속 바꾸고 데크를 계속 바꾸었다(어떤 카지노는 5분도 안 돼 데크를 네 번 교체했다). 우리에게 고액권 칩을 팔지 않겠다고도 했다. 어떤 카지노는 우리가 앉자 속임수를 쓰는 딜러를 데려오기도 했다.

이런 방해공작에도 우리는 하고 싶을 때 언제든지 게임을 했다. 그러나 백만장자들이 다른 곳에 더 중요한 볼일이 있었고, 나는 가르치는 일이 있는데다 시스템 검증은 충분히 했기 때문에 우리는 마침내 그만두었다.

나는 이 책이 여러 번 읽을 가치가 있다고 믿는다. 카지노에 자주 가는 사람이나 집에서 내기를 걸고 게임하는 사람들은 책을 읽은 보람을 톡톡히 얻으리라 확신한다. 또한 함께 블랙잭을 연구하면서 독자 여러분이 믿고 있는 확률 게임을 둘러싼 미신과 미스터리의 안개가 걷히길 바란다.

1
블랙잭 게임의 규칙

블랙잭 게임을 배우려면 규칙부터 '통달'하는 게 먼저다. 나는 '통달'이라는 말에 방점을 찍고 싶다. 규칙이 의미하는 바를 정확하게 아는 것만으로는 부족하다. 독자들은 각 규칙이 게임에 미치는 영향과 변형 규칙들이 게임에 미치는 영향을 이해해야 한다. 초보자든 노련한 플레이어든 모두 이 '1장 블랙잭 게임의 규칙'을 공부해야 한다.

카지노마다 나름의 블랙잭 규칙이 있다. 기본은 다른 카지노와 동일하지만 세부적인 사항에서 대체로 차이가 있다. 이 책 후반부에서 이런 변형 규칙들의 영향을 분석할 것이다. 내용이 복잡해지면 안 되므로 우선은 통상적인 규칙부터 살펴보기로 하자. 널리 쓰이는 규칙은 대체로 다음과 같다. 물론 절대적인 규칙은 아니다.

♣ 플레이어의 수

블랙잭 게임에는 딜러 한 명과 1~7인의 플레이어가 함께한다. 나중에 살펴보겠지만 대체로 한 테이블에 플레이어의 수가 적을수록 플레이어에게 유리하다.

♣ 카드

대개 52장의 카드가 들어 있는 1벌이 사용된다. 그러나 카드 카운팅을 어렵게 하려고 2~4벌을 섞는 카지노들이 점점 늘어나고 있다.* 사

---

* 네바다 주에서는 여러 벌의 카드를 딜링하는 장치를 '교수 방지기(professor stopper)'라고 부르고 있는데, 이 장치를 사용하는 곳이 점점 늘어나고 있다(헤럴드 드레이크(Harold Drake)의 UPI 기사 '라스베이거스를 이긴 교수 어바인 캘리포니아주립대로 향하다' 참고).

용되는 카드 벌 수가 늘어나면 플레이어의 어드밴티지도 조금 줄어든다. 푸에르토리코에서는 대개 2벌을 사용하고 런던에서는 대개 하나의 슈^{shoe}(나누어줄 카드를 담는 통)에 4벌을 넣어두고 패를 돌린다.

♣ 딜링

게임이 시작되기 전 딜러가 카드를 섞으면 플레이어 한 명이 커팅한다. 그 다음 카드 한 장을 '번^{burn}'(카드 앞면이 위로 보이게 해서 카드 뭉치 맨 밑에 놓는다)한다. 이때 번 카드를 보여줄 수도 있고 안 보여줄 수도 있다. 딜러가 먼저 자신에게 카드 두 장을 돌린 다음 각 플레이어에게 카드를 두 장씩 돌린다. 플레이어는 카드 두 장을 모두 엎은 상태로 받는데 딜러의 카드 중 한 장은 공개되며, 한 장은 엎어놓는다. 플레이어의 카드 두 장과 딜러의 카드 중 엎어놓은 카드를 '홀 카드$^{hole\ card}$'라고 한다.

일부 카지노에서는 플레이어에게 카드를 돌릴 때 엎은 상태가 아니라 공개된 상태로 준다. 푸에르토리코에서는 이렇게 하는 것이 관행이다. 이렇게 하면 카드 카운팅을 하는 플레이어에게는 아주 편리하다. 반면 대부분의 카지노들이 그렇듯 딜러가 고정된 규칙에 따라 행동해야 한다면 플레이어의 카드를 보는 것이 딜러에게는 하등의 도움도 되지 않는다. 앞으로 살펴보겠지만 번^{burn} 카드 한 장이 없으면 절반의 경우 플레이어가 하우스 대비 약간의 어드밴티지를 갖기에 충분하다(두 벌 이상의 카드를 쓰는 경우라면 해당되지 않는다).

♣ 베팅

플레이어들은 패를 돌리기 전에 인슈어런스^{insurance}(딜러의 블랙잭 가능성에 대비해서 플레이어가 선택할 수 있는 전술을 말한다. 베팅 금액의 반을 인슈어런스 베팅을 하면 딜러가 블랙잭을 했을 때 인슈어런스 베팅 금액의 2배를 받는다)를 제외한 모든 베팅을 할 수 있다. 하우스마다 베팅 하한선과 베팅 상한선을 정해두고 있다. 대체로 베팅 하한선은 25센트에서 5달러이고, 베팅 상한선은 100~500달러이다.

우리의 승리 전략에는 플레이어의 베팅 규모를 바꾸는 전술도 포함된다. 유리한 상황에서는 베팅 금액을 키우고, 불리한 상황에서는 베팅 금액을 줄인다.

베팅 하한선의 규모는 자금이 넉넉지 않은 플레이어에게는 아주 큰 이해관계가 걸린 문제다. 베팅 상한선은 딸 수 있는 금액을 제한하므로 큰손들은 베팅 상한선에 신경 쓴다(푸에르토리코에서는 하한선은 1달러, 상한선은 50달러가 보통이다. 런던에서는 하한선은 5센트~1파운드(약 70센트~2.80달러), 상한선은 50파운드(약 140달러)이 보통이다).

♣ 카드의 점수 계산 : 하드 핸드와 소프트 핸드

플레이어는 에이스(A)의 값을 1 또는 11 중에서 선택할 수 있다. 사람 얼굴이 그려진 카드의 점수는 10, 기타 카드의 점수는 카드에 적힌 숫자 그대로다. 그런데 에이스는 11로도 계산할 수 있는데, 에이스를 11로 계산해도 총합이 21을 초과하지 않으면 '소프트 핸드$^{soft\ hand}$'라 부르고, 나머지 경우는 모두 '하드 핸드$^{hard\ hand}$'라고 부른다. 소프트 핸드의 경우 총합은 두 가지가 가능하므로 에이스를 11로 했을 때 얻는 수를 소프트 핸드의 총합으로 규정한다.

소프트 핸드와 하드 핸드의 구별은 중요하다. 앞으로 배우겠지만 총합이 동일하더라도 소프트 핸드인 플레이어가 취할 수 있는 최상의 전략과 하드 핸드인 플레이어의 전략은 다르다.

♣ 플레이어의 목표

플레이어는 딜러의 총합보다는 크되 21을 초과하지 않아야 한다.

♣ 내추럴(블랙잭)

특정 플레이어 또는 딜러에게 돌아가는 처음 두 장의 카드에 에이스 한 장과 10카드 한 장이 있다면 이를 '내추럴^{natural}' 또는 '블랙잭^{blackjack}'이라고 한다. 플레이어가 내추럴이고 딜러가 내추럴이 아니면 플레이어는 딜러로부터 처음 베팅한 금액의 1.5배를 받게 된다. 플레이어가 내추럴이 아니고 딜러가 내추럴이라면 플레이어는 베팅 금액을 잃는다. 플레이어와 딜러 모두 내추럴이면 돈의 주인은 바뀌지 않는다.

1964년 자동 블랙잭 기계가 네바다 주 북부에 처음 선보였는데 내추럴 패를 잡은 플레이어에게 베팅한 금액의 2배를 지불했다. 8장에서 이 기계를 분석해볼 것이다.

♣ 드로우(카드 받기)

드로우할 때는 딜러의 왼쪽부터 시작해 시계방향으로 진행한다. 플레이어는 자신의 홀 카드를 보고 '스탠드stand(더 이상 카드를 받지 않는 것)'를 선택하거나 딜러에게 카드를 더 달라고 요구한다. 그러면 딜러는 한 번에 한 장의 카드를 앞면이 보이게 돌린다.

플레이어는 '버스트bust(총합이 21을 초과하는 것)'하는 즉시 엎은 카드를 뒤집어 공개한 뒤 딜러에게 베팅한 금액을 지불한다. 모든 플레이어가 카드를 드로우한 다음 딜러가 자신의 홀 카드를 공개한다. 딜러의 총합이 16 이하이면 딜러는 한 장의 카드를 드로우해야 하는데, 총합이 17 이상이 될 때까지 계속 카드를 드로우해야 한다. 그리고 17 이상이 되면 스탠드해야 한다. 딜러가 에이스를 받고 이 에이스를 11로 계산했을 때 총합이 17 이상 21 이하가 되면 딜러는 스탠드해야 한다.

많은 카지노가 이 소프트 핸드 규칙을 개정해서 딜러가 소프트 17 이하에서 카드를 받고 소프트 18 이상에서 스탠드하도록 하고 있다. 이렇게 하면 딜러들이 조금 더 유리하다. 일부 카지노들은 딜러에게 더 유리하도록 갖가지 형태로 바꾸고 있다.

플레이어가 딜러에게 추가 카드를 요청할 때는 '히트Hit' 또는 '히트 미Hit me'라고 말하거나 자신의 카드로 펠트로 덮인 테이블 위를 긁는 게 관행이다. 카드를 거절할 때는 홀 카드를 그대로 둔 상태에서 '스탠드'라고 말하거나 카드를 베팅 아래에 넣는다. 딜링이 시작된 이후 플레이어가 베팅을 건드리는 것은 부정 행위로 간주된다. 한 가지 이유는 딜러의 공개된 카드를 본 뒤에 베팅을 건드리는 것은 교묘한 손놀림으로 베팅 금액을 바꾸려는 시도로 간주되기 때문이다.

♣ 정산

플레이어는 21을 초과하지 않고 딜러만 21을 초과하면 플레이어는 자신이 처음 베팅한 금액을 딴다. 플레이어와 딜러 모두 버스트(제한을 넘어 실패하다의 의미)하지 않으면 총합이 높은 쪽 플레이어가 처음 베팅한 금액과 동일한 액수를 딴다. 딜러와 플레이어의 총합이 21을 초과하지 않으면서 동일하면 돈의 주인은 바뀌지 않는다.

플레이어–딜러가 동점인 경우를 '푸시push'라고 한다. 푸시가 되면 딜러는 플레이어의 카드를 거두고 베팅은 건드리지 않는다. 헷갈리는 경우가 많기 때문에 딜러들은 종종 플레이어의 카드를 앞면이 보이도록 공개된 상태로 놓고 카드를 회수하기 전에 테이블을 두 번 쳐서 '푸시push'라는 사실을 플레이어에게 환기시킨다.

일부 게임에서는 무승부일 경우 딜러가 베팅 금액을 모두 갖는다. 이렇게 하면 딜러는 무려 9% 어드밴티지를 갖게 된다. 이런 게임은 피해야 한다.

무승부로 어느 쪽에도 베팅이 돌아가지 않는다면 플레이어가 딜러와 정확하게 동일한 전략을 쓸 경우 유불리가 없는 공정한 게임이라고 생각할 것이다. 물론 '운'이라는 요소에 의해 좌우되는 측면은 제외하고 말이다. 그러나 딜러의 전략을 사용하는 플레이어는 평균 5~6%의 돈을 잃는다고 한다.* 그 이유는 만약 플레이어가 버스트하면 나중에 딜러 역시 버스트하더라도 플레이어는 베팅한 돈을 딜러에게 잃기 때문이다. 따라서 플레이어와 딜러 모두 버스트하는 경우의 '무승부'에서 딜러가 이기는 한 가지 예가 된다.

♣ 페어 스플리팅

플레이어의 홀 카드의 숫자가 동일한 경우를 페어^{pair}라고 한다. 이 때 플레이어는 그 카드를 앞면이 보이게 공개한 다음 마치 독립된 '쌍둥이' 핸드처럼 취급할 수 있다. 이를 '페어^{pair}를 스플리트^{split}한다'라고 한다. 처음 베팅 금액은 스플리트한 카드 한 장에 하고 동일한 금액이 다른 카드에 베팅된다. 플레이어는 스플리트한 카드 각각에 두 번째 카드를 엎은 상태로 받는다. 그런 다음 마치 보통의 핸드처럼 쌍둥이 핸드로 게임하는데, 예외는 다음과 같다.

에이스를 스플리트하는 경우 플레이어는 한 장의 카드만을 더 받는다. 또한 에이스 페어를 스플리트했는데 얼굴이 그려진 카드나 10카드를 받게 되면 그 핸드는 내추럴이 아니라 그냥 평범한 21로 간주된다.

---

* 《스카니의 도박 게임 완벽 가이드(Scarne's Complete Guide to Gambling)》 ㉘ 19쪽, 317쪽에는 이 책의 저자가 블랙잭에서 하우스가 어느 정도 유리한지 나타내는 비율을 처음으로 계산했다고 밝히고 있다. 이는 장기적으로 플레이어가 잃게 되는 평균 비율(즉 전체 베팅 금액 대비 백분율)을 의미하는 듯하다.

㉘ 326쪽에는 플레이어마다 사용하는 전략이 크게 차이가 나므로 플레이어 한 사람, 한 사람을 상대할 때 하우스의 정확한 어드밴티지를 계산하는 것은 힘들다고 언급하고 있다. 또한 326쪽에는 그 책의 분석이 완전히 1벌 데크를 사용한다는 것을 전제로 한다고 밝혔다. 328쪽에는 플레이어가 딜러와 동일한 규칙(즉 전략)을 사용한다는 것을 전제로 하고 있다고 밝혔다. 따라서 이 책은 다음 질문에 대한 해답이라고 볼 수 있다. "플레이어가 딜러와 동일한 전략을 따를 때, 즉 17 이상에서 스탠드하고 16 이하에서 드로우하며 페어 스플리팅이나 더블 다운을 하지 않는다면 플레이어의 평균 손실은?" 기록을 바로잡자면 스카니가 책을 펴내기 몇 해 전 볼드윈, 캔티, 마이젤, 맥더멋(Baldwin, Cantey, Maisel, McDermott)이 〈수학 저널〉에서 이 질문에 대한 해답을 공개했다.

마찬가지로 플레이어가 얼굴이 그려진 카드 두 장 또는 10카드 두 장을 받고 에이스를 드로우하면 이 역시 내추럴이 아니라 그냥 21로 간주된다. 플레이어가 페어를 스플리트했는데 세 번째 카드도 동일한 숫자이면 다시 스플리트하지 못한다.

 에이스는 스플리트하기에 최상의 페어다. 라스베이거스는 일시적으로 에이스 스플리팅을 금지하는 방향으로 규칙을 변경했으나 지금은 허용하고 있다. 네바다 주에 처음 도입된 자동 블랙잭 기계는 페어 스플리팅을 허용하지 않는다.

♣ 더블 다운

 홀 카드를 본 다음 플레이어는 베팅을 두 배로 하고 단 한 장의 카드를 더 드로우할 수 있다. 이 전략을 '더블 다운 double down'이라고 한다. 더블 다운한 플레이어는 홀 카드를 뒤집어 앞면이 보이게 공개하고, 다음 세 번째 카드는 엎은 채로 받는다. 에이스 이외의 페어를 스플리트한 플레이어는 스플리트한 각 카드에 추가로 한 장의 카드를 받은 뒤 쌍둥이 핸드 중 어느 한 쪽, 또는 양쪽 모두를 더블 다운할 수 있다.

 푸에르토리코에서는 총합이 11일 때만 더블 다운이 허용된다. 네바다 주 일부 카지노와 리노, 레이크 타호 일부 지역에서는 총합 16과 11에서만 더블 다운이 허용된다. 최초의 자동 블랙잭 기계 역시 마찬가지였다. 라스베이거스 역시 규칙을 변경하여 하드 총합 11인 경우로만 더블 다운을 제한했는데, 지금은 이 제한이 풀렸다. 이는 위에서 언급한 에이스 스플리팅 금지 규정과 더불어 유일한 규칙 변동이었다. 더블 다운을 제한하면 딜러에게 유리해지는 경향이 있다.

♣ 인슈어런스(보험 전략)

딜러의 공개된 카드가 에이스라면 드로우하기 전에 추가로 베팅을 하는 행위가 허용된다. 플레이어는 자신의 홀 카드를 본 다음 자신이 원래 걸었던 베팅 금액의 최대 절반에 해당하는 금액을 추가로 사이드 베팅할 수 있다. 플레이어가 사이드 베팅을 할지 결정한 뒤에 딜러는 자신의 홀 카드를 본다. 딜러가 내추럴이면 플레이어는 사이드 베팅의 두 배에 해당하는 금액을 따게 된다. 딜러의 패가 내추럴이 아니면 사이드 베팅 금액을 잃고 게임이 계속된다. 원래 베팅 금액은 사이드 베팅에 상관없이 평상시처럼 정산된다.

예를 들어 플레이어가 사이드 베팅을 했는데 딜러의 패가 내추럴이고, 플레이어의 패는 내추럴이 아니라고 해보자. 이 경우 플레이어는 원래 베팅 금액을 잃지만 사이드 베팅에서 동일한 금액을 따게 되므로 손실도, 수익도 없게 된다. 이런 이유로 사이드 베팅을 보험의 성격이 있다고 해서 '인슈어런스^{insurance}'라고 한다. 네바다 주 북부에 있는 많은 카지노와 자동 블랙잭 기계는 인슈어런스를 허용하지 않는다.

♣ 관습과 관행

규칙으로 간주되지는 않지만 블랙잭 게임에는 관습과 관행이 있다. 이런 관행들은 카지노마다 다르고 한 카지노 내에서도 근무 조마다 다르기도 하다. 또 동일한 근무 조 내에서도 딜러들마다 다르기도 하다

(네바다 주 카지노들은 대체로 밤낮없이 개장하므로 직원들이 3교대로 근무한다. 푸에르토리코에서는 대체로 오후 8시부터 새벽 4시까지 개장하므로 1교대밖에 없다). 이러한 관습과 관행은 2장의 기본 전략과는 관계가 없지만, 이어서 논의할 승리 전략과는 이해관계가 얽혀 있다.

♣ 카드 섞기

딜러는 핸드와 핸드 사이에는 언제든 카드를 섞을 수 있다는 것이 관행이다. 만약 1벌의 카드가 다 소진되면 한 핸드가 진행되는 도중에도 딜러는 카드를 섞을 수 있다. 사용하지 않은 카드가 있는데도 한 핸드가 진행되는 도중에 카드를 섞는 딜러는 어쩌면 속임수를 쓰고 있을 수도 있다. 플레이어는 핸드와 핸드 사이에 카드를 섞으라고 요구할 수 있다. 이렇게 요구하면 응하는 딜러도 있고 거부하는 딜러도 있다. 딜러가 불필요하게 자주 카드를 섞는 것을 '셔플 업$^{shuffle\ up}$'이라고 한다.

♣ 바람잡이

손님을 유인하거나 게임을 하도록 유도하기 위해 플레이어를 가장해 돈을 거는 하우스 직원들을 바람잡이^{shill}라고 한다. 특정 카지노는 특정 시간에 바람잡이를 쓰기도 하고 쓰지 않기도 한다.

바람잡이들은 대체로 '바람잡이 규칙'을 따른다. 즉 더블 다운, 페어 스플리트, 인슈어런스를 하지 않으며 하드 총합이 12 이상이면 스탠드한다. 때때로 소프트 총합에서 딜러의 규칙에 따라 드로우나 스탠드하기도 한다. 만약 바람잡이가 일정한 전략을 따르지 않는다면 딜러와 하우스를 도와주고 플레이어를 속이고 있을지도 모른다(233p '앵커맨 anchor man'에 관한 논의 참고).

♣ 덱 교체

반드시 규칙으로 정한 것은 아니지만 플레이어는 관행에 따라 원할 때마다 덱을 교체해달라고 요청할 수 있다. 대체로 새로운 덱는 엎은 채로 펼친다. 이렇게 함으로써 딜러는 카드 뒷면의 흠집을 확인할 기회를 얻게 되고, 플레이어 역시 엎은 상태의 카드를 식별하는 데 활용할 수 있다. 그런 다음 앞면이 보이게 카드를 펼친다. 이 기회에 플레이어는 덱에서 빠지는 카드나 추가되는 카드가 없는지 확인한다.

2

이기는 시스템의 기본 전략 세우기

LA 캘리포니아대학에서 학생들을 가르치던 아내와 나는 크리스마스 휴가를 맞아 라스베이거스로 가서 며칠 쉬기로 했다. 우리 둘은 전에 라스베이거스에 가보기는 했지만 도박을 할 예정은 아니었다. 우리는 쇼와 저렴하지만 푸짐한 식사 그리고 수영장에서 수영을 즐길 예정이었다.

여행을 떠나기 전 UCLA의 소전프리^{Sorgenfrey} 교수가 얼마 전 〈수학저널〉❷에 실린 논문을 보게 되었다. 이 논문은 하우스의 어드밴티지를 0.62%로 제한하는 블랙잭 전략을 설명하고 있었다.* 이 정도 수치라면 거의 동률이나 마찬가지이므로 어떤 카지노 게임보다 플레이어에게 훨씬 유리해진다. 나는 조그만 카드에 그 전략을 적은 후 여행을 떠났다. 라스베이거스에 도착하자마자 블랙잭 테이블로 간 나는 1달러 은화 10개를 구입했다. 돈을 따리라고 기대하지는 않았지만 칩 무더기가 얼마나 오래 버틸지 보고 싶었다. 그리고 이 전략을 '불구덩이 속에서 철을 단련하듯' 철두철미하게 시험하고 싶었다.

게임 속도가 더딘 데다 손에 조그만 카드를 쥐고 있는 나를 보자 얼마 지나지 않아 구경꾼들이 몰려들었다. 딜러는 '시스템' 플레이어가 납시었다고 빈정댔다. 내가 게임하는 걸 지켜보던 사람들은 나를 동정하기 시작했다. 딜러의 공개된 카드가 강력한 에이스인데 감히 '미천한' 8페어를 스플리트하고 잃을지도 모르는 돈을 두 배로 늘리다니. 딜

---

* 윌버트 E. 캔티(Wilbert E. Cantey) 씨는 ❷, ❸이 출판된 뒤에 발견된 계산상의 오류를 감안하면 하우스 어드밴티지를 0.62가 아니라 0.32%로 제한해야 한다고 말했다. 그들의 전략에서 정확한 수치는 플레이어 어드밴티지 0.09%다.

러의 공개된 카드가 5인데 A, 2패를 쥐고 더블 다운하는 인간을 누가 보았으랴? 딜러의 공개된 카드가 4인데 애처롭기 그지없는 하드 12에 스탠드하려는 인간을 누가 보았으랴?

엎친 데 덮친 격으로 이 가련한 햇병아리에 비해 딜러는 운수대길이었다. 테이블에 있는 모든 플레이어가 돈을 많이 잃고 있었다. 내가 가진 '한 줌도 안 되는' 은화 10닢도 곧 날아갈 판이었다. 과연 그랬을까? 어쩐 일인지 이렇게 희한하게 게임하는데도 괜찮았다. 다른 사람들은 칩을 한 무더기씩 잃었지만 얼마 안 되는 내 칩들은 무사했다. 한때는 불어나기도 했다. 20분 뒤에도 칩은 여전했다. 선무당이 사람 잡는다더니.

그런데 이상한 일이 벌어졌다. 그때 내 패는 A, 2였다. 내가 드로우한 카드는 2와 3이었다. 이제 내 패는 A, 2, 2, 3로 소프트 18이 되었다. 딜러의 공개된 카드는 9였다. 딜러의 총합이 19일지도 모르는 상황에서 바보가 아닌 다음에야 다시 카드를 드로우해서 유리한 패를 망칠 사람은 없을 것이다. 하지만 나는 내 카드를 슬쩍 확인한 뒤 카드를 드로우했다. 허탈하게도 내가 6을 뽑자 구경꾼들은 끌끌 혀를 찼다. 하드 14! "꼴좋군." 나는 에이스를 받았고 이제 하드 15가 되었다. 재수 더럽게 없군. 나는 또 드로우했다. 6이었다. 이제 내 패는 A, 2, 2, 3, 6, A, 6 총 일곱 장의 카드로 총합 21이 되었다. 이런 패는 아주 드물어서 몇천 핸드에 한 번 나올까 말까 하다.

구경꾼들은 경악했고 어떤 이들은 내가 보너스로 25달러를 받게 되었다고 수군댔다. 그렇지만 딜러는 "아뇨"라고 거절했다. 리노에서 그렇게 보너스를 지급하는 곳은 몇 군데 없다는 것이었다. 나는 그런 보너스가 있는 줄도 몰랐다. 하지만 일곱 장의 카드로 21이 될 것을 예견하고 소프트 18을 포기했다는 인상을 주었다는 데 으쓱해진 나는 이렇게 말했다. "누가 알아요. 보너스를 줄지." 물론 카지노 측은 보너스를 주지 않았다. 그런데 처음에는 재미 삼아 응원하던 구경꾼들이 소름이 돋는다며 주의를 집중하기 시작했다.

15분이 지나자 딜러는 다른 플레이어들을 모두 물리쳤다. 나는 모두 은화 8.5닢을 잃었고 그만두려고 했다. 그런데 비록 잠깐 동안의 경험이었지만 도박판을 지배하는 것은 무지와 미신이었고, 소위 '타짜들'도 이 게임의 기본을 모른다고 확신하게 되었다. 그렇다면 이길 방법이 있는 게 틀림없다.*

집에 돌아오자 나는 이 게임을 파고들기 시작했다. 그리고 나는 단번에 확신했다. 속도가 빠른 전자계산기만 있으면 이기는 시스템을 고안할 수 있다고. 이기는 시스템을 찾는 첫 걸음으로 나는 IBM 704 컴퓨터를 이용해 앞에서 이야기한 일화에서 전략을 다듬었다. 이 장에서 독자 여러분은 바로 이 수정 전략을 배우게 되는데 이를 '기본 전략'이라고 부를 것이다.

이 전략은 앞으로 이 책에서 배우게 될 승리 전략들의 토대가 된다. 계산해본 결과 통상적인 규칙을 적용하는 카지노에서 플레이어가 정

---

* 앞으로 우리의 전략에 얽힌 많은 일화와 사건들이 소개될 것이다. 이 책에 이런 일화들을 실은 것은 전략을 설명하는데 '생동감'을 불어넣기 위해서이다. 독자들은 한두 가지 사건이 '그 자체로' 시스템을 입증하는 증거로 속단하지 않도록 주의하기 바란다.

확한 기본 전략을 사용하면 하우스보다 0.12%의 어드밴티지를 갖는다. 일부 카지노에서는 플레이어가 0.6% 정도의 제한된 어드밴티지를 갖는다. 플레이어에게 가장 불리한 규칙을 적용하는 카지노에서는 플레이어에게 1% 미만의 디스어드밴티지가 있다. 일부 자동 블랙잭 기계를 상대한 결과 기본 전략을 사용하면 이론적으로 1.6%의 어드밴티지가 있으며 꾸준히 이길 수 있다. 자세한 내용은 8장을 참고하라.

더 유리한 베팅 환경이 나타날 때까지 '기다리는' 동안에는 수없이 이 기본 전략을 활용해야 한다. 기본 전략은 완전히 외워두면 필요할 때 어떤 결정도 주저 없이 내릴 수 있게 된다.

♣ 플레이어가 내려야 할 결정

1장에서 살펴보았듯이 본격적인 게임이 시작되기 전에 거쳐야 할 절차가 있다. 플레이어들이 착석하면 딜러가 데크를 섞고 플레이어가 커트한다. 그런 다음 딜러가 한 장의 카드를 번^{burn}한다. 플레이어들이 앞에 있는 탁자 위에 베팅을 놓으면 딜러는 각 플레이어와 자신에게 두 장의 카드를 돌린다. 앞에서 설명했듯 딜러의 카드 중 한 장은 앞면이 보이게 놓고 한 장은 엎어 놓는다.

이 시점부터 플레이어는 많은 결정을 내려야 한다. 가장 중요한 결정은 페어^{pair}가 들어오면 스플리트할지 그리고 더블 다운할지, 스탠드할지, 드로우할지 결정하는 것이다. 어떤 결정을 내릴지는 플레이어가 어떤 카드를 갖고 있는지, 딜러의 공개된 카드가 무엇인지 그리고 플레이어가 본 다른 카드에 달려 있다. 그러나 이 장에서 플레이어는 자신

그림 2.1 플레이어가 내려야 할 중요한 결정

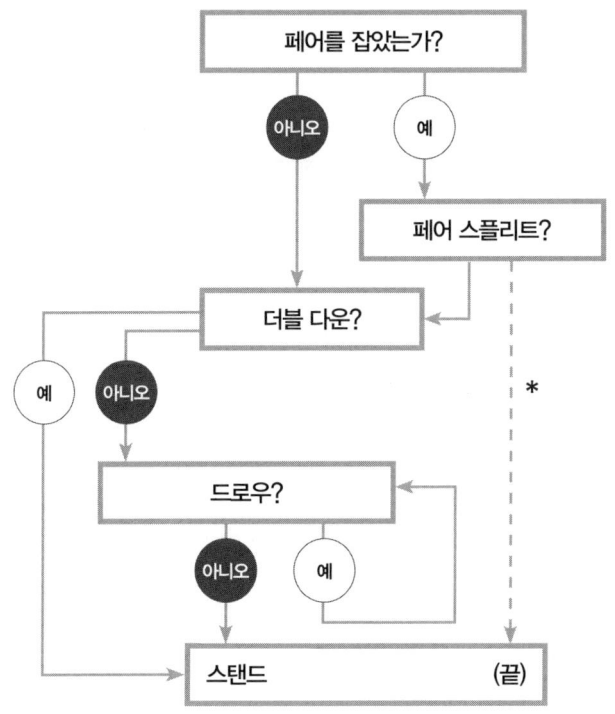

* 각각의 에이스 카드에 드로우한 한 장(받은 카드 한 장)에 대해 스탠드한다.

의 홀 카드와 딜러의 공개된 카드 외에 모든 카드를 무시한다. 이 장에서 설명하는 기본 전략은 자신의 홀 카드와 딜러의 공개된 카드가 주는 정보만으로 게임할 수 있는 최선의 방식이다. 앞으로 자신의 홀 카드와 딜러의 공개된 카드 외에 앞선 라운드에서 어떤 카드가 소모되었는지 그리고 현재 라운드에서 어떤 카드가 소모되었는지를 이용해 전략을 다듬어나갈 것이다.

플레이어의 핵심 결정(페어 스플리팅, 더블 다운, 스탠드/드로우) 그리고 결정을 내리는 순서는 〈그림 2.1〉을 참고하라.

♣ 드로우, 스탠드를 결정하는 기본 전략

대부분의 핸드에서 플레이어는 페어를 스플리트하거나, 더블 다운하는 일이 드물다. 따라서 플레이어의 결정은 주로 드로우할지, 스탠드할지로 압축된다. 이 결정은 기본 전략에서 가장 단순하고도 중요한 부분이므로 페어 스플리팅과 더블 다운은 잠시 무시하고 이 부분부터 배우기로 한다.

하드 핸드 패를 쥐고 있다면 〈표 2.1〉을 보고 현재 총합에서 스탠드할지 아니면 한 장 이상의 카드를 더 드로우해서 패를 더 유리하게 만들지를 결정하라. 〈표 2.1〉을 보면 하드 핸드 총합이 11 이하이면 드로우하라고 권고한다. 이렇게 하는 이유는 버스트하지 않으면서 총합을 높일 수 있기 때문이다.

〈표 2.1〉은 '하드 스탠딩 넘버'를 한눈에 볼 수 있게 만든 것이다. '하드 스탠딩 넘버'란 딜러의 공개된 카드를 토대로 스탠드해야 할 총합의 최솟값이다. 예를 들어 딜러의 공개된 카드가 7일 경우 〈표 2.1〉에 따르면 스탠딩 넘버는 17이다. 하드 핸드일 경우 17이 목표다. 하드 총합이 17 이상이면 스탠드한다. 하드 총합이 16 이하이면 드로우한다. 딜러의 공개된 카드가 6일 때 스탠딩 넘버는 12로 떨어진다! 이 경우 총합이 12 이상이면 스탠드, 11 이하이면 드로우한다.

표 2.1 하드 핸드의 드로우와 스탠드

나의 패	딜러의 공개된 카드									
	2	3	4	5	6	7	8	9	10	A
17						■	■	■	■	■
16	■	■	■	■	■				*	
15	■	■	■	■	■					
14	■	■	■	■	■				+	
13	■	■								
12			■	■	■					

* 두 장의 카드로 총합이 하드 16일 때, 즉 10, 6이거나 9, 7이면 드로우하고 6, 4, 4, 2의 경우처럼 세 장 이상의 카드라면 스탠드하라.
+ 딜러의 공개된 카드가 10일때 7, 7 패이면 스탠드하라.

■ 하드 스탠딩 넘버

기본 전략이 익숙해지면 표 하단의 세부 전술을 익힌다(*부분). 이 전술들로 기본 전략을 한층 정밀하게 다듬을 수 있다. 정밀한 전략에서는 딜러의 공개된 카드가 10이고 하드 핸드 총합이 16이면 홀 카드 이외의 카드도 고려한다. 결과는 차후에 설명하겠다.

딜러의 특정 카드에 대항해 특정 총합에 스탠드했다면 딜러의 공개된 카드가 동일할 때 더 높은 총합에도 역시 스탠드한다는 점에 유의하라. 마찬가지로 딜러의 특정 공개된 카드에서 특정 총합에 드로우했다면 딜러의 해당 카드에 대항해 그보다 낮은 총합일 경우 역시 드로우해야 한다.

소프트 핸드의 경우 〈표 2.2〉를 이용해 드로우할지, 스탠드할지 결정한다. 〈표 2.1〉과 〈표 2.2〉는 보는 방식이 동일하다. 그러나 두 표를 비교해보면 하드 핸드보다 소프트 핸드일 경우 총합이 훨씬 더 클 때

표 2.2 소프트 핸드의 드로우와 스탠드

나의 패	딜러의 공개된 카드									
	2	3	4	5	6	7	8	9	10	A
19								■	■	
18	■	■	■	■	■	■	■			■

■ 소프트 스탠딩 넘버

드로우를 권고한다는 것을 알 수 있다. 이런 차이가 생기는 이유는 명백하다. 앞서 하드 총합이 11 이하이면 하나 또는 그 이상의 카드를 드로우하더라도 손해 보지 않는다는 점을 살펴보았다. 마찬가지로 소프트 총합이 16 이하인 플레이어 역시 손해 볼 것이 없다. 소프트 핸드이므로 에이스를 11로 했을 때 21이 넘으면 자동으로 에이스를 1로 간주하게 된다. 그러므로 카드를 드로우해도 버스트하지 않기 때문이다. 이처럼 총합에서 10이 차감되므로 어떤 카드를 드로우한다 해도 버스트하지 않는다. 에이스를 드로우해도 필요하다면 1로 계산할 수 있고, 에이스 이외의 다른 카드를 드로우하더라도 10 이하이다.

소프트 핸드 총합이 16 이하라면 카드 한 장을 더 드로우해도 버스트하지 않기 때문에 총합이 더 나빠질 경우는 없다. 왜냐하면 16 이하의 모든 최종 총합, 즉 '스탠딩' 총합은 모두 동일하다. 만약 내가 스탠드하고 딜러가 버스트하면 나의 총합에 관계없이 동일한 금액을 딴다. 나의 총합이 16이든, 16 미만이든 차이가 없다. 만약 내가 16 이하에서 스탠드하고 딜러가 버스트하지 않으면 규칙에 따라 딜러가 이기려면 총합이 17~21 사이여야 한다. 이 경우 딜러는 16 이하의 모든 총합에서 이기게 된다. 따라서 소프트 총합 16 이하에서 다시 카드를 드로우하더라도 전혀 손해 볼 것이 없다. 사실 플레이어는 드로우를 통해 좀 더 상황을 유리하게 만들 수 있다. 예를 들어 A, 5를 쥐고 있을 때 드로우한 카드가 A, 2, 3, 4, 5이면 무승부 또는 승리할 확률을 높일 수 있다. A, 2, A를 쥐고 있을 경우 드로우한 카드가 3, 4, 5, 6, 7 중 하나라면 무승부 또는 이길 확률을 높일 수 있다.

소프트 총합 17에서 카드를 드로우하면 확률은 낮지만 질 가능성이 있다. 소프트 17 상태에서 스탠드하고 딜러 역시 17이면 무승부가 되어 베팅을 잃지 않는다. 그러나 소프트 17에서 드로우하면 (버스트를 막기 위해) 하드 핸드로 전환해야 할 경우 총합이 17 이하로 떨어질 수 있다. 이 상태에서 스탠드하면 딜러는 정확히 17일 수 있으므로 상황은 전보다 나빠져서 무승부가 될 수도 있었는데 패배하게 된다. 하드 핸드에서 드로우하면 버스트해서 단번에 패배할 수 있다. 예를 들어 A, 3, 3(소프트 17)에서 5를 뽑아서 A, 3, 3, 5(하드 12)가 되었다고 하자. 딜러의 공개된 카드가 5일 때 〈표 2.2〉는 스탠드를 권고한다. 딜러의 공개된 카드가 에이스일 때 〈표 2.2〉는 드로우를 권고한다. 만약 10을 뽑으면 A, 3, 3, 5, 10으로 22(에이스를 1로 계산할 때)로 버스트한다.

소프트 17에서 드로우하면 이처럼 상황이 악화될 가능성이 있다. 그러나 연산 결과에 따르면 이런 위험성은 핸드가 좋아질 가능성에 의해 상쇄되고도 남는다. A, 6에서 A, 2, 3, 4 중 어떤 카드를 드로우해도 핸드가 좋아진다. 5, 6, 7, 8, 9, 10을 드로우하더라도 버스트하지 않는다. 원한다면 카드를 한 번 더 드로우해서 패를 더 좋게 만들 수도 있다.

이런 지시에 따르려면 때로는 의지력이 필요하다. 나는 심장이 멎을 정도로 놀라운 일을 여러 번 겪었다. 한 번은 이런 일이 있었다. 네바다주 카지노에서 판돈을 크게 걸고 게임하고 있었다. 앞선 장들에서 설명한 카드 카운트 방법에 따르면 나는 다음 라운드에서 5% 어드밴티지가 있었고 그 사실을 잘 알고 있었다. 따라서 나는 베팅 상한선인 500달러를 걸었다. 딜러의 공개된 카드는 7이었다. 내 패는 A, 6, 즉 소프트 17이었다. 데크에 남은 카드에는 10이 많을 것이므로 나는 딜러의 패가 17이라고 확신했다. 나에게 유리한 카드는 A, 2, 3, 4 네 장뿐이었고 나에게 불리한 카드는 5, 6, 7, 8, 9 다섯 장이었다. 드로우하기가 망설여졌고 무승부로 끝내고 싶었다. 하지만 나는 어금니를 꽉 깨물고 한 번 더 드로우했다. 받은 패는 8. 이제 하드 15가 되었다. 나는 잠시 숨을 고른 뒤 또 드로우했다. 이번에는 에이스를 받았다. 이제 하드 16이 되었다. 나는 자포자기 심정으로 다시 드로우했다. 이번에는 놀랍게도 3이었다. 이제 하드 19를 쥐었으니 스탠드해야겠다고 결심했다. 딜러가 패를 공개했는데 놀랍게도 아직 나타나지 않은 유일한 에이스를 쥐고 있었다(하나는 이전 라운드에서 나타났다). 게임의 규칙에 따르면 스탠드해야 한다. 기본 전략에 의해 한쪽은 500달러를 지키는 것을 넘어서 돈을 두 배로 불렸다.

〈표 2.2〉를 보면 소프트 핸드의 스탠딩 넘버 최솟값을 알 수 있는데 이는 하드 핸드와도 비슷하다. 딜러의 공개된 카드에 따라 소프트 총합이 소프트 스탠딩 넘버보다 작으면 드로우해야 하며, 소프트 총합이 스탠딩 넘버와 동일하다거 더 크다면 스탠드해야 한다. 기본 전략을

사용하는 독자라면 스탠딩 넘버를 단시간에 익혀 〈표 2.1〉과 〈표 2.2〉를 보지 않고도 게임을 할 수 있어야 한다.

스탠딩 넘버 활용법을 연습하기 위해 카지노에 간다고 하자. 더블 다운, 페어 스플리트, 인슈어런스는 하지 않는다. 어떻게 될까? 놀랍게도 이 경우 카지노 어드밴티지는 고작 2% 정도밖에 되지 않는다. 이제 게임은 거의 동등한 조건에 가까워졌다. 세계 일류 카드 전문가들이 최근까지 권장한 방법보다 낫다(예를 들어 ❽ 참고).

♣ 더블 다운의 기본 전략

기본 전략에서 드로우/스탠드 결정 다음으로 중요한 것은 하드 더블 다운이다. 하드 더블 다운은 단순하지만 매우 중요하다. 페어 스플리팅부터 익히고 난 뒤에 소프트 더블 다운을 암기하는 편이 더 간단할지도 모르지만 여기서는 다 배우고 넘어간다는 의미에서 소프트 더블 다운도 같이 설명하기로 하겠다.

〈그림 2.1〉에 나타난 것처럼 드로우할지, 스탠드할지를 결정하기 전에 더블 다운할지 여부를 결정해야 한다. 이 결정은 〈표 2.3〉을 이용한다. 이번에도 딜러의 공개된 카드는 맨 윗칸에 가로로 표시되어 있고 플레이어의 총합은 왼쪽 세로줄에 표시되어 있다. 더블 다운 여부를 결정하려면 먼저 왼쪽 세로줄에 표시된 총합을 보아야 한다. 만약 표에 표시된 총합이 아니라면 더블 다운하지 말아야 한다. 그리고 드로우할지, 스탠드할지 결정해야 한다. 총합이 표에 나와 있는 경우라면 딜러의 공개된 카드와 왼쪽 세로줄의 총합이 만나는 지점을 보아야 한

다. 만나는 지점의 사각형이 검정색이면 더블 다운한다. 〈표 2.3〉에는 두 개의 표가 있는데 표 하나는 소프트 핸드, 나머지 표는 하드 핸드의 경우에만 적용된다는 점에 유의하라.

예를 들어 〈표 2.3〉의 활용법을 살펴보겠다. 딜러의 공개된 카드가 3이고 내가 쥔 패가 A, 6, 즉 소프트 17이라고 하자. 두 곳이 만나는 지점은 검은 사각형이므로 더블 다운해야 한다. 그런데 〈표 2.3〉에서 주목할 점이 몇 가지 있다.

첫째, 하드나 소프트에 상관없이 더블 다운할 수 있는 총합은 없다.
둘째, 하드에서 더블 다운은 총합이 11 이하일 경우에만 가능하며 소프트에서 더블 다운은 총합이 13 이상일 경우만 가능하다.

소프트에서 총합 12일 때는 더블 다운하는 것이 드로우하는 것보다 유리하다. 그런데 소프트 12는 에이스 두 장을 의미한다. 이 경우라면 더블 다운하는 것보다 스플리트하는 편이 훨씬 유리할 수 있다.

하드 11일 경우 항상 더블 다운한다는 점에 주목하라. 하드 10이면 딜러의 공개된 카드가 10, 에이스인 경우를 제외하고 더블 다운한다. 하드 10은 에이스를 드로우할 경우를 제외하고는 하드 11보다 불리하다. 왜냐하면 하드 10에서 더블 다운했을 때 얻을 수 있는 총합은 하드 11에서 더블 다운했을 때 얻을 수 있는 총합보다 1이 작기 때문이다. 하드 9는 하드 10보다 더 불리하며 하드 8일 경우 더블 다운할 수 있는 경우가 드물다. 사실 하드 8에서 더블 다운하는 경우는 아주 드물고 수

표 2.3 더블 다운

소프트 더블 다운

나의 패	딜러의 공개된 카드				
	2	3	4	5	6
A, 7		■	■	■	■
A, 6	■	■	■	■	■
A, 5			■	■	■
A, 4			■	■	■
A, 3				■	■
A, 2				■	■
A, A*				■	

■ 더블 다운한다.   □ 더블 다운하지 않는다.
* 에이스를 스플리트할 수 없을 경우에만 A, A를 더블 다운한다.

하드 더블 다운

나의 패	딜러의 공개된 카드									
	2	3	4	5	6	7	8	9	10	A
11	■	■	■	■	■	■	■	■	■	
10	■	■	■	■	■	■	■	■		
9		■	■	■	■					
8				*	*					

■ 더블 다운한다.   □ 더블 다운하지 않는다.
* 6, 2 카드를 제외하고 더블 다운한다.

익도 너무 미미해서 잃지 않은 걸로 치부해도 무방할 정도다.

〈표 2.3〉에서 가장 두드러진 점은 딜러의 공개된 카드가 7, 8, 9, 10, A일 때는 소프트 핸드에서 결코 더블 다운하면 안 된다는 점이다.

수학을 활용하지 않고 더블 다운 전략을 설명하기는 어렵다. 그러나 실제 상황에서 몇 번 해보면 기억 속에 빨리 각인된다. 내 경우 딜러의 공개된 카드가 5이고 소프트 13일 때 더블 다운한다는 것은 절대 잊어버리지 않는다. 라스베이거스의 실버 슬리퍼Silver Slipper 카지노에서 있었던 일 때문이다. 친구들과 함께 갔는데 우리가 큰돈을 따기 시작해도 카지노에서 계속 게임을 하도록 놔둘지에 대해 확인해보려는 목적이었다. 나는 베팅 금액을 1~10달러 사이에서 변화를 주었다(《딜러를 이겨라》를 읽은 수많은 독자가 카지노에 막대한 손해를 입혔던 터라 이제는 베팅을 1~3달러로 하는 편이 지혜로울 것이다). 이전에 1달러를 베팅한 경우가 많았기 때문에 우리는 10달러 이상은 베팅하지 않기로 했다. 10달러 이상 걸면 괜히 남들이 수상쩍게 볼 수도 있기 때문이다. 그런데 절호의 기회(6% 어드밴티지)가 오자 도저히 자제할 수가 없었다!

나는 30달러를 베팅했다. 흡족하게도 딜러의 공개된 카드는 5였다. 이는 플레이어에게 가장 유리한 카드다. 나는 자신 있게 내 홀 카드(A, 2)를 확인하고는 베팅을 두 배로 걸었다. 딜러의 남은 카드가 10이라고 확신했던 나는 딜러가 한 장의 카드를 드로우하면 버스트한다고 생각해서 딜러가 내게 엎은 상태로 준 패를 확인조차 하지 않았다. 그런데 경악할 만한 일이 벌어졌다. 딜러의 홀 카드는 4였다. 딜러는 예상대로 10을 받았고 총합은 19가 되었다. 딜러가 베팅을 정산하려고 내 홀 카드를 뒤집어 보였을 때 나는 졌구나 하고 일찌감치 포기하고 있었다. 내 홀 카드는 7이었다!

딜러의 표정은 복잡했다. 운도 운이지만 앞일을 내다보기라도 한 듯

큰돈을 걸다니 점쟁이 아니냐는 의심이 뒤섞인 표정이었다(물론 어느 정도는 미래를 점치는 게 가능하긴 하다. 이 경우에는 세부적인 것에서 예측이 완전히 빗나갔지만 말이다). 딜러가 미처 깨닫지 못한 것은 자신의 홀 카드가 운 좋게도 4였다는 것이다. 내가 7을 뽑은 것만큼이나 딜러도 운이 좋았다. 기본 전략의 특징은 그 전략을 사용하는 사람들이 다른 여느 플레이어보다 훨씬 '운'이 좋아진다는 것이다. 이번 경우에는 좀 쑥스러운 행운이었지만 말이다.

하드 더블 다운을 통달하고 나면 카지노 어드밴티지를 1% 조금 못 미치는 선에서 제한할 수 있다.

♣ 페어 스플리팅의 기본 전략

드로우와 스탠드 전략, 하드 더블 다운 전략을 (나머지를 쉽게 익혔다면 소프트 더블 다운까지) 다 외운 뒤에는 페어 스플리팅을 전략에 추가해야 한다. 앞으로 상세한 페어 스플리팅 전략을 설명한 뒤 익힐 수 있는 간단한 방법을 제시하겠다. 〈그림 2.1〉에서 보듯 페어를 잡았다면 더블 다운할지, 드로우할지 아니면 스탠드할지 이 두 가지 결정을 내리기 전에 스플릿할지 여부부터 먼저 결정해야 한다. 〈표 2.4〉를 이용해 스플릿 여부를 결정하면 된다. 〈표 2.4〉에서 딜러의 공개된 카드는 맨 위 가로줄에, 플레이어의 페어 카드는 왼쪽 세로줄에 표시되어 있다. 페어를 잡는다면 딜러의 공개된 카드와 페어 카드가 만나는 지점의 사각형이 흰색이면 스플릿하면 안 된다. 즉시 〈표 2.3〉으로 이동해야 한다. 사각형이 검은색이면 먼저 스플릿한 다음 〈표 2.3〉으로 이동

표 2.4 페어 스플리팅

나의 패	딜러의 공개된 카드									
	2	3	4	5	6	7	8	9	10	A
A, A	S	S	S	S	S	S	S	S	S	S
10, 10										
9, 9	S	S	S	S	S		S	S		
8, 8	S	S	S	S	S	S	S	S	S	S
7, 7	S	S	S	S	S	S				
6, 6	S	S	S	S	S					
5, 5										
4, 4				S						
3, 3	S	S	S	S	S	S				
2, 2	S	S	S	S	S	S				

▧ 페어를 스플리트한다.   □ 페어를 스플리트하지 않는다.

하라. 페어를 잡지 않을 확률은 7분의 6의 확률인데 만약 페어가 아니라면 〈표 2.4〉를 전부 무시하고 바로 〈표 2.3〉으로 이동해야 한다.

〈표 2.4〉가 너무 버겁다면 대신 근사치의 규칙들을 외운다. 규칙은 다음과 같다. A와 8 페어는 항상 스플리트하고 4, 5, 10은 절대 스플리트하지 않는다. 나머지 페어일 경우 딜러의 공개된 카드가 2~7일 때 스플리트한다. 〈표 2.4〉의 수많은 선은 이 규칙을 도식화한 것이다. 이 근사치 규칙들에는 오류가 다섯 가지밖에 없다. 몇 가지는 꽤 손실이 크지만 이런 상황은 드물게 발생하므로 전체 하우스 어드밴티지 상승 효과는 0.13%에 불과하다. 더블 다운 전략, 스탠드/드로우 전략과 함께 이 근사치 페어 스플릿 규칙 활용법을 익히고 난 후 페어 스플리트

전략을 상세하게 익혀야 한다.

〈표 2.4〉에는 모두 100개의 칸, 즉 100개의 정보가 있는데 이 사각형들의 배열을 시각적으로 기억하면 외우기가 수월하다. 예를 들어 "A와 8은 항상 스플리트하고 5와 10은 절대 스플리트하지 마라"는 규칙에는 40개 칸의 정보가 담겨 있다. 즉 이 규칙으로 40개 칸은 해결된다. 이들 규칙을 계속 따르는 데 도움이 되는 '근거들*'이 있다. 에이스를 반드시 스플리트해야 하는 이유는 그냥 A, A 핸드를 그대로 진행하면 더블다운 또는 드로우/스탠드하기에 좋을 뿐이다. 하지만 에이스 페어를 스플리트하면 새로운 핸드를 할 때마다 이기는 핸드를 잡을 확률이 매우 높아지기 때문이다. 심지어 21을 잡을 수도 있다.

딜러의 공개된 카드가 7, 8, 9, 10, A이면 8페어를 스플리트해야 한다. 새로운 핸드로 넘어갈 때마다 총합이 좋아지기 때문이 아니라 16은 대체로 쥐고 있기에 나쁜 총합이기 때문이다. 16이 불리한 이유는 이렇다. 딜러의 공개된 카드가 7 이상이면 버스트할 가능성이 작다. 그리고 만약 버스트하지 않는다면 딜러의 총합은 16보다는 크다. 따라서 딜러의 공개된 카드가 7~A일 경우 8페어를 스플리트하면 불리한 패를 '제거'할 수 있다.

8페어를 스플리트하면 새로운 핸드들은 그다지 불리하지 않다는 것이 입증되었다(사실 승률은 평균 승률에 육박한다). 더 많은 돈을 걸어도 순

＊ 여기 제시한 근거들은 실제 상황을 대강 추리는 정도로 제시한 것에 불과하다. 정확한 상황은 부록 2에 제시했다. 여기서는 독자들이 수학적인 논점에 대해 골머리를 썩이지 않고 규칙을 기억하는 데 도움이 되는 근거들을 제시하고 있다. 더 자세한 도움이 필요하다면 ❹를 참고하라.

손실은 크게 감소한다. 딜러의 공개된 카드가 2, 3, 4, 5, 6일 때 8페어를 스플리트하면 다음 두 가지 측면에서 이득이 있다.

첫째, 나쁜 패가 두 개의 평균적인 패로 전환된다는 점이다.
둘째, 딜러의 공개된 카드가 2~6이면 딜러는 버스트할 확률이 상당히 높으므로 베팅을 더 거는 편이 유리하다.

10페어를 스플리트하면 불리하다. 왜냐하면 아주 좋은 패 하나(20)가 평균보다 아주 조금 나은 두 개의 패로 전환되기 때문이다. 5페어를 스플리트하는 것도 불리한데, 더블 다운하기도 좋고 드로우하기도 좋은 총합이 두 개의 나쁜 패로 바뀌기 때문이다.

2, 3, 6페어의 경우 동일한 전략이 적용된다는 점에 유의하라. 딜러의 공개된 카드가 2~7일 경우에만 스플리트해야 한다.

7페어 전략은 잊으려야 잊을 수가 없다. 딜러의 공개된 카드가 2~7이 아닌 2~8일 때 스플리트하기 때문이다. 9페어일 때는 딜러의 공개된 카드가 2~9일 때 스플리트한다(9일 때 9까지라고 외우면 쉽다). 단 예외가 있다. 딜러의 공개된 카드가 7일 때는 스플리트하면 안 된다. 이 예외를 외우는 방법이 있다. 9가 두 장이면 총합은 18이다. 딜러의 공개된 카드가 7이면 평소보다 총합이 17이 될 확률이 훨씬 높다(부록 2의 표 1, 딜러의 확률 참고). 따라서 딜러를 이길 것을 기대하고 스탠드하는 것이 유리하다.

〈표 2.1〉에서 〈표 2.4〉를 요약해서 한눈에 보게 만든 것이 〈표 2.5〉

표 2.5 기본 전략을 빠짐없이 다룬 축소판 차트

페어 스플리팅

나의 패	딜러의 공개된 카드									
	2	3	4	5	6	7	8	9	10	A
A, A	■	■	■	■	■	■	■	■	■	■
10, 10										
9, 9	■	■	■	■	■		■	■		
8, 8	■	■	■	■	■	■	■	■	■	■
7, 7	■	■	■	■	■	■				
6, 6	■	■	■	■	■					
5, 5										
4, 4				■	■					
3, 3	■	■	■	■	■	■				
2, 2	■	■	■	■	■	■				

■ 스플리트한다.　　□ 스플리트하지 않는다.

소프트 더블 다운

나의 패	딜러의 공개된 카드				
	2	3	4	5	6
A, 7		■	■	■	■
A, 6	■	■	■	■	■
A, 5			■	■	■
A, 4			■	■	■
A, 3				■	■
A, 2				■	■
A, A*				■	■

■ 더블 다운　　□ 더블 다운 하지 않는다.

* 에이스를 스플리트할 수 없을 경우에만 A, A를 더블 다운한다.

하드 더블 다운

나의 패	딜러의 공개된 카드									
	2	3	4	5	6	7	8	9	10	A
11	■	■	■	■	■	■	■	■	■	■
10	■	■	■	■	■	■	■	■		
9	■	■	■	■	■					
8				*	*					

■ 더블 다운한다.　　□ 더블 다운하지 않는다.
* 6, 2 패를 제외하고 더블 다운한다.

스탠딩 넘버

■ 소프트 스탠딩 넘버　　▨ 하드 스탠딩 넘버
* 두 장의 카드로 총합이 16일 때, 즉 패가 10, 6 또는 9, 7이라면 드로우하고 6, 4, 4, 2처럼 세 장 이상의 카드면 스탠드하라.
+ 딜러의 공개된 카드가 10일 때 7, 7 패이면 스탠드하라.

다. 기본 전략을 축약해놓은 〈표 2.5〉는 승리 전략에도 활용된다.

언뜻 보면 〈표 2.5〉는 좀 애매하다. 예를 들어 딜러의 공개된 카드가 4, 내 패가 A, 6이라면 더블 다운해야 할까, 아니면 그냥 드로우해야 할까? 〈표 2.1〉에 따르면 플레이어는 먼저 더블 다운을 고려해야 하고, 〈표 2.5〉는 더블 다운을 권하므로 더블 다운해야 한다.

이 책에 있는 〈표 2.5〉는 떼어내서 게임할 때 활용해도 좋다. 점차 능숙해지면 표를 보는 횟수가 줄어들고 나중에는 표를 보지 않아도 될 것이다.

♣ 기본 전략 사용 시 기대 수익률

이제 실전에서 직접 시험해볼 만큼 기본 전략을 숙지했다. 카지노에 갈 수 없어서 집에서 게임을 해야 한다면 우리가 채택한 카지노 규칙들을 반드시 적용하도록 하라. 이렇게 하면 보통 집에서 하는 게임과 절차가 달라지겠지만, 친구들은 블랙잭에 관해 새로운 것을 배우는 데 흥미를 느낄 것이다.

비록 기본 전략을 쓴다고 해도 대체로 하우스와 무승부를 이루게 되겠지만 다음 데이터를 보면 카지노에서 기본 전략을 써보고 싶은 마음이 굴뚝 같을 것이다. 〈표 2.6〉은 핸드당 1달러를 걸고 100핸드를 할 때(딜러의 속도와 플레이어의 수에 따라 조금 다르지만 게임 시간은 대체로 30분~1시간 30분)와 핸드당 1달러를 걸고 1,000핸드를 할 때(상황에 따라 다르지만 게임 시간은 대체로 5~15시간) 기대할 수 있는 결과를 보여준다. 핸드당 베팅 금액이 다르다면 그만큼 곱해주면 된다. 예를 들어 핸드당 50센트

표 2.6 기본 전략을 사용할 때 결과

핸드당 1달러 베팅으로 100핸드 플레이

시간 (근삿값, 단위: %)	결과: A와 B 사이*	
	A(달러)	B(달러)
0.01	−19.9	미만
0.1	−14.9	−19.9
2.1	−9.9	−14.9
13.6	−4.9	−4.9
34.1	0.1	−4.9
34.1	5.1	0.1
13.6	10.1	5.1
2.1	15.1	10.1
0.1	20.1	15.1
0.01	초과	20.1

핸드당 1달러 베팅으로 1,000 핸드 플레이

시간 (근삿값, 단위: %)	결과: A와 B 사이*	
	A(달러)	B(달러)
0.01	−62.2	미만
0.1	−46.4	−62.2
2.1	−30.6	−46.4
13.6	−14.8	−30.6
34.1	1.0	−14.8
34.1	16.8	1.0
13.6	32.6	16.8
2.1	48.4	32.6
0.1	64.2	48.4
0.01	초과	64.2

* 음수는 손실을 의미한다.

베팅이면 0.5를 곱하거나 2로 나누면 된다. 1달러 베팅으로 1,000핸드를 한 뒤 평균 수익은 1달러이다. 1달러 베팅으로 100핸드 뒤 평균 수익은 10센트다. 따라서 기본 전략은 근본적으로 무승부 전략이라고 할 수 있다. 어느 쪽에도 실질적인 어드밴티지는 없다.

표 2.7 볼드윈과 공저자들이 얻은 결과

플레이한 핸드 수	수익(달러)
930	38.50
770	−56.00
1,140	−4.50
690	−4.00
3,530	−26.00

각 집단이 게임한 핸드의 수는 1,000에 가까울 정도로 충분하므로 〈표 2.7〉에서 플레이 횟수를 1,000이라고 가정해서 〈표 2.6〉의 두 번째 도표를 활용해 〈표 2.7〉의 결과를 어림짐작할 수 있다. 평균에서 크게 벗어난 경우는 −56달러이며 이를 제외하고는 모두 평균적이다. 이런 일탈은 확률적으로 불가능한 것은 아니지만 무척 드문 사건이다. 〈표 2.6〉을 보면 1,000핸드 게임을 하면 −56달러가 넘는 편차가 생길 확률이 0.1%를 넘지 않는다. 핸드 수가 적으면, 즉 이 경우 770이면(표 2.6 참고) 이런 일탈이 나타날 확률이 더 작다. 실제 연산 결과 핸드당 1달러로 770핸드를 게임하면 플레이어가 56달러 이상을 잃을 확률은 약 0.01%로 드러났다. 즉 확률은 약 1만분의 1이다.

표 2.8 기본 전략과 기타 블랙잭 전략 비교

블랙잭 전략	플레이어의 어드밴티지(단위: %)
기본 전략	평균적으로 +0.1, 대체로 −1 ~ +1 사이
카드 전문가들 ❽	−3.2
딜러 따라하기	−5.7
평범한 카지노 플레이어	−2.00 ~ −15.00
버스트하지 않는 플레이어	−6.0 (추정)

표 2.9 다른 카지노 게임에서 최상의 플레이를 할 때와 기본 전략 비교

게임	플레이어의 어드밴티지 (최상의 플레이) (단위: %)
블랙잭 기본 전략	+0.13 : 대체로 −1 ~ +1 사이
크랩	−1.40 (−0.6까지 떨어질 수 있음, ❽ 참고)
룰렛 (유럽)	−1.35
룰렛 (미국)	−2.70 ~ −5.26
네바다 바카라	−1.06 (banker, ❼ 참고)
	−1.24 (플레이어, ❼ 참고)
파로*	평균 −1.52 : −30.0 ~ 0 사이, ❽ 참고

* 이 게임은 지금은 사라졌다. 지속적으로 이븐 머니(even-money: 베팅한 액수만큼을 따는 베팅. 예를 들어 5달러를 베팅해서 이기면 5달러를 딴다. 따라서 어드밴티지는 0%가 된다)이다. 카드 카운터들은 이 게임 운영자들의 눈총을 받았다. 어드밴티지의 변동은 플레이어가 플레이된 카드에 대한 케이스 키퍼(case keeper: 파로 게임에서 카드의 득점수를 상자에 기록하는 사람)의 기록을 알고 있다는 것을 전제로 한다.

❹ 다른 블랙잭 전략을 사용할 때 및 다른 게임과 비교한 하우스 어드밴티지

앞서 기본 전략이 다른 어떤 블랙잭 전략보다 우월하며 공개된 모든

도박 전략을 통틀었을 때 가장 우월한 전략이라는 점을 언급한 바 있다. 〈표 2.8〉과 〈표 2.9〉는 기본 전략이 어느 정도 우위에 있는지를 보여준다.

♣ 흔히 범하는 오류들

블랙잭 기본 전략은 이 책을 저술하기 4년 전 볼드윈과 공저자들❷에 의해 처음 공개되었다(사소한 오류*들이 꽤 있었다). 하지만 중대한 오류들이 포함된 블랙잭 전략들은 계속 출현하고 있다.** 이어지는 논의에서 고안된 실험을 통해 이런 오류들 중 상대적으로 더욱 명백한 오류 몇 가지를 입증해 보일 것이다. 일부 실험들은 1시간이 채 걸리지 않는다. 모든 실험은 기본 전략의 특성과 비교해 흔히 권장되는 시스템의 오류를 밝히게 된다.

실험을 해본 사람이라면 누구나 기본 전략이 정확하며 다른 전략은 심각한 오류가 있음을 확신하게 된다. 이들 실험을 연구하다 보면 스스로 실험을 고안해서 기본 전략과 다른 전략들의 엄청난 차이를 검증해볼 수 있을 것이다. 원칙적으로 우리는 커다란 격차뿐만 아니라 어떤 격차도 검증할 수 있다. 그러나 너무 세세한 격차까지 따질 경우 실험이 너무 지루해진다.

---

* 이 오류들로 플레이어가 액션에서 고작 평균 0.04%의 손실을 보기 때문에 사소한 오류라고 명명했다.
** 여기서는 기본 전략과 완전한 데크 조합을 전제로 하는 전략들을 비교하고 있다. 즉 카드 카운팅을 하지 않는 전략들과 기본 전략을 비교한다.

이후 이 장에서 언급되는 표들은 〈부록 2〉에 있다. 지금 당장은 이들 표를 참고하거나 이해하지 않아도 된다. 중요한 것은 실험을 통해 전략을 점검하는 방법을 깨우치는 것이다.

첫 번째 실험:
딜러의 공개된 카드 에이스, 내 패가 하드 16일 때 드로우 vs. 스탠드

〈표 2a〉(277p)를 보면 딜러의 공개된 카드가 에이스이고 내 패가 하드 16일 때 스탠드하지 않고 드로우하는 플레이어는 평균 14.6%의 수익을 올린다. 다시 말하면 하드 16에서 드로우 대신 스탠드하면 평균 14.6%의 손실을 보게 된다. 다음 실험은 이를 입증하기 위해 고안되었다. 완전한 데크에서 에이스 한 장을 빼서 탁자 위에 보이게 놓는다. 이것이 바로 딜러의 공개된 카드다. 그런 다음 카드나 종이 한 장 위에 숫자 16을 적어 자신 앞에 놓는다. 이것이 나의 하드 총합이다.

물론 실제 상황과 정확히 일치하지는 않는다. 실제 게임에서는 플레이어가 실제로 드로우한 카드들로 하드 총합 16이 되므로 드로우 시 어드밴티지에 차이가 생긴다. 작은 수의 카드 여러 장으로 하드 총합이 구성된다면 스탠드하는 편이 현명할 수도 있다. 예를 들어 나의 총합이 하드 16이고 딜러의 공개된 카드가 10인 상황에서 드로우할지 스탠드할지 결정한다고 하자. 〈표 2a〉에 따르면 드로우하면 평균 2.9%의 수익이 발생한다. 그러나 플레이어의 하드 총합이 4, 4, 4, 4라면 (J. H. 브라운J. H. Braun에 따르면) 스탠드하는 것이 정확하게 6.382 유리하다.

우리 실험에서 종이 한 장에 총합을 적는데 이것에 반대하는 의견에 대해서는 이렇게 답하겠다. 어떤 사람이 우리 실험을 실제 블랙잭 게임으로 대체해서 실제 상황에서 스탠드와 드로우의 결과를 계속 기록했다. 이처럼 장기 실험한 결과 종이에 총합을 적어서 나온 결과인 14.6%에서 소수점 이하로 차이가 났다. 따라서 종이 한 장에 총합을 써서 실험하면 엄청난 수고와 시간을 절약하는 셈이다. 다른 실험들 역시 마찬가지다.

다시 실험으로 돌아가자. 데크를 섞고 딜러에게 200핸드를 다음과 같이 준다. 내가 16에 스탠드한다고 가정하고 딜러에게 카드 한 장(딜러의 홀 카드)을 나누어 준다고 하자. 딜러가 내추럴 패를 잡으면, 10카드를 버리고 그 결과는 기록하지 않는다. 이렇게 하는 이유는 하드 16에서 드로우할지 여부는 딜러가 자신의 카드를 보고 내추럴 패가 아니라는 것을 확인했을 때 문제가 되기 때문이다. 딜러의 홀 카드가 10이 아니라면 딜러가 버스트하거나 딜러의 총합이 소프트 17 또는 하드 17 이상이 될 때까지 딜링을 계속한다. 딜러가 버스트하면 내가 이기고 딜러가 버스트하지 않으면 내가 진다. 이러한 결과를 기록한다. 사용한 카드는 버리고 다음 핸드를 또 딜링한다. 이런 식으로 100핸드를 돌리면 플레이어는 평균 약 17핸드를 이기고 나머지 핸드는 진다. 〈표 3〉(279p)에 따르면 딜러의 공개된 카드가 에이스일 때 플레이어가 16에 스탠드하면 질 확률은 66%다.

이어서 다음과 같이 200핸드를 딜링한다. 딜러에게 카드 한 장(딜러의 홀 카드)을 준다. 그 카드가 10이라면 버리고 다른 카드를 준다. 이유는 앞서 설명한 실험과 같다. 내가 총합 16인 상태에서 정확히 한 장을 드로우한다고 하자. 이때 내가 버스트한다면 진다. 그럼 그 카드를 버리고 '패'로 기록한다. 버스트하지 않는다면 하드 총합이 17~21이 된다. 이제 나에게는 카드를 딜링하지 않고 필요하다면 딜러가 버스트하거나 총합이 17 이상이 될 때까지 딜러에게 카드를 준다. 승, 무, 패를 기록하고 실험을 계속한다.

'승률'은 승수에다 무승부 횟수의 절반을 더해서 계산해야 한다(예를 들어 모든 핸드가 무승부라면 절반 승리, 절반 패배와 본질적으로 동일하므로 순수익은 0이다). 이번 실험에서 100핸드당 평균 '승수'는 24.3이 될 것이다. 따라서 200핸드라면 딜러의 공개된 카드가 에이스, 내 패가 하드 16일 때 스탠드, 드로우 두 가지 선택 사항 사이의 평균 격차는 $2 \times (24.3 - 17.0)$, 즉 14.6핸드다. 그러나 실험의 각 부분에서 평균 총합에 확률의 편차가 있다. 사실 200핸드 이상 실험하면 50회 중 1회, 딜러의 공개된 카드 에이스를 상대로 하드 16에서 스탠드하면 드로우하는 것보다 더 나은 결과가 나온다.

두 번째 실험:
딜러의 공개된 카드가 에이스, 내 패가 하드 10일 때 더블 다운하기

이 실험은 앞선 실험과 상당히 유사한 방식으로 진행된다. 실험 과정을 줄이기 위해 홀 카드를 8, 2로 선택하는데 최대 오차는 6.1%다. 최대 오차 6.1%라는 수치는 〈표 4j〉(292p)에서 구한 것으로 〈표 4j〉를 보면 딜러의 공개된 카드 A에 대항해 8, 2 패를 쥐고 있으면 적절한 총합에 도달할 때까지 계속 드로우만 해도 결국 베팅의 8.6%를 따게 된다.

그러나 더블 다운하면 장기적으로 보아 원래 베팅의 2.5%만을 따게 된다. 격차는 6.1%다. 더블 다운해서 400핸드 정도 게임한다. 그 후 이긴 핸드 수에서 진 핸드 수를 뺀다. 그런 다음 더블 다운 핸드에서 베팅 금액을 두 배로 늘렸으므로 이 수에 2를 곱한다. 이 수가 딜러의 공개된 에이스에 대항해 더블 다운했을 때 400핸드에서 얻을 수 있는 수익의 총합이다. 앞에서와 마찬가지로 총계에서 딜러의 내추럴은 모두 무시한다. 딜러의 보이지 않는 카드가 10이면 다른 홀 카드를 준다.

그다음 딜러의 공개된 카드가 에이스일 때 정확한 드로우와 스탠딩 전략(표 2.5)을 지키면서 400핸드를 게임한다. 승수에 패수를 빼면 400핸드의 수익이 나온다. 드로우, 스탠드 모두 포함해 400핸드에서 승수가 패수보다 17.2핸드 더 많다. 더블 다운하면 승수가 패수보다 평균 5.0핸드 더 많다.

세 번째 실험:
딜러의 공개된 카드가 5일 때 6페어 스플리팅

〈표 4f〉(288p)에 따르면 이 상황에서 스탠드하지 않고 스플리트하면 수익은 17.2 +10.2, 즉 27.4%다. 스탠드하면 100베팅당 순손실이 10.2 유닛^{unit}(도박 게임에서 베팅에 칩의 단위나 금액을 고정시키는 단위로 베팅 기본 금액이라고도 한다)이다. 스플리트하면 100핸드가 200핸드가 되고 이 200핸드에서 잃는 돈보다 따는 돈이 17.2%가 넘는다. 스탠드하지 않고 스플리트하면 기존 100핸드당 평균 순수익이 27.4유닛이다. 스탠드하는 경우와 스플리트하는 경우 모두 기존 50핸드에서 플레이어의 어드밴

티지는 확고하다.

♣ 딜러 따라 하기

볼드윈과 공저자들의 말을 인용해보면,❷ "16 이하에서 드로우하고, 17 이상에서 스탠드하면서 더블 다운과 페어 스플리트 없이 딜러를 따라하는 플레이어의 기대 수익은 0.056이다." 즉 딜러에게 5.6%의 어드밴티지가 있다는 의미다.

딜러를 따라 하는 플레이어를 위한 수치를 계산해 〈표 1〉(276p)의 활용법을 설명하기로 한다. 우선 플레이어가 이들 규칙을 따를 때 게임은 두 가지 상황을 제외하고 대칭을 이룬다. 딜러와 플레이어 모두 버스트하면 딜러 승리다. 플레이어가 버스트해서 베팅 정산이 끝나도 딜러가 자신의 핸드를 끝까지 플레이한다고 가정할 때 (딜러는 규칙상 16 이하에서는 계속 드로우해야 하므로) 딜러가 버스트한다면 딜러는 버스트한 것으로 계산한다. 이는 딜러에게 유리하다. 이렇게 하면 딜러와 플레이어 모두 버스트하는 확률만큼 딜러에게 어드밴티지가 있다.

딜러와 플레이어가 모두 같은 전략을 쓴다고 가정하므로 〈표 1〉(딜러의 승산)은 둘 모두에 적용된다. 따라서 딜러, 플레이어 한 사람의 버스트 확률은 0.2836이며(확률적 독립, 즉 두 가지 사건이 동시에 일어나는 확률이 따로따로 일어나는 확률의 곱과 같은 경우를 전제로 하고 데크가 거의 완전한 상태일 때) 이 경우 엄격히 타당하지는 않지만 높은 근사치로 유효), 둘 모두 버스트할 확률은 $0.2836 \times 0.2836 \times 100$, 즉 8.04%로 딜러가 유리하다. 이 게임에서 두 번째로 딜러와 플레이어가 대칭이 아닌 경우는 플레이어가 내추럴, 딜러의 패가 내추럴이 아닐 때 플레이어가 1.5유닛을 딴다는 사실이다. 반면 딜러의 경우 딜러가 내추럴, 플레이어가 내추럴이 아닐 때 플레이어로부터 1유닛만 딴다. 딜러, 플레이어 각각 이런 경우가 발생할 확률은 4.68%로, 따라서 플레이어는 절반을 가져가므로 여기서 2.34% 수익을 얻는다. 그러므로 딜러의 어드밴티지는 8.07%-2.34%, 즉 5.73%다.

♣ 버스트 하는 법이 없는 플레이어

핸드가 버스트할 가능성이 있을 때 절대 카드를 드로우하지 않는 플레이어를 상대할 때 카지노의 어드밴티지를 계산해보는 것도 흥미롭다. 우선 이는 플레이어의 하드 스탠딩 넘버는 모두 12라는 점에 유의한다. 그러나 소프트 스탠딩 넘버는 고정되지 않는다. 소프트 총합은 에이스를 포함하고 에이스는 1 또는 11로 모두 계산될 수 있기 때문이다. 따라서 소프트 12에서는 확정된 전략이 없으므로 소프트 스탠딩 넘버를 17이라고 가정하고 진행하자. 앞서 지적했듯이 상식적으로 생각해보면 소프트 스탠딩 넘버는 언제나 최소 17이어야 한다. 언제나 18이 17보다 나으므로 소프트 스탠딩 넘버 18인 경우보다 17인 경우 평균적으로 패배할 확률이 더 크다. 이런 특이한 전략을 사용하는 플레이어를 '보수적인' 플레이어라고 부르겠다.

우리는 보수적인 플레이어를 상대하는 하우스 어드밴티지의 실질적 수치는 5~8% 사이라고 단언한다. 이 수치는 다음 세 가지 근거에서 나온 것이다.

첫째, 모두 보수적인 전략을 활용하는 100핸드를 6개로 집단으로 나누어서 실험했다. 플레이어가 잃은 유닛은 13~2로 평균 7유닛이었다. 5~8%라는 우리의 수치와 거의 일치하는 결과다. 600핸드의 수치는 사전에 선별되었고 앞선 핸드들의 결과에 영향을 받지 않으므로 이 데이터에는 확률에 관한 수학적 이론의 표준 공식이 적용된다. 하우스 어드밴티지의 실질적인 수치가 3~11% 사이에 있다는 것이 거의 확실하다는 것이 우리의 결론이다.

둘째, 우리가 계산으로 연산한 결과(하드 스탠딩 넘버가 작아서 비교적 쉽다), 실질적인 수치는 10%보다 훨씬 낮았다.

셋째, 세 가지 근거 중 가장 견실하다. 볼드윈과 공저자들에 따르면 하드 12에서 스탠드하면서 절대로 더블 다운하지 않고 A와 8만 스플리트하는 플레이어를 상대하는 하우스의 어드밴티지는 4.25%라고 한다(이들은 소프트 핸드 넘버를 구체적으로 밝히지는 못했다). 에이스와 8을 스플리트하는 것으로 플레이어의 어드밴티지 상승 효과는 1% 미만이라는 것을 알 수 있다. 소프트 스탠딩 넘버를 달리해도 수정되는 수치는 전반적으로 대략 1~2% 정도이다. 따라서 이 정보에서 추정되는 실질적인 수치는 5~6%와 8% 사이다.

♣ 이발사의 머리를 깎은 사나이

이처럼 보수적으로 게임했을 때 불리한 점들은 내 친구이자 샌페르난도벨리 주립대학교 수학과 교수인 존 블래트너^{John Blattner}가 '이발사의 머리를 깎은 사나이'라는 일화에서 재미있게 설명했다.*

어느 날 블래트너와 이발사는 블랙잭에 대해 이야기를 나누게 되었다. 블래트너는 친구가 블랙잭에서 꾸준히 이길 수 있는 방법에 관한 책을 썼다고 운을 뗐다. 그러자 이발사가 콧방귀를 뀌면서 말했다. "어려운 일도 아니잖소. 버스트하는 것만 피하면(하드 12에서 항상 스탠드하기만 하면) 누구나 이길 수 있구만, 뭘." 블래트너는 그런 게 아니라고 이발사를 설득하려고 했지만 소용이 없었다. 결국 이발사는 이발소 문을 닫으면 게임을 해보자고 제안했다. 블래트너는 160달러를 가져왔다. 핸드당 5달러, 10달러를 베팅했는데 이발사는 삽시간에 160달러를 잃었다. 이발사는 블래트너처럼 운 좋은 사람은 처음 봤다고 우겼다. 이발사는 160달러를 잃고도 포기하지 않았다. 이발사는 본전을 건져야 한다며 기회를 달라고 사정했다. 두 사람은 핸드에 20달러를 걸고 게임했다. 이발사는 1,200달러를 잃고서야 운이 돌아왔다. 이발사는 300달러를 땄지만 그걸로 끝이었다. 이발사는 1,500달러를 잃었고 결국 두

---

* 앞으로 살펴보겠지만 이 일화에는 수학적 아이러니가 스며 있다. 수학적 이론이 낯선 독자들을 위해 버트런드 러셀(Bertrand Russell)의 유명한 역설을 언급하겠다. 이발사 한 사람이 어느 마을에서 자신의 머리를 스스로 깎지 않는 사람들의 머리만 깎아준다고 하자(한 사람의 머리는 항상 같은 사람이 깎는다고 가정한다). 이발사의 머리는 누가 깎을까? 이발사 아닌 다른 사람이 이발사의 머리를 깎는다면 이발사의 머리를 깎는 사람은 이발사여야 한다. 이는 불가능하다! 이발사가 스스로 자신의 머리를 깎는다면 이발사의 머리를 깎는 사람은 이발사가 될 수 없다. 불가능하다! 그렇다면 이발사의 머리는 누가 깎을까?

손 두 발 다 들고 말았다.

    이발사는 아직도 블래트너가 운이 좋다고 믿고 있다. 이발사는 미적거리며 잃은 돈을 안 주더니 결국 블래트너에게 공짜로 이발을 해주기로 했다. 1년을 무료로 이발을 해주더니 이발사는 형편이 어렵다며 다시 블래트너에게 이발비를 받았다(이발사는 아직도 언젠가는 블래트너에게 돈을 주겠다고 말한다). 여기서 질문! 블래트너가 이발사의 머리를 깎은 걸까? 아닌 걸까?

3

승리 전략1.
5카드 카운트 시스템

도박꾼들은 얼마 지나지 않아 확률 게임은 결국 일정한 '비율'로 어느 한쪽에게만 유리하게 돌아가고, 한쪽은 손해 보는 방향으로 흘러간다는 것을 경험을 통해 알게 되었다. 즉 충분히 많은 횟수(장기적으로)로 게임을 하다 보면 유리한 쪽이 딴 돈은 상대방이 베팅한 총액의 일정 비율에 수렴한다는 것이다. 오늘날 카지노는 게임에서 유리하다고 실증된 쪽을 차지하고 있다. 카지노는 필요하면 게임의 규칙을 바꾸어 카지노의 어드밴티지가 비용을 상쇄하고 자본을 투자한 업주들이 바라는 수익률을 낼 수 있도록 만든다.

베팅한 총액을 '액션^{action}'이라고 한다. 예를 들어 3달러, 2달러, 11달러를 베팅했으면 나는 16달러어치의 액션을 보유한 셈이다. 일정 금액의 자본을 가진 플레이어는 자기 자본의 몇 배에 달하는 금액을 액션으로 보유할 수 있는데, 그러다가 결국 돈을 모두 하우스에 뺏기고 만다. 이것이 도박의 짜릿함을 배가시키는 데 아주 큰 역할을 한다.

❖ 널리 쓰이는 도박 시스템의 실패

카지노 어드밴티지를 극복하려는 수많은 시도가 있었다. 다양한 방법에 따라 플레이마다 베팅 금액을 바꾸는 방식도 자주 시도된다. 이 방식 중 일부는 단순하고 일부는 아주 복잡하다. '두 배 베팅$^{doubling-up}$' 방식으로 널리 알려진 스몰 마르팅게일$^{Small\ Martingale}$에 대해 알아보자. 맨 처음 1달러를 베팅했다고 하자. 돈을 잃으면 그다음에는 2달러를 베팅한다. 그리고 이길 때까지 4, 8, 16달러……. 이런 식으로 매번 베팅 금액을 두 배로 늘린다. 그런 다음 다시 1달러부터 베팅 과정을 반복한다.

연속해서 질 경우 지금까지 잃은 돈보다 1달러 많은 돈을 그다음 회에 베팅하게 된다. 즉 연패한 뒤 이길 경우 따는 돈은 결국 총 1달러가 된다. 따라서 한 번 이길 때마다 순수익은 1달러이며 마지막으로 이긴 경우까지 계산해보면 플레이어는 몇 차례 베팅할 때마다 1달러씩을 계속 따게 된다. 그러나 이 시스템에는 결함이 있다. 카지노는 늘 베팅할 수 있는 금액에 제한을 둔다. 베팅 상한선이 500달러라고 하고 1달러부터 베팅했다고 하자. 9번 연패(1, 2, 4, 8, 16, 32, 64, 128, 256달러)하면 그다음에는 '두 배 시스템'에 따라 512달러를 베팅해야 하는데, 이는 허용되지 않는다.

이처럼 베팅액에 상한선을 두면 플레이어가 두 배 시스템을 사용해도 카지노는 실질적으로 통상 버는 수익과 동일한 비율의 액션을 버는 것으로 나타났다. 따라서 두 배 시스템은 어떤 식으로든 플레이어에게 도움이 되지 않는다. 복잡한 다른 베팅 시스템들 역시 모두 동일한 결함을 갖고 있다. 이후 확률 이론에 의해 증명된 바에 의하면, 표준적인 도박 게임 대부분에서 지금까지 고안된 어떤 베팅 시스템도 카지노의 장기적 어드밴티지에 조금도 영향을 미치지 못한다.

수학자들이 소위 '독립 시행 과정$^{independent\ trials\ process}$(확률 이론에서 각각의 시행이 다른 시행의 결과에 아무런 영향을 미치지 않는 경우)'이라고 부르는 게임 역시 이런 점이 기정사실로 굳어진 게임들이다. 크랩^{crap}(두 개의 주사위를 던져 나오는 점수에 따라 승부가 결정되는 게임)과 룰렛^{roulette}(37 또는 38등분된 회전원반 가운데에 1개의 공을 넣고 빨리 회전시킨 다음 회전원반이 정지했을 때 주사위가 어느 눈금에 멎느냐에 베팅을 하는 도박)도 이런 게임에 속한다.*

독립 시행 과정이란 각 게임이 과거의 결과에 영향을 받지 않으며 또한 미래의 결과에도 영향을 미치지 않는다는 것을 의미한다. 예를 들어 1벌의 데크를 섞어서 한 장을 드로우했는데 그 카드가 스페이드 4라고 하자. 이 카드를 다시 넣고 제대로 다시 섞는다. 한 장의 카드를 다시 뽑으면 스페이드 4를 뽑을 확률은 51장의 다른 카드 중 하나를 뽑을 확률보다 높지도, 낮지도 않다. 이 사실에서 나온 말이 있다. "카드는 기억하지 못한다."

♣ 블랙잭에서 종속 시행의 중요성

앞선 상황과 반대로 카지노 블랙잭에서는 카드가 기억하고 있다! 한 라운드에서 일어난 일이 다음 라운드 그리고 그다음 라운드, 그다다음 라운드에도 계속 영향을 미친다. 즉 블랙잭은 종속 시행$^{dependent\ tria}$(확률 이론에서 각각의 시행 사이에 종속 관계가 있는 경우. 나중에 실시한 시행이 앞의 시행에 종속된다) 게임이다. 따라서 독립 시행 게임에서 유리한 도박 시스템이 불가능하다고 주장하는 수학적 논거가 블랙잭에는 적용되지 않는다.

예를 들어 새로운 1벌 데크를 제대로 섞은 다음 시작된 1라운드에서

＊ '공정한' 주사위와 '공정한' 룰렛 회전원반을 사용한다고 가정한다. 한쪽에게 유리하도록 고안된 룰렛 회전원반도 있는데 윌슨은 저서 ❽에서 이런 회전원반을 상대로 이기려는 시도를 흥미롭게 진술하고 있다.

4장의 에이스가 보였다고 하자. 1라운드가 끝난 뒤 에이스들은 1벌 데크 뭉치 맨 아래에 앞면이 보이게 놓고 2번째 라운드는 사용하지 않은 남은 카드로만 진행한다. 이제 2라운드에서는 에이스가 나타나지 않는다. 블랙잭도, 소프트 핸드도, 에이스 스플리팅도 없다(에이스 스플리팅은 플레이어에게 아주 유리하다). 이처럼 에이스가 없는 상황에서 게임이 계속되고(앞으로 살펴보겠지만 에이스가 없으면 플레이어의 디스어드밴티지는 평균 약 3%다), 이후 1벌 데크를 다시 섞고 에이스를 다시 넣는다.

몇 해 전 한 카지노가 카드 1벌에서 네 장의 10카드와 한 장의 9카드를 빼곤 했다. 우리가 계산해보니 이렇게 하면 카지노 어드밴티지가 2.5%였다. 네바다도박규제위원회 Nevada Gaming Control Board가 이런 속임수를 발각했고 해당 카지노는 고소당했다. 결국 카지노는 영업권을 박탈당했다. 그런데 이 재판에는 뜻밖에 얄궂은 측면이 있었다. 카지노 운영자들은 뼛속까지 실속을 차리는 사람들이었지만 이론가들은 아니었다. 그들은 카드를 빼면 자신들이 유리하다는 건 알았지만 어느 정도인지는 몰랐다. 한 전문가가 법정에서 10카드 네 장과 9카드 한 장을 빼면 플레이어가 25%나 더 불리하다고 증언하는데도 이런 엄청난 위증에 전혀 반박하지 못했다.

♣ 유리한 상황 이용하기

게임하는 동안 1벌 데크의 조합이 바뀌면서 블랙잭의 어드밴티지는 플레이어와 카지노 사이를 왔다 갔다 한다. 앞으로 이 책에서 제시할 승리 전략들은 이 사실에 크게 의존하고 있다. 어드밴티지는 어느 한쪽에 10%를 넘을 수도 있고, 때로는 100%에 달할 수도 있다. 첫 번째 라운드에서 사용된 카드가 무엇인지 지켜본다. 이제 이들 카드는 1벌에서 빠졌기 때문에 두 번째 라운드에서는 그만큼 카드가 줄어든 상태에서 딜링을 하게 되므로 하우스 어드밴티지는 대체로 상승하거나 하락한다.

이어지는 라운드들에서 카드가 점점 줄어들면서 바닥을 드러내게 된다. 이 상태에서 딜링하면 어드밴티지는 플레이어와 하우스 사이를 오가게 되는데 플레이어가 유리할 때는 베팅액을 높이고, 하우스가 유리할 때는 베팅 금액을 낮춘다. 이렇게 진행하면 플레이어는 유리한 상황에서 크게 베팅한 판을 대부분 이기고 불리한 상황에서 작게 베팅한 판 대부분을 지게 된다. 하지만 상당한 순수익을 거둔다.

돌고 있는 카드를 신중하게 카운팅하면 유리한 상황을 발견할 수 있다는 것을 보여주는 아주 특별한 사례를 들어보자. 딜러와 일대일로 '맞붙는다'고 하자. 즉 플레이어는 나 한 사람뿐이다. 그리고 게임에 사용되는 카드를 신중하게 추적하고 있었고 아직 사용되지 않은 카드들, 즉 다음 라운드에서 딜링될 카드가 7카드 두 장과 8카드 네 장이라고 하자.* 얼마를 베팅해야 할까?

---

* 중요한 것은 최소한 세 장의 8카드가 있고 많아도 두 장의 7카드가 실제로 플레이된다는 점이다. 예를 들어 카지노가 마지막 카드를 딜링하지 않는다면(흔한 관행이다), 이 예에서 두 장의 7카드와 세 장의 8카드는 적용되지 않는다.

정답은 카지노가 허락하는 최대한도의 금액을 베팅해야 한다. 필요하다면 돈을 빌려서라도 베팅해야 한다. 딜링되는 카드 두 장을 받고 스탠드하기만 하면 확실히 이길 수 있기 때문이다.

이유를 분석해보면 이렇다. 카드 두 장을 받고 스탠드하면 버스트하지 않으므로 일단 안전하다. 딜러가 자신의 패를 확인하면 7, 7이나 7, 8 아니면 8, 8이다. 딜러의 총합이 17 미만이므로 딜러는 드로우해야 한다. 딜러가 7, 7을 쥐고 있다면 이제 7은 얼마 남지 않았으므로 8을 뽑게 되면 따라서 버스트한다. 딜러가 7, 8이나 8, 8을 쥐고 있다면 7을 뽑든, 8을 뽑든 버스트한다. 외통수다. 따라서 딜러는 버스트하고 나는 이긴다.

이러한 사실은 블랙잭 게임 분석에서 내가 풀어야 했던 핵심 과제에 연결된다. 카드가 빠져나간 상태에서 플레이어는 상황이 유리한지, 불리한지 어떻게 판단할 수 있을까? 만약 유리하다면 정확히 얼마나 유리할까? 이 문제는 고속 전자 컴퓨터인 IBM 704로 해결되었다.** IBM 704에게 몇 가지 질문을 던졌다.

첫 번째 질문은 다음과 같다. 1벌에서 네 장의 에이스만 제거하고 블랙잭 게임을 한다고 하자. 플레이어가 따라야 할 최상의 전략은 무엇이며, 하우스(또는 플레이어)의 어드밴티지는 얼마일까? 다시 말해 컴퓨터는 한 가지 점만 제외하고 기본 전략을 구상할 때와 정확히 동일한

** 이 문제는 해결했는데 정확한 수치에 상당히 근접한 수치로 해결되었다. 이후 IBM의 줄리안 브라운이 더 정확하게 다시 연산했다. 이번 개정판에서 우리는 가능하다면 우리가 연산한 원래의 수치 대신 브라운의 수치를 사용했다.

작업을 수행하게 된다. 즉 컴퓨터는 네 장의 에이스가 빠진 상태에서 문제를 해결해야 한다.

결과는 주목할 만했다. 1벌 데크에서 에이스 네 장이 빠진 상태로 게임을 하면 플레이어는 최상의 게임을 한다고 가정할 때 2.42%의 디스어드밴티지에 놓인다. 에이스는 블랙잭에서 아주 독특한 역할을 하므로 네 장의 에이스가 빠진 것이 다른 카드 네 장을 뺀 것보다 게임에 훨씬 지대한 영향을 미친다. 내추럴, 소프트 핸드가 되려면 에이스가 반드시 있어야 하며 에이스 페어는 가장 유리한 페어다. 에이스는 나타날 때마다 플레이어를 돕는다. 따라서 일부 플레이어들은 남아 있는 에이스 카드 수의 변화가 다른 어떤 카드의 비율 변화보다 중요하므로 에이스만 연구하면 된다고 생각한다. 그러나 앞으로 살펴보겠지만 에이스만 절대적으로 중요한 것은 아니다.

이어서 2카드 네 장, 3카드 네 장 등을 1벌 데크에서 차례로 제거하고 최상의 전략을 사용했을 때 플레이어의 어드밴티지와 디스어드밴티지를 컴퓨터로 계산했다. 이 경우를 비롯해 특정 카드들을 제거했을 때의 결과가 〈표 3.1〉에 열거되어 있다. 상응하는 최상의 전략들도 계산되었지만 지면 부족으로 싣지 않았다.

〈표 3.1〉을 보면 2~8점수의 카드가 부족하면 플레이어가 유리하고 이런 카드가 많으면 플레이어가 불리하다는 것을 알 수 있다. 반대로 9, 10, 에이스가 부족하면 플레이어가 불리하고 9, 10, 에이스가 많으면 플레이어가 유리하다. 다양한 승리 전략들의 토대는 하나 또는 그 이상의 카드를 카운팅하는 것이다. 훌륭하고도 단순한 승리 전략은 5카

표 3.1 데크 상태에 따른 플레이어의 어드밴티지 또는 디스어드밴티지

데크 상태	최상의 전략을 쓸 때 어드밴티지(단위: %)
완전한 데크	0.13
Q(1) = 0	-2.42
Q(2) = 0	1.75
Q(3) = 0	2.14
Q(4) = 0	2.64
Q(5) = 0	3.58
Q(6) = 0	2.40
Q(7) = 0	2.05
Q(8) = 0	0.43
Q(9) = 0	-0.41
Q(10) = 0	1.62
1/2 데크	0.85 [0.93]
2벌 데크	-0.25
4벌 데크	-0.41
5,000벌 데크	-0.58
Q(10) = 4	-2.14*
Q(10) = 8	-3.13
Q(10) = 12	-1.85
Q(10) = 20	1.89 [2.22]
Q(10) = 24	3.51 [4.24]
Q(10) = 28	5.06* [6.10*]
Q(10) = 32	6.48* [7.75*]
Q(10) = 36	7.66 [9.11]
Q(9) = Q(10) = 0	9.92*
Q(8) = Q(9) = Q(10) = 0	19.98*
Q(5) = ⋯ = Q(10) = 0	78.14

범례 : Q(X) = Y는 특정 데크가 X 값을 가진 카드에만 변화가 생겨 현재 X 값을 가진 카드 수가 Y개만큼 남았다는 것을 의미한다. 예를 들어 Q(2) = 3은 데크에는 네 장이 아닌 세 장의 2카드가 남았다는 것을 의미한다. '2벌 데크'란 정상적인 52장의 카드가 들어 있는 데크 두 벌을 마치 하나의 데크처럼 섞은 상태를 말한다. 인슈어런스가 있으면 Q(2) = 0부터 Q(9) = 0까지 어드밴티지가 0.12% 상승한다. 플레이어는 홀 카드 두 장 모두 10이 아닐 때만 인슈어한다. Q(10) ≧ 20일 때 인슈어런스 시 어드밴티지는 [ ]안에 표시되어 있다. Q (10) ≧ 20일 때는 항상 인슈어런스하라.　* 근삿값

드 카운팅을 토대로 하고 있다. 이 장의 다음 부분에서 자세히 설명하겠다. 두 장의 기본 전략이 어렵다고 여기는 독자들은 5카드 카운트 전략을 첫 번째 블랙잭 승리 방식으로 채택하는 것이 좋다.

반면 기본 전략을 빨리 익힌 독자들은 5장의 포인트 카운트 전략을 블랙잭의 첫 번째 승리 방식으로 채택해야 한다. 포인트 카운트 전략은 5카드 카운트 전략보다 조금 어렵지만 장점이 많다. 이런 사람들은 5카드 카운트 전략을 익히는 데 시간을 너무 많이 허비하면 안 된다. 그러나 이 장 나머지 부분에 나오는 여러 가지 논의들은 앞으로 배울 전략들을 익히는 데 중요하므로 더 강력한 전략으로 무장하려면 꼼꼼하게 읽고 이해해야 한다.

♣ 첫 번째 승리 전략 : 5카드 카운팅

〈표 3.1〉을 보면 한 종류의 카드 네 장을 1벌 덱에서 제거할 때, 5카드 4장을 뺄 경우 플레이어와 하우스의 상대적인 어드밴티지가 가장 크게 변한다는 사실을 알 수 있다. 에이스 네 장을 뺐을 때보다 더 큰 영향을 미친다. 더 중요한 사실은 5카드를 모두 제거하면 플레이어에게 3.6%의 어드밴티지가 있다는 것이다.

일부 카드들이 빠진 상태인데 5카드는 한 장도 없지만 다음 라운드를 하기에는 카드 수가 충분하다고 하자. 즉 다음 라운드에는 5가 나타날 수 없다. 이 상황은 5카드 네 장만 제거되고 나머지 카드들은 모두 있는 상태에서 핸드를 딜링하는 것과 수학적으로 동일하게 간주될 수 있다는 것이 증명되었다. 이 점을 너무 깊이 따지지는 않겠다. 다만 다

표 3.2 다음 라운드에서 5카드가 나타날 수 없다는 사실만을 알고 있을 때 최상의 전략*

페어 스플리팅

나의 패	딜러의 공개된 카드								
	2	3	4	5	6	7	8	9	10	A
A, A	■	■	■	■	■	■	■	■	■	■
10, 10										
9, 9	■	■	■	■	■		■	■		
8, 8	■	■	■	■	■	■	■	■	■	■
7, 7	■	■	■	■	■	■				
6, 6	■	■	■	■	■					
5, 5										
4, 4			+	■	■					
3, 3	■	■	■	■	■	■				
2, 2	■	■	■	■	■	■				

■ 스플리트한다. □ 스플리트하지 않는다.

소프트 더블 다운

나의 패	딜러의 공개된 카드								
	2	3	4	5	6	7	8	9	10	A
A, 9					■					
A, 8			■	■	■					
A, 7		■	■	■	■					
A, 6		■	■	■	■					
A, 5			■	■	■					
A, 4			■	■	■					
A, 3				■	■					
A, 2				■	■					

■ 더블 다운한다. □ 더블 다운하지 않는다.

* 5는 나타날 수가 없으므로 페어 전략에서 가로 행 (5, 5)와 (딜러의 보이는 카드) 5에 있는 모든 세로 열은 의미가 없다. 그러나 표 3.5와 포맷의 통일성을 위해 이 가상의 행렬들을 포함시켰다. 표에 검은색 칸을 표시할 때 암기하기 쉽도록 이런 방식으로 표를 그렸다는 점을 양지하기 바란다.

+ 내 패의 합이 8일 때에만 스플리트가 허용되지 않는다.

하드 더블 다운

나의 패	딜러의 공개된 카드								
	2	3	4	5	6	7	8	9	10	A
11	■	■	■	■	■	■	■	■	■	■
10	■	■	■	■	■	■	■	■		
9		■	■	■	■					
8			■	■	■					

■ 더블 다운한다.　　□ 더블 다운하지 않는다.

스탠딩 넘버

나의 패	딜러의 공개된 카드								
	2	3	4	5	6	7	8	9	10	A
19								▨	▨	
18	▨	▨	▨	▨	▨	▨	▨			▨
17						■				■
16						+	+			
15								■	■	
14										
13										
12	■				■					

■ 소프트 스탠딩 넘버　　▨ 하드 스탠딩 넘버

* 두 장의 카드로 총합이 하드 16일 때, 즉 10, 6이거나 9, 7이면 드로우하고 6, 4, 4, 2처럼 세 장 이상의 카드면 스탠드하라.

음 라운드에서 5가 나타나지 않는다는 것을 플레이어가 알고 있고 '5카드 카운트' 전략을 따른다면 〈표 3.1〉에서 보듯 플레이어는 해당 라운드에서 3.6% 어드밴티지가 있다는 점만 지적하고 넘어가겠다.

5카드 카운트 전략은 〈표 3.2〉에 나타나 있다. 형태는 〈표 2.5〉와 동일하다. 5카드 카운트 전략은 완전한 1벌 데크를 쓸 때의 기본 전략과 흡사하다는 점에 주목하라. 따라서 기억하는 데 어느 정도 부담이 줄어든다. 특히 소프트 스탠딩 넘버가 동일하며 기본 전략에서 더블 다운하는 상황이라면 5카드가 모두 없어져도 역시 더블 다운해야 한다. 또한 딜러의 공개된 카드가 7일 때 6페어는 스플리트하지 않는다는 점을 제외하고는 페어 스플리팅 역시 기본 전략과 동일하다.

사실 5카드를 모두 제거하고 나면 하드 스탠딩 넘버의 변화만 활용하고 나머지는 기본 전략에 따라서 게임해도 전혀 문제가 없다. 이렇게 하면 몇 가지 경우에서 페어 스플리팅이나 더블 다운이 누락된다는 오류가 발생한다. 이 오류들이 미치는 영향은 미미하다. 플레이어의 어드밴티지는 3.6%에서 3.4%로 감소한다. 암기의 부담을 덜기 위해서 이 방법을 권고한다. 5카드 카운트 방식의 계산이나 논의 모두 바로 이 '단순 5카드 카운트 전략'을 채택하기로 한다.

이제 카지노 블랙잭에서 이기는 간단한 방법을 설명하겠다. '소액' 베팅으로 시작하고 표준 전략을 사용하라. 공개되는 카드를 유심히 지켜보면서 5카드를 추적한다. 5카드가 모두 소진되면 다음 라운드에서는 나머지 카드들로 게임이 이루어지고, 5카드는 더 이상 나타나지 않는다는 것을 확인할 수 있다.

바로 다음 라운드에서 카드가 딜링되기 전에 베팅해야 한다. 그런데 이번에는 어떤 패에 베팅하든 3% 어드밴티지가 있다는 것을 알고 있다. 따라서 지금까지보다 더 '크게' 베팅한다. 카드 딜링이 끝나면 단순 5카드 카운트 전략을 적용하라.

지금까지 어떤 라운드를 딜링하기 전에 5카드가 모두 소진되면 플레이어는 크게 베팅하고 단순 5카드 카운트 전략을 써야 한다고 권고했다. 그런데 어떤 라운드가 시작되기 전에 5카드 중 일부가 남아 있을 수 있고, 남아 있는 카드가 모두 해당 라운드에서 나타날 수 있다. 이런 경우가 발생하면 플레이어는 즉시 단순 5카드 카운트 전략으로 노선을 수정해야 한다. 예를 들어 플레이어의 패가 하드 7이고 딜러의 공개된 카드가 2라고 하자. 플레이어가 한 장을 드로우했는데 마지막 남은 5카드를 받았다고 하자. 이제 플레이어의 총합은 하드 12가 되었다. 기본 전략은 드로우하라고 한다. 그러나 5카드 카운트 전략을 적용하면 스탠드해야 한다.

이는 전략의 정밀화로 간주되어야 하며 5카드 카운트 전략으로 승리하는 데 필수불가결한 요소는 아니다. 이 개선 전략을 활용하면 플레이어가 소액 베팅 일부, 즉 해당 라운드가 시작될 시점에 베팅한 소액 베팅의 일부를 딸 확률이 높아진다.

여러 차례의 딜링 끝에 $Q(5)=0$($Q(X)=Y$에서 X는 카드의 점수, Y는 남은 카드 수, 따라서 $Q(5)=0$이면 5카드가 없는 상태를 말한다)이 되면 고액을 베팅하고, 그렇지 않은 경우 소액 베팅을 계속했다고 하자. 이렇게 크게 베팅하는 상황에서 장기적으로 딸 수 있는 금액은 3%가 넘는다. 소액을 베팅하는 상황에서 손실은 약 −0.2%이다.* 거액 베팅이 소액 베팅보다 충분히 많다. 그리고 유리한 상황(즉 5카드가 모두 없어진 상황)이 자주 발생하면 거액 베팅에서 얻는 수익으로 소액 베팅에서 입은 손실을 상쇄하고도 넉넉한 수익이 남는다.

이제 전략에 대한 논의를 완성하려면 몇 가지 질문에 상세하게 답해야 한다.

(1) 다음 라운드를 할 수 있을 정도로 충분한 카드가 남았는지 여부를 어떻게 판단할 수 있는가?
(2) 유리한 상황은 얼마나 자주 발생하는가?
(3) 거액 베팅은 소액 베팅보다 얼마나 많아야 하는가?
(4) 어느 정도의 속도로 돈을 딸 수 있을까?
(5) 리스크는 어느 정도인가?
(6) 초기 자금은 얼마나 필요한가?

이 질문들에 순서대로 대답해보자.

---

* 5카드 카운트 전략에서 소액 베팅 시 기본 전략을 사용했을 때의 평균 승률인 0.10%가 나오지 않는다는 것을 의아하게 생각할 독자도 있을 것이다. 이유는 5카드가 없으면 더 이상 소액 베팅을 하지 않기 때문이다. 따라서 소액 베팅 범주에서 일부 유리한 상황들이 제거되고 남아 있는 소액 베팅 상황은 대체로 평균보다 약간 불리하다. −0.2%라는 수치는 정확하지 않다. 실제 수치는 테이블에 있는 플레이어의 수에 따라서 −0.2~0% 사이에 있다. 간소하게 설명하기 위해 수치 하나만 제시했는데 비관적으로 보이는 쪽을 선택했다.

🂠 카드 카운팅

남아 있는 카드가 충분한지 여부를 확인하는 방법은 몇 가지가 있다. 가장 확실한 방법은 얼마나 많은 카드가 소진되었는지 실제로 카운팅하는 것이다. 예를 들어 매 라운드가 끝나면 이렇게 혼잣말을 하는 것이다. "카드 11장이 사용되었고 그중에는 5카드가 한 장 있어." 사용된 카드는 모두 '플레이된' 것으로 간주하고, 보이는 5카드만 센다. 예를 들어 카드 한 장이 번되었다면 그 카드가 무엇인지 보았든 보지 못했든 플레이된 카드로 간주한다. 게임에 사용되는 모든 카드를 볼 필요는 없다. 그런데 플레이된 카드가 어떤 카드인지 보지 못했는데 그 카드가 5일 수도 있다. 이렇게 되면 유리한 상황을 놓치게 된다. 예를 들어 어떤 라운드가 끝난 뒤에 17장의 카드가 플레이되었고, 5카드 세 장이 사용되었다고 하자. 5카드 한 장이 번되었는데 그 사실을 모른다고 하자. 그렇다면 5카드 한 장이 아직 나타날 수도 있다고 생각하고 소액 베팅을 하게 되면 유리한 상황 한 번을 이용할 기회를 놓치게 된다.

딜러가 습관적으로 번 카드를 감춘다면 보여달라고 요구하고 싶을 것이다. 그런데 보여달라고 요구해야 할지 어떨지 판단하기 어려울 때가 있다. 우리의 승리 전략을 이용하고 있다고 카지노 측에서 의심할 것 같으면 보여달라고 요구하면 안 된다. 왜냐하면 카지노 측에서 대응책을 써서 응수하면 번 카드를 보지 못하는 것보다 손해가 더 크기 때문이다.

카지노가 마지막 카드를 사용하지 않으면 이 카드를 처음부터 카운트에 넣어야 한다. 이렇게 하는 이유는 52장에서 마지막 카드와 사용된 카드를 모두 차감해야 앞으로 플레이될 카드들의 수가 나오기 때문이다. 〈표 3.3〉은 남아 있는 카드들이 다음 라운드에 부족하게 되는 시기를 보여준다.

표 3.3 사용된 카드를 카운팅한 결과 데크에 한 라운드에 충분한 카드가 있을 때

플레이어 수	남아 있는 카드로 충분한 경우는 사용된 카드의 수가 다음 수 이하
1	45
2	41
3	38
4	34
5	31
6	27
7	24

사용된 카드를 카운팅하면 사용되지 않은 카드들이 다음 라운드에 충분한지 여부를 알 수 있다는 점 외에도 유리한 점이 또 있다.

첫째, 카드 카운팅을 훈련하면 앞으로 이어지는 장들에서 소개될 더 강력한 고난도 승리 시스템을 익히는 데 유리하다.

둘째, 1벌 데크에서 한 장 또는 그 이상의 카드를 빼내는 것이 흔한 속임수이므로 카드 카운팅은 속임수를 적발하는 데 아주 유용하다(이쯤 되면 카지노가 카드를 더 넣는 건 아닐까 의심스러운 독자들이 있을 것이다. 2벌 이상의 데크가 사용되고 있다면 쉽게 이런 수작을 벌

일 수 있다. 1벌 데크를 사용할 때 이런 속임수를 쓰는 경우는 딱 한 번밖에 보지 못했다. 1벌 데크를 사용하는 데 카드를 더하는 수법은 위험하다. 패를 확인하는 데 카드 두 장이 모두 스페이스 5라면 플레이어의 충격과 분노가 어떨지 상상해보라!).

카드 카운팅으로 눈치 챌 수 있는 유명한 속임수가 또 있다. 바로 '뒤집기turnover'다. 이름은 만만하지만 당해보면 장난이 아니다. 뒤집기의 약한 행태를 설명하자면, 딜러는 지금까지 플레이된 절반 정도의 카드가 하우스에 크게 유리한지 여부를 주시한다. 만약 하우스에 유리하지 않았다면 딜러는 남아 있는 절반의 카드가 하우스에 크게 유리하다고 추측한다. 따라서 이런 경우 남아 있는 절반의 카드가 하우스에 유리하다고 추정되므로 정상적으로 게임을 계속 진행한다. 그러나 처음 절반 정도가 하우스에 유리하면 딜러는 몰래 카드를 뒤집어서 사용된 카드들이 맨 위로 올라오게 만들어 앞서 사용된 카드들이 다시 게임에 사용되도록 한다. 심한 경우 이런 식으로 뒤집기한다. 딜러는 카드의 처음 절반 정도에서 사용된 카드들을 게임이 끝난 뒤 순서대로 정리해서 카드가 절반 정도 소진되었을 때 카드를 뒤집어 순서대로 정리된 카드를 딜링한다!

방심하고 있던 플레이어는 자신이 방금 본 카드를 기억하지 못한다. 사용된 절반의 카드가 26장이라면 전체 카드 수는 $26 \times 2 = 52$, 그러므로 52장이 되어야 한다. 그런데 카드를 카운팅하는 플레이어는 절반의 카드가 26장이 아니라면 전체 카드 수가 52장이 아닐지도 모른다고 의심하게 된다. 더욱이 사용된 카드가 26장이라 하더라도 거기에 두 장의 5카드가 없다면 속임수를 적발할 수도 있다. 카드를 카운팅하는 플레이어는 1벌에 있는 5카드의 수는 사용된 절반에 있는 5카드 수의 두 배가 되어야 한다는 것을 알기 때문이다.

사용된 카드를 카운팅하기 귀찮은 사람들에게는 얼마나 많은 카드가 남았는지 판단하는 방법이 하나 있다. 만족도는 조금 떨어지긴 하지만 카드가 얼마나 소진되었는지 중간 점검을 한다면 이 방법을 써볼 수 있다. 딜러는 밑에 있는 카드들을 살짝 앞으로 내밀어 모든 카드의 위쪽 모서리들이 조금 보이게 한다. 앞면이 보이도록 놓인 사용된 카드는 사용되지 않은 카드들보다 더 '하얗게' 보인다. 엎어놓은 사용하지 않은 카드들에 하얀 테두리가 없다면 말이다. 사용된 카드와 사용하지 않은 카드의 상대적 두께를 가늠해보면 남아 있는 사용되지 않은 카드의 수를 쉽게 짐작할 수 있다.

테두리가 없는 카드라면 카드 일정 부분을 떼어내 남아 있는 카드 밑에 앞면이 보이게 넣는다. 그런 다음 맨 밑쪽에 있는 카드들을 살짝 앞으로 밀어 비스듬히 튀어나오게 한다. 두 부분 사이에는 명확한 경계가 있다. 이걸 통해 각 부분의 양을 측정할 수 있다. 조금만 연습하면 숙련될 수 있다. 테두리가 있는 카드로 똑같은 방법을 시도한다면 대체로 명확한 경계가 나타나지 않으므로 어렵다.

테두리가 있는 카드든 없는 카드든 상관없이 실험할 수 있는 방법이 있다. 이 실험을 해보면 1벌의 일부 카드 수를 가늠하는 것이 그리 어렵지 않다는 것을 확실히 알게 된다. 먼저 매끈한 탁자에 대고 카드 모서리를 쳐서 카드가 비뚤비뚤하지 않게 정리한다. 이제 1벌 카드를 정확히 이등분해보자. 필요하다면 카드를 이쪽에서 저쪽으로 옮겨서 똑같은 양이 되도록 맞추어도 좋다. 하지만 두 부분을 탁자 위에 나란히 놓고 높이를 재서 맞추는 방법은 쓰면 안 된다. 이 실험의 목적은 눈대중만으로 카드 수를 가늠하는 것이므로, 높이를 재는 것은 이 실험의 목적에 맞지 않기 때문이다. 몇 번 해보면 두 장 이상 '어긋나는' 일이 드물고 많은 사람이 거의 매번 정확히 카드를 이등분하게 된다.

♣ 5카드 카운트 방식의 개선

남아 있는 5카드만이 아니라 아직 공개되지 않은 남아 있는 카드의 총수도 추적한다고 해보자. 그렇다면 남아 있는 카드들 속에 5카드가 많은지, 적은지 판단할 수 있다. 5카드가 많은 상황을 5-리치[rich], 5카드가 적은 상황을 5-푸어[poor]라고 한다. 판단하는 한 가지 방법은 공개되지 않은 카드들의 수(U)를 공개되지 않은 5카드의 수(F)로 나누는 것이다. 평균적으로 U÷F=13이다. U÷F가 13보다 크면 5-푸어다(F=0인 극단적인 경우, 즉 데크에 5카드가 없는 경우 U÷F는 연산 자체가 불가능하다. 하지만 이런 경우에 대처하는 방법은 이미 알고 있을 것이다).

U÷F의 수가 클수록 어드밴티지가 크다. 예를 들어 (U÷F)가 26이면 어드밴티지는 약 1.9%(0.13%와 3.58%의 중간)다. 이 경우 2유닛 또는 3유닛을 베팅해야 한다. U÷F의 수가 13보다 작으면 5-리치[rich]다. 이 경우 카지노가 유리하므로 소액을 베팅해야 한다.

U÷F를 이용하면 추가로 유리한 상황을 많이 발견해 활용할 수 있다

는 점에서 유리하다. 이 방식은 사용되는 카드의 데크 수가 변하더라도 변동 없이 적용된다.

♣ 유리한 상황의 빈도

수익률이 얼마나 되느냐, 즉 어느 정도의 비율로 돈을 딸 수 있느냐는 유리한 상황이 얼마나 자주 발생하는가 그리고 테이블에 플레이어가 몇 명인가에 따라 영향을 받는다. 이는 〈표 3.4〉에 나타나 있다.

5카드 카운트 전략을 활용하고 플레이어가 5명 이하일 때 플레이어에게 유리하다는 점을 확실히 알 수 있다.

표 3.4 5카드만 카운팅할 때 플레이어 수에 따른 유리한 상황 수의 변화

플레이어 수	100핸드당 5카드가 모두 사라지는 핸드 수(근삿값)	100핸드당 평균 수익 (단위: 유닛)
1	9.8	0.33
2	5.9	0.20
3	6.5	0.22
4	3.5	0.12
5	6.0	0.20
6	0.9	0.03
7	1.7	0.06

♣ 베팅 금액의 변화

"거액 베팅은 소액 베팅보다 얼마나 더 많아야 하는가?"라는 질문에

는 직감으로 '가능한 한 많이'라고 대답하게 된다. 왜냐하면 유리한 상황에서 크게 베팅할 때 수익이 발생하기 때문이다. 그러나 고려해야 할 상황들이 있다.

꾸준하게 1달러를 베팅하다가 가끔 한 번씩 500달러를 베팅하면 요주의 인물이 되어 카지노 운영자들의 감시 대상이 된다. 만약 이기게 되면 카지노는 십중팔구 대응책을 취할 것이다. 단순하지만 효과적인 카지노의 대응책은 플레이어가 고액 베팅을 하면 카드를 딜링하기 전에 카드를 섞는 것이다. 딜러가 카드를 섞어버린 뒤 플레이어가 고액 베팅을 다시 거두어들일 수는 있지만, 유리한 상황은 무산되고 만다.

그러므로 베팅 금액의 변동폭을 주목을 끌지 않는 수준까지 줄이는 것이 현명하다. 《딜러를 이겨라》 초판이 나오자 카지노들은 바짝 긴장하고 조심했다. 사정이 이러하므로 고액 베팅은 소액 베팅의 3~4배를 넘지 않아야 한다.

딜러와 단 둘이서 시간당 100핸드를 한다고 하자. 〈표 3.4〉에 따르면 플레이어가 유리한 상황은 9.8회이며 어드밴티지는 3.4%, 하우스에게 유리한 상황은 90.2회로 이때는 플레이어에게 0.2%의 디스어드밴티지가 있다. 1달러와 500달러를 베팅한다면 불리한 상황에서 손실은 0.002×90×1달러, 즉 18센트(0.18)이며 유리한 상황에서 수익은 0.034×10×500달러, 즉 170달러로 순수익은 169.82달러다. 불리한 상황에 125달러를 베팅하면 0.002×90×125달러, 즉 22.5달러를 잃게 된다. 그러나 유리한 상황에서 170달러를 벌게 되므로 순수익은 147.5달러이다. 이 수익에 관한 수치들은 아주 많은 핸드를 했다고 할 때 대략적인 평균 금액이라는 점을 유념해야 한다. 몇백 핸드만 하게 되면 이들 수치에서 꽤 멀리 벗어날 수 있다.

이 수치들을 활용해서 5카드 카운트 시스템의 시간당 평균보상을 추정할 수 있다. 시간당 100핸드로 딜러와 단둘이 게임한다고 하자. 앞서 베팅 금액이 125~500달러일 때 시간당 평균 수익이 약 140달러라는 사실을 확인했다. 따라서 5~20달러로 베팅하면 시간당 5.6달러를 벌 수 있다. 50센트~2달러를 베팅하면 시간당 겨우 56센트만 벌 수 있다.

내가 아는 숙련된 플레이어는 딜러와 단둘이 하면 시간당 350핸드를 할 수 있다고 주장한다. 1~500달러를 베팅하면 평균 170달러×3.5, 즉 시간당 595달러를 벌 수 있다. 시스템 플레이는 게임하는 속도가 빠를수록 유리하다. 플레이어가 많으면 유리한 핸드들 일부가 줄어든다. 더구나 한 라운드를 하는 데 시간이 더 많이 걸리므로 각 플레이어에게 돌아가는 시간당 핸드 수가 적다.

♣ 필요한 자금, 리스크의 크기, 수익률

이제 다음 질문들에 대답하겠다.

(1) 초기 자금은 얼마나 필요한가?
(2) 리스크는 어느 정도인가?
(3) 평균 수익률은 얼마인가?

우선 초기 자금을 얼마로 할지 결정해야 한다. 잃으면 안 되는 돈으로 게임을 하는 건 절대, 절대 금물이다. 그렇게 하면 안 되는 이유들이 많지만 한 가지 이유에 대해 설명하겠다. 잃으면 안 되는 돈으로 게임을 하면 심리적 안정감을 잃게 되고, 게임을 잘할 수 없게 된다. 그러다 보면 게임에서 헛손질을 하게 되고 결과적으로 질 확률이 높아진다. 반대로 그다지 의미 없는 돈으로 게임하면 침착함과 자신감이 생겨 무섭도록 정확하게 게임을 진행할 수 있다.

판돈을 합리적인 수준까지 제한했다면 이제는 판돈 전부를 잃을 확률을 얼마나 줄일지 결정해야 한다. 판돈을 걸 때마다 플레이어는 수많은 선택의 기로에 선다. 대담하게 해서 높은 파산 확률을 감수한다면 시간당 비교적 큰돈을 벌 수 있다. 또한 초기 자본을 여러 유닛으로 잘게 쪼개어 전부를 잃을 확률을 사실상 없앨 수도 있다. 그러나 이렇게 하면 평균 수익이 상당히 줄어든다는 것이 단점이다.

소액 베팅을 1 '유닛'이라고 하고 '유닛'은 플레이어가 결정한 금액이라고 하자. 거액 베팅은 3유닛이라고 하자. 판돈이 150유닛이면 판돈을 잃을 확률은 10분의 1보다 작다. 자금이 무한정 불어날 확률은 10분의 9보다 크다. 판돈이 75유닛뿐이라면 모두 잃을 확률은 약 10분의 3, 계속 플레이하는 한 계속 불어날 확률은 10분의 7이다.

구체적인 승리 전략을 익히기 전에 다음 장에서 첫 번째 승리 전략을 실제 카지노에서 실험한 결과를 설명하겠다. 이 승리 전략은 이제는 유명한 10카드 카운트 방식이다.

4

네바다 주에서 이론을 실험하다

5카드 카운팅을 토대로 하는 전략에 관한 논문을 워싱턴 D. C.에서 열리는 미국수학협회American Mathematical Society 연례 총회에서 발표하면 흥미로울 것 같았다. 당시 MIT에서 학생들을 가르치던 나는 컴퓨터로 블랙잭 관련 연산 작업을 수행하고 있었다. 나는 비행기를 타고 MIT에서 워싱턴 D.C.로 갔다. 총회 며칠 전 협회는 관례대로 총회에서 발표될 200여 건의 강연을 요약해서 문서로 발간했다. 그 안에는 '행운의 공식: 블랙잭 승리 전략'이라는 제목으로 5카드 카운트 전략에 관한 요약도 포함되어 있었다.(67)

회의 장소로 떠나기 이틀 전 나는 〈보스턴 글로브〉의 딕 스튜어트Dick Stewart에게 전화를 받고 깜짝 놀랐다. 딕은 내 전략의 요점에 관해 물었다. 〈보스턴 글로브〉가 내 사진을 찍기 위해 사진기자를 보냈고 나는 전화로 스튜어트 씨에게 시스템의 기본 개념에 대해 설명했다.

이튿날 아침 〈보스턴 글로브〉 1면에 내 사진과 기사가 실린 것을 보고 놀랐다❹. 몇 시간 사이에 뉴스 서비스에 의해 기사와 더 많은 사진이 미국 전역의 수많은 신문 구독자에게 공개되었다.❻㉗㊴㊸(57)(78)

워싱턴에서 논문을 발표한 후 많은 기자 회견 요청이 있어서 기자회견을 해야 했다. 이어서 주요 방송국에서 나를 취재했고 많은 라디오 프로그램에서 인터뷰했다. 나는 언론에 점점 더 많이 노출되었고 MIT 연구실로 돌아오자 책상 위에는 편지와 전화 메시지가 수북이 쌓여 있었다(60)(65).

그 후 몇 주 동안 수백 통의 편지와 전화가 쇄도했는데 많은 사람이 논문을 복사해달라는 요청과 함께 더 많은 정보를 달라고 했다. 간간히 내 시스템을 카지노에서 실험하는 데 후원하고 싶다는 전화나 편지도 많았다. 수천 달러를 후원하겠다는 사람부터 무려 10만 달러를 후원하겠다는 제안도 있었다! 이 금액들을 합치면 25만 달러가 되었다.

나는 신중하게 제안을 걸러냈다. 투자금 전부를 잃어도 괜찮다는 것을 증명하지 못하는 사람의 제안은 거절했다. 물론 앞서 설명했듯이 승리 전략을 쓰더라도 운이 억세게 나쁘면 조금이나마 연패할 위험이 있기 때문이다. 그리고 속임수에 당할 가능성도 염려되었다.

10만 달러를 후원하겠다는 제안이 가장 솔깃했기에 나는 그 제안을 가장 먼저 고려했다. 뉴욕의 백만장자 두 사람이 제안한 것이었다. 그 두 사람을 X씨와 Y씨라고 부르겠다. 두 사람 모두 큰손 도박사들이었다. Y씨는 한때 카지노 게임에서 10달러를 잃었지만 그 정도는 큰 타격이 아니었다. X씨는 도박으로 수십만, 수백만 달러를 버는 사람이었다. 그는 마이애미 주에서 라스베이거스까지 도박계에서 오랫동안 명성을 떨쳤다. 나중에 안 일이지만 '자그마한 검은 머리 사내'(7장 참고)의 위업을 익히 알고 있었고, 블랙잭으로 큰돈을 번 사람이었다. 따라서 그 사람이 가장 먼저 '간택'되었다.

♣ 준비

X씨에게 관심 있다고 말하자 어느 일요일 뉴욕에서 차를 몰고 찾아왔다. 그는 실용적인 도박 지식과 카드 기술을 보여주었고 속임수를 즉시 눈치 챌 수 있다는 것도 입증해 보였다. X씨와 Y씨가 비용을 대서 나를 뉴욕으로 초대했다. 나는 보스턴에서 뉴욕으로 여러 번 날아가

시스템에 대해 논의했고, 네바다 주로 갈 계획을 세웠다.

집이나 카지노에서 직접 연습해본 독자들은 알겠지만 5카드 카운트 시스템은 포착하는 유리한 상황이 아주 드물기 때문에 이기는 것이 '너무 느리다'. 다행히 내가 5카드 카운트 시스템을 발표할 당시 나는 훨씬 더 강력한 시스템을 개발하고 있었다. 바로 10카드 카운트 방식인데 이 전략은 7장에서 상세히 설명하겠다. 내가 카지노 실험에서 사용하기로 한 것이 바로 이 10카드 카운트 방식이었다. 이해하기 쉽도록 먼저 이 방식을 간략하게 설명하겠다. 플레이어는 절반의 경우 어드밴티지를 갖는데 10~15% 사이다. 카지노의 어드밴티지는 최대 3% 정도에 불과하다!

베팅에 적용하는 두 가지 중요한 방법이 있다. 하나는 내가 '과격한' 베팅이라고 부르는 방식으로 플레이어의 어드밴티지가 일정한 작은 수치(1%라고 하자)를 넘어서면 그때마다 카지노가 허용하는 상한선까지 베팅하는 방식이다. 평균으로 보아 이 방식은 최단시간에 가장 큰돈을 벌 수 있다. 그러나 짧다면 짧은 며칠 동안 플레이어의 총 자본의 변화가 무척 심하기 때문에 거액의 자금이 요구된다. X씨와 Y씨는 이 방식을 10만 달러까지 후원하고 필요하면 더 후원하겠다고 약속했다.

♣ 1만 달러 판돈으로 시스템을 실험하다

나는 도박이라는 세계에 대해서 모르는 것이 너무 많았기 때문에 '과격한' 방식을 좋아하지 않았다. 내가 5만 달러를 잃으면 나는 어떨지, 또 후원자들은 어떻게 나올지 장담할 수가 없었다. 더구나 내가 보기에 이 여행의 목적은 내 시스템을 실험하는 것이지 X씨, Y씨에게 큰돈을 벌어주는 게 아니었다. 따라서 나는 불가능한 것은 아니지만 확률이 낮은 대박을 시도하기보다는 소액이지만 확실한 수익을 선호했다. 이런 이유로 나는 '보수적인' 게임 방식을 택했다.

이 방식은 어드밴티지가 1%면 최소 금액의 두 배를 베팅하고, 어드밴티지가 2%면 최소 금액의 네 배를 베팅하고, 어드밴티지가 5% 이상이면 최소 금액의 10배를 베팅한다. 나는 베팅 금액을 50~500달러(대체로 카지노가 허용하는 최대한도의 베팅 금액)로 하기로 하고, 그렇다면 자금이 6,000~7,000달러면 적당하리라고 판단했다. 우리는 좀 넉넉하게 100달러 지폐 100장, 즉 1만 달러를 가져갔다.

MIT에서 일주일 봄방학이 시작되자 X씨와 나는 목요일 저녁 르노로 날아갔다. Y씨는 나중에 합류했다. 우리는 새벽 2시쯤에 르노의 대형 호텔에 들어가 금세 잠들었다. 이튿날 아침 일찍 우리는 카지노들을 탐색하러 나섰다.

♣ 몸 풀기 게임

나는 신중하게 시작하자고 끈질기게 주장했고 결국 시작은 조심스럽게 하기로 결정했다. 1~10달러 '소액' 베팅으로 시작해서 점차 베팅 금액을 늘릴 작정이었다. 나중에는 50~500달러까지 베팅할 참이었다. 먼저 우리는 도시 외곽에 있는 카지노로 차를 몰고 갔다. 1시간 남짓 게임을 하고나자 나는 몇 달러를 벌었다. 성 금요일이었기 때문에 네 시간 만에 카지노가 문을 닫자 우리는 르노로 돌아왔다. 저녁 시간에 우리는 어떤 카지노가 가장 유리한 규칙을 적용하는지 알아보려고 몇몇 카지노들을 조사했다. 우리는 마지막 카드까지 딜링하고 플레이어가 어떤 핸드든 더블 다운하고 어떤 페어든 스플리트할 수 있으며 인슈어런스가 가능한 카지노를 연습 장소로 골랐다. 하지만 이처럼 플레이어에게 유리한 규칙을 적용하는 카지노는 드물다.

저녁을 배불리 먹고 쉰 다음 나는 우리가 선택한 카지노에 혼자 갔다. X씨는 카지노 주인과 잘 아는 사이라서 괜히 요주의 대상이 되기 싫어 동행하지 않았다. 나는 15~20분 정도 게임하고 몇 분씩 쉬기를 반복했다. 나는 플레이어 수가 가장 적은 테이블을 골라 앉았다. 잠시 멈추어서 생각하고 모든 카드를 유심히 쳐다보는 내 행동 패턴을 보면 내가 어떤 종류의 '시스템'을 쓰고 있다는 게 분명했다. 카지노에서 시스템 플레이어는 흔하지는 않아도 빈번하게 있다. 사실 돈만 잃는다면 시스템 플레이어는 환영 받는다. 나는 서서히 돈을 잃기 시작해 새벽 5시에는 100달러 손실이 발생했다.

새벽 5시가 되자 손님들이 썰물처럼 빠져나갔고 나는 마침내 혼자 테이블을 차지하게 되었다. 새로운 딜러는 유난히 까다로웠다. 내가 2핸드를 달라고 하자 2핸드를 하려면 핸드당 2달러를 베팅하는 것이 하우스 방침이라며 거부했다. 이렇게 베팅 규모를 바꾸면 저녁 때의 기록에 혼란이 생기기 때문에 나도 거절했다. 게다가 점차 피곤하고 짜증이 났다.

나는 딜러에게 다른 딜러 8명은 아무 불평 없이 2핸드를 하도록 했으니 하우스 방침일 리가 없다고 꼬집었다. 딜러는 자리가 없어서 못 끼는 플레이어가 없도록 하려는 것이라고 말했다. 나는 테이블에 나 말고 다른 플레이어가 없으므로 그건 이유가 안 된다고 지적했다. 딜러는 내 말에 화가 나서는 최대한 빨리 딜링했다.

몇 핸드를 한 뒤에 '기타 카드÷10카드'의 비율이 2.0으로 떨어져 내게 1% 어드밴티지가 생겼다. 짜증이 극에 달했던 나는 내가 스스로 정한 규칙을 깨고 말았다. 나는 베팅 금액 2~20달러까지 높이고 4달러를 베팅했다. 나는 이겼고 비율은 1.7까지 떨어져 나에게 2% 어드밴티지가 있다. 나는 8달러를 베팅했고 또 이겼다. 고맙게도 비율은 1.5까지 떨어졌고 나에게 4% 어드밴티지가 생겼다. 나는 16달러를 베팅했고 또 이겼다. 나는 이제 돈 좀 거둬볼까 하고 중얼거리면서 32달러 중 20달러를 탁자 위에 놓았다. 비율은 1.4와 1.0 사이를 오갔고 나는 계속 20달러를 베팅했다. 데크는 거의 소진되어갔고 나는 잃어버린 100달러를 회복하고도 몇 달러 수익이 남았다.

내가 딴 돈을 집어 들고 떠나자 딜러의 얼굴에는 분노와 경탄이 뒤섞였다. 마치 늘 보던 방문을 통해 방을 들여다보았는데 갑자기 낯설고 신기한 광경을 목격한 듯한 표정이었다.

이번 훈련에는 행운과 불운이 교차했다. 카지노 운영자들이 나를 요주의 대상으로 주목했기 때문에 나는 며칠 만에 스스로의 성급한 행동을 후회했다. 반면 나는 마지막 몇 분을 남겨두고 이용했던 두 배 패턴에 주목했다. 이 방식은 1유닛을 베팅해서 이기면 2유닛을 베팅하고 또 이기면 4유닛을 베팅하는 것이었다. 이 패턴은 유명한 '두 배 베팅 시스템'이자 거의 모든 도박에서 널리 쓰이는 '스몰 마르팅게일' 방식과 흡사했다. 내가 사용한 방식은 하우스에 어드밴티지가 있는 도박 게임에는 적합하지 않다. 그러나 블랙잭 게임에서 플레이어가 카운트 방식을 사용한다면, 유리할 때 돈을 베팅하는 다른 어떤 방법보다 더 수익이 쏠쏠하다. 게다가 이 시스템은 수많은 사람이 실행했다가 실패한 방법이었으므로 카드를 카운팅하는 플레이어는 카운팅 사실을 들키지 않고 게임할 수 있다. 또한 핸드와 핸드 사이에 태평하게 칩을 건드리지 않고 놔두는 것도 뭔가 근사해 보인다.

♣ 여기서는 100, 저기서는 1,000

토요일 오후에 잠에서 깼는데 눈은 뻑뻑하고 온몸은 뻐근했다. 잘 차린 아침을 먹고 나는 X씨와 함께 시 외곽에 있는 카지노에 다시 갔다. 베팅 규모를 10~100달러로 하고 몇 분 사이에 200~300달러를 땄다. X씨가 게임에 합류했고 우리는 두 시간 정도 플레이했다. 우리는 650달러를 긁어모았는데 하우스는 데크가 소진될 무렵 카드 몇 장을 섞어 넣기 시작했다. 유리한 상황은 데크가 소진될 무렵에 가장 자주 발생하므로, 이런 식으로 카드를 섞어 넣으면 수익률이 급격히 감소한다. 우리는 그저 연습 중이었기 때문에 다음에 하루 종일 게임을 하기로 하고 그만 떠나는 편이 좋겠다고 생각했다.

X씨와 나는 아직도 Y씨가 르노에 오기를 기다리고 있었다. 토요일 저녁 Y씨가 도착했다. 저녁을 먹고 Y씨와 나는 운을 시험하러 나갔다. 우리가 가장 먼저 간 곳은 유명한 헤럴즈 클럽Harold's Club이었다. 헤럴즈 클럽은 르노 시내 중심가에 우뚝 솟은 거대한 빌딩에 있었다. 우리

는 베팅 한도가 500달러인 테이블에서 게임을 시작했다(네바다 주에서 베팅 상한선은 대체로 100~500달러로 카지노마다 다르며 때로는 같은 카지노 안에서도 테이블마다 다르다. 우리 자금에는 최대한 상한선이 높은 게 좋았다). 우리는 몸 풀기 게임으로 25~250달러를 베팅했고 15분 사이에 500달러를 벌었다. 딜러는 카지노 관리인에게 경고를 보내기로 결심하고, 발로 숨겨둔 버튼을 눌렀다. 몇 분 뒤 헤럴드 스미스 부자가 왔다. 두 사람은 싹싹하고 공손했지만 하고 싶은 말은 분명히 전했다. 우리가 돈 버는 것을 막기 위해 데크를 필요한 만큼 자주 섞겠다는 것이었다.*

지난 10년 동안 카지노 소유주들 대부분은 일부 플레이어가 데크의 카드가 다 소진될 무렵 아주 특수한 카드 조합이 나올 때까지 기다렸다가 베팅 금액을 갑자기 높여 때로는 1달러에서 500달러까지도 베팅한다는 사실을 알고 있었다. 마지막에 데크에 카드 5~10장을 더 섞어 넣으면 이런 플레이어들의 전략을 막을 수 있다.

따라서 아버지 헤럴드 스미스는 만사불여 튼튼, 딜러에게 카드가 12~15장 남았을 때 섞으라고 지시했다. 운 좋게도 그들은 기다렸고 결과를 보았다. 하지만 우리는 눈에 띄는 어떤 행동도 취하지 않을 작정이었다. 우리는 저녁 내내 사용했던 10카드 카운트 전략을 그대로 계속 사용했다. 이 전략은 첫 번째 핸드가 플레이된 뒤에도 유리한 상황을 포착해낸다. 단 네 장의 카드만 딜링된 상황에서도 말이다.

---

* 2년 뒤 헤럴드 스미스 주니어와 나, 두 사람 모두 주스킨트(Susskind)의 '자유 토론'에 나타났는데 스미스는 이렇게 조롱했다. "시스템 플레이어? 저런, 택시를 보내 모셔와야지." 나는 아직도 택시를 기다리고 있다.

미미한 정도이긴 하지만 유리한 상황이 몇 번 나타났고, 우리는 이 기회들을 이용했다. 그때부터 카드가 25장 남았을 때 딜러는 데크를 섞었다. 그래도 유리한 상황들이 발생했다. 결국 딜러는 42장이 남았을 때 카드를 섞기 시작했다. 그러니까 2핸드만 플레이하고 바로! 이 방어막이 20분 정도 계속되었고 마침 운도 나쁘고 클럽의 규칙도 불리한데다 카드를 자주 섞는 바람에 우리는 겨우 80달러를 벌 수 있었다. 이 카지노에서 계속 게임하는 건 소용없어 보여 그만두었다.

그런 뒤 우리는 큰 호텔에 있는 카지노에 갔다. 이 카지노에서는 거액을 베팅하는 '큰손' 플레이어에게 '속임수' 딜러를 쓴다는 사실을 소문으로 알고 있었다. 첫 번째 핸드에서 바로 속임수에 당했는데 이 일화는 속임수에 관한 장에서 자세하게 설명하기로 하고 다음 주제로 넘어가겠다.

♣ 1핸드에 900달러를 베팅하다

다음 카지노의 베팅 상한선은 고작 300달러였다. 그러나 규칙이 아주 유리해서 상한선이 낮은 데서 오는 불리함을 상쇄했다. 플레이어는 인슈어런스할 수 있었고, 페어도 스플리트할 수 있고, 어떤 카드 조합이든 더블 다운할 수 있었다. 우리는 출납원에게 칩을 2,000달러어치 사고 다른 플레이어가 없는 테이블을 골라 앉았다. 나는 계속 졌고 4시간이 지나자 1,700달러를 잃었다. 기운이 쭉 빠졌다. 그러나 나는 수많은 불운한 플레이어들의 전철을 밟았고(그렇지만 그렇게 된 경위만은 더 나았다고 믿는다), 데크가 '딱 한 번' 유리할 때가 와서 잃은 돈 일부를 건지

게 되기만을 기다렸다.

몇 분 뒤 황송하게도 데크의 기타 카드÷10카드 비율이 1.4가 되었다. 나에게 5% 어드밴티지가 있는 상황으로 베팅 상한선인 300달러를 베팅해야 했다. 신기하게도 내게 남은 칩도 딱 300달러였다. 이번에도 지면 그만둘까 어쩔까 망설이면서 패를 집어 들었다. 8페어였다. 8페어는 스플리트해야 했다. 나는 지갑에서 100달러 지폐 세 장을 꺼내 두 번째 8카드에 던졌다. 8카드들 중 한 장 위에 3카드를 받았다. 더블 다운해야 했기 때문에 나는 이 핸드에 100달러 지폐 세 장을 또 던졌다. 이제 테이블 위에는 900달러가 놓여 있었다. 내 생애 가장 큰 베팅이었다.

딜러의 공개된 카드는 6이었고 나머지 카드는 10이었다. 딜러는 바로 버스트했다. 이제 잃은 돈은 800달러였다. 이번 데크는 계속 유리했고, 그다음 데크는 첫 번째 핸드 뒤에 유리해졌다. 몇 분 만에 나는 본전을 모두 건졌고, 추가로 255달러를 벌었다. 운수대통했으므로 Y씨와 나는 그날은 그만하기로 했다.

이번에도 10카드 카운트 시스템은 한 가지 특징을 반복해서 나타냈다. 바로 큰 손실이 연이어 있다가 가끔 억세게 '운수대통'하는 상황이 연속으로 나타난다는 점이다.

다음날 오후 나는 X씨, Y씨와 함께 다시 시 외곽의 카지노를 찾았다. 자리에 앉기 전에 나는 전화를 했다. 내가 돌아오자 친구들은 카지노에서 게임을 못하게 한다고 말했다. 그런데 식사는 기꺼이 공짜로 대접하겠다나 어쨌다나. 나는 매니저를 불러서 어찌된 영문인지 물었다.

매니저는 친절하고 공손하게 설명했다. 그저께 직원이 내가 게임하는 모습을 보았는데 베팅 금액이 클 때 계속 이기는 것을 무척 의아하게 생각했다고 했다. 또한 정확한 사정은 모르겠지만 카지노 측은 이전의 경험으로 보아 카드 카운트 시스템이 개입되었다고 판단했다고 말했다. 내 기법은 감지하기가 점차 어려워지고 있었다.

그들은 시스템의 위력을 실감하고 겁을 집어 먹은 게 분명했다. 왜냐하면 매니저가 말하기를 카지노 주인이 오랜 숙고 끝에 우리를 막기로 결정했다고 했다. 매니저는 말했다. 그 카지노는 지금까지 어떤 카드 카운터들도 두려워하지 않았고(그러면서 내가 모르는 이름들을 줄줄 열거했다), 단 한 사람을 제외하고는 모두 물리쳤다고 말했다. 그들이 입장을 거부했던 단 한 사람이 '서든 캘리포니아 출신의 자그마한 검은 머리 사내'였다. 앞서 이 사람에 대해 언급한 바 있고 앞으로 이 사람을 비롯해 유명한 플레이어들에 대해 더 이야기할 것이다.

우리는 호텔로 돌아왔다. 친구들이 두 시간 동안 사업 관계로 바쁜 사이 나는 블랙잭 테이블에서 5~50달러를 베팅하며 시간을 보냈다. 바람잡이가 거슬렸지만 550달러 정도를 땄다. 그러자 핏 보스$^{pit\ boss}$(카지노에서 게임 구역을 감독하는 최고 책임자)가 게임을 그만하라고 얘기했고, 동행한 신사들에게도 똑같이 얘기를 전하라고 했다. X씨, Y씨 그리고 내 친구들 말이다. 대신 술과 음료는 공짜로 마음껏 마셔도 좋다고 했다. 나는 그 자리에서 모스코바 뮬(보드카를 바탕으로 사용한 달콤한 미국식 전통 칵테일)을 한 잔 마시고는 친구들에게 말했다. 이 카지노에서 한 번도 게임한 적이 없지만 여기에서는 게임을 할 수 없다고.

일요일 저녁 먹을 때쯤 우리 세 사람은 내가 900달러를 베팅했던 카지노에 다시 갔다. 카지노 측에서는 나를 기억하고 있었고 환영해주었다. 그들에게 나라는 사람은 그저께 저녁 1,700달러를 잃었다가 기묘한 운명의 장난으로 다시 수렁에서 헤어나온 돈 많은 플레이어였다. 카지노 측에서 공짜 식사를 대접해주었는데 이는 그날 저녁 게임 축제의 전주곡이었다. 껍질을 한 쪽만 깐 4달러짜리 굴 구이 앙트레 두 접시와 다양한 요리들에 와인까지. 나는 비틀거리며 게임 테이블로 갔다. 말하자면 도살 직전의 양이었다. 그러나 몇 분 만에 나는 정신을 바짝 차렸다. 25~300달러를 베팅해서 4시간 만에 2,000달러를 벌었다. 피곤해서 발길도 제대로 떨어지지 않았지만 어찌어찌 호텔로 돌아왔다.

이 카지노는 아주 좋은 곳으로 기억되고 있다. 친절, 환대, 넓고 세련된 식당, 맛있는 음식, 옹기종기 모여 있는 활기 넘치는 블랙잭 테이블, 유리한 규칙들, 그리고 free money.*

♣ 베팅 하한선 25달러 게임

월요일 이른 오후 친구들과 나는 다시 행동을 개시했다. 우리는 레이크 타호의 남단, 그러니까 주 경계까지 차를 몰고 갔다. 오후 6시경 불이 훤히 켜진 하라^{Harrah}의 거대한 도박장에 도착했다. 발 디딜 틈이 없었다. 나는 겨우 블랙잭 테이블에 앉았다.

---

* 이 카지노는 복수했다. 9개월 뒤 나는 그곳을 다시 찾았다. 숙련된 속임수 딜러가 10분 만에 내 돈 600달러를 빼앗았고(핸드당 25달러), 그제야 나는 "시절이 변했다"는 사실을 깨달았다.

출납원에게 칩을 2,000달러어치 사서 테이블 위에 놓았다. 그런데 몇 분 뒤 핏 보스가 버선발로 뛰어오더니 저녁 식사와 쇼에 초대하겠다고 했다. 나는 친구들도 같이 가면 안 되겠냐고 물었고 승낙을 받았다. 게임을 시작하고 몇 분 만에 내가 돈을 따기 시작하자 X씨가 합석했다. 40분 뒤 나는 1,300달러를 땄고 과격하게 베팅하던 X씨는 2,000달러를 땄다. 그리고 나서 우리는 공짜 저녁을 먹기 위해 자리를 비웠다. 저녁은 필레미뇽(쇠고기 안심을 베이컨으로 감싸 구운 스테이크)과 샴페인이었다. 몇 시간 뒤 운명은 우리에게 '공짜' 저녁에 대한 계산서를 청구했다. 얼마냐고? 1,100달러였다!

저녁을 먹고 우리는 '하비의 마차 바퀴'$^{Harvey's\ Wagon\ Wheel}$라는 이름의 카지노로 건너갔다. 그곳의 베팅 상한선은 500달러였고 규칙도 그런대로 괜찮았다. 여느 때처럼 나는 2,000달러 칩을 구입해서 사람이 제일 적은 테이블을 골랐다. 처음부터 1달러 베팅족들이 들락날락했는데 이들은 게임 속도를 더디게 만드는데다 카운팅하기 어렵게 카드를 숨겨서 여러모로 거슬리고 짜증스러웠다.

테이블에 소액 베팅족들이 앉을 때마다 나는 주의 깊게 최소 베팅액을 50달러에서 1달러로 낮추었다. 몇 분 뒤 '전갈을 받은' 핏 보스가 혼자서만 게임하고 싶은지 물었다. 내가 '그러면 좋아 죽을 거라고' 대답했더니 그는 '단독 테이블'을 만들어 다른 고객의 심기를 건드리고 싶지는 않다고 말했다. 그러고는 싱긋 웃더니 베팅 하한선이 25달러인 판을 벌여줄 테니 그 정도면 되겠느냐고 물었다. 나는 두말없이 그렇게 하겠다고 말했고, 카지노 측은 즉시 나를 제외한 나머지 손님들을 정리해주었다. 포동포동한 양이 도살장으로 끌려가는 모습을 지켜보려고 구경꾼 몇 명이 테이블 주위로 모여들었다.

♣ 2시간에 1만 7,000달러를 벌다

내가 몇백 달러를 따자 핏 보스는 깜짝 놀랐다. 그런데 '돈 많은' 양 한 마리가 또 와서 내 테이블에 앉자 기뻐했다. 바로 내 친구 X씨였다. X는 게임판에 '뛰어들었다'. 그러자 나는 우리 두 사람 모두를 위해서 카운팅을 계속하고 콜링^{calling}(상대방의 패를 보이라고 요구하는 행위)과 시그널^{signal}(짝패에게 보내는 신호)을 사용했다. 30분 만에 우리는 테이블의 칩 통을 싹 비웠다. 마치 은행을 털 듯 블랙잭으로 돈을 싹쓸이했다. 아까는 웃던 핏 보스가 두려움에 떨었다.

다른 직원들도 공황 상태에 빠졌다. 딜러 중 한 사람이 남자친구인 상사에게 눈을 찡긋거리며 '도와줘요. 제발, 도와줘요'라는 신호를 보냈다. 핏 보스는 우리가 이기는 원인을 애써 부하 직원들의 피로 탓으로 돌리고 있었다. 칩 통이 다시 채워지자 구경꾼들이 더 불어났다. 구경꾼들은 골리앗 카지노에 맞서는 다윗을 응원하기 시작했다.

구경꾼 하나가 그저께 밤에 르노에서 초반에 싹쓸이하는 것을 봤다며, 그때도 지금하고 같은 수법을 썼는지 모르겠다고 말했는데 목소리가 좀 컸다. 핏 보스가 귀를 쫑긋하고 있었으므로 우리는 돈을 그러모으며 재빨리 구경꾼의 입을 막았다.

두 시간 만에 우리는 또 은행을 털었다. 우리 앞에 쌓인 수북한 칩은 1만 7,000달러어치가 넘었다. 나는 6,000달러 정도를 땄고, 과격하게 베팅한 X씨는 1만 1,000달러를 땄다. 저녁을 거하게 먹은데다 2핸드를 처리하느라 헉헉댔고 며칠 동안 긴장한 탓에 피곤이 밀려왔다. 카운팅을 제대로 하기가 힘들었고 X씨를 보니 그 역시 넋을 놓기 일보직전이었다. 나는 그만두겠다고 말하고는 6,000달러를 현금으로 바꾸어 챙겼다. 그런데 아리따운 여성 서넛이 방긋방긋 웃으며 앞길을 막았다.

우여곡절 끝에 테이블에 돌아온 나는 대경실색하고 말았다. 그만하지 않겠다고 했던 X씨가 수천 달러를 토해내고 있었다. 그만 나가자고 친구를 설득하는 데 45분이 걸렸고 결국 1만 7,000달러 중 1만 1,000달러를 날렸다. 그렇게 돈을 잃었지만 호텔에 돌아와 계산해보니 여행에 나선 뒤 총 1만 3,000달러를 벌었다.

화요일, 우리는 도심 클럽에 여러 차례 갔다. 이 클럽의 규칙은 불리했고 끝까지 5~10장의 카드를 섞었다. 우리는 50~500달러까지 베팅했는데 점차 꾸준히 돈을 잃기 시작해 2,000달러를 잃었다. 플레이어는 10과 11에만 더블 다운할 수 있었고 인슈어런스는 금지, 딜러는 소프트 17에서 드로우했다. 다양한 규칙을 다룬 장에서 보겠지만 유리한 상황을 기다리는 사이 플레이어의 어드밴티지는 평균 약 1% 조금 못 미치는 비율로 떨어졌다. 유리한 상황이 발생하기는 하지만 발생 빈도나 유리한 정도가 감소했다. 50~500달러를 베팅할 때 10카드 카운트 전략을 쓰면 유리한 규칙일 때는 시간당 500달러, 일반적인 규칙일 때는 시간당 400달러를 벌 수 있다.* 방금 설명한 불리한 규칙일 경우 10카드

---

* 시간당 100핸드를 한다고 가정

카운트 전략을 쓰면 시간당 250달러를 벌 수 있고 평균에서 크게 벗어난 금액을 잃을 확률이 급속히 상승한다.**

이처럼 플레이어에게 불리한 카지노라면 새로운 전략이자 강력한 전략인 포인트 카운트 전략이 아주 효과적이다. 이 전략은 5장과 6장에서 소개했는데 플레이어가 모든 카드를 카운팅할 수 있다. 10카드 카운트 전략만큼 쉽다.

나는 친구들과 처음 오랫동안 연습했던 클럽이 규칙도 아주 유리하고 데크에 있는 마지막 카드까지 딜링한다는 것을 떠올렸다. 우리는 그 클럽에 다시 가기로 했다. Y씨와 나는 1,000달러어치 칩을 구입해 게임을 시작했다. 우리는 금방 돈을 따기 시작했고, 얼마 지나지 않아 클럽 주인이 나타났다. 겁에 질린 주인은 딜러와 핏 보스에게 이것저것 지시했다.

그러자 기가 막힌 일이 벌어졌다. 내가 베팅 규모를 바꿀 때마다 딜러가 카드를 섞었다. 내가 핸드 수를 바꿀 때마다 딜러가 카드를 섞었다(이 무렵 나는 동시에 8핸드를 한 번에 플레이할 수 있었고 최상급 딜러가 딜링하는 것보다 게임 속도가 빨랐다). 연습 경기에서 마지막으로 상대했던 딜러가 뒤에 서서 (이 사람이 나를 '밀고'한 걸까?) 지난밤보다 실력이 많이 늘었다면서 공손한 어투로 계속 중얼거렸다. 급기야는 코가 간지러워서 좀 긁었더니 딜러가 카드를 섞었다. 맙소사! 나는 코를 긁을 때마다 카드를 섞을 거냐고 물었다. 딜러는 그럴 거라고 했다. 몇 번 더 코를 긁어

** 이는 보수적으로 추정한 것이다. 수십만 핸드를 기록한 결과 실제 수익률은 두 배에 이른다.

보니 농담이 아니었다. 내 행동 패턴이 변하면 아무리 사소한 변화라에도 카드를 섞는지 물었다. 딜러는 그럴 거라고 했다.

카드를 섞는 바람에 (번 카드를 본다는 것만 빼고는) 내 쪽에 유리한 조건들이 모두 물거품이 되었고, 이제 하우스와 나는 동등한 조건에서 싸우고 있었다.* 그러나 어찌어찌해서 300달러를 벌었다. 내 손에는 20달러짜리 칩 밖에 없어서 칩의 단위를 50달러나 100달러로 키우고 싶다고 요청했다. 클럽 주인이 나오더니 우리한테는 50달러, 100달러짜리 칩을 주지 않겠다고 했다. 그러고는 새로운 데크를 가져오라고 하더니 신중하게 펼쳤는데 처음에는 뒤집어서, 다음에는 앞면이 위로 가게 펼쳤다. 나는 의아해서 왜 뒤집어서 펼치는지 물었다. 카지노에서 늘 이렇게 하기는 해도 이 사람들처럼 몇 분 동안이나 카드 뒷면을 살피는 일은 드물었다. 딜러는 내가 매의 눈을 갖고 있다며(나는 안경을 쓴다), 카드 뒷면의 자그마한 흠집도 찾아내는 것 같아서 그렇다고 설명했다. 그들은 내가 카드 뒷면의 흠집들을 구별해서 딜링되는 카드를 맞춘다고 생각했다. 나는 말도 안 된다며 코웃음을 쳤다. 하지만 내가 계속 이기자 하우스는 5분 사이에 허둥지둥 4벌의 카드를 새로 갖고 왔다.

하우스의 말도 안 되는 논리를 콧방귀로 일축한 뒤 나는 내 '비법'을 뭐라고 생각하는지 어서 털어놓으라고 종용했다. 딜러는 내가 플레이

---

*《딜러를 이겨라》 초판을 쓸 당시 나는 딜링할 때마다 매번 카드를 섞으면 내 시스템이 무력해진다고 오해하고 있었다. 카지노 소유주들도 마찬가지로 오해하고 있다. ㉛ 지금은 딜링할 때마다 카드를 섞어도 카지노를 이길 수 있다는 걸 깨달았다(8장 참고). 카지노 운영자들에게는 아직도 놀랄 일이 더 있는데 아마 입맛이 쓸 것이다.

되는 모든 카드를 카운팅하기 때문에 매 순간 아직 플레이되지 않은 카드가 무엇인지 정확하게 알고 있다고 주장했다. 지금은 (암기 훈련 과학인) 기억술을 공부하는 학생들이 딜링되는 데크의 모든 카드나 일부 카드를 쉽게 외울 수 있다는 것이 주지의 사실이다. 그러나 나는 이 방식을 잘 알고 있었기 때문에 이런 식으로 외운 정보는 빨리 진행되는 블랙잭 게임에 활용하기 어렵다는 것을 알고 있었다. 나는 카드 뭉치에서 35장의 카드를 빠른 속도로 딜링한 뒤 각 카드가 몇 장 남았는지 나에게 재빨리 알려줄 수 있는 사람은 세상 어디에도 없다고 대꾸했다.

딜러는 옆에 있는 핏 보스는 그렇게 할 수 있다고 주장했다. 나는 그 자리에서 보여주면 5달러를 주겠다고 말했다. 두 사람은 멋쩍게 고개를 숙이더니 대답하지 않았다. 나는 판돈을 50달러로 올렸다. 이번에도 겸연쩍은 듯 아무 말이 없었다. 그런데 친구인 Y씨가 내기 판돈을 500달러로 올렸다. '타짜들'은 아무 대꾸가 없었다. 정나미가 떨어진 우리는 그곳을 떠났다.

나는 Y씨와 다음 클럽에 갔는데 테이블이 꽉 차 있었다. 우리는 단독 게임을 요청했다. 나약해 보이는 머리가 벗겨진 사내가 뛰어나오더니 날카로운 쇳소리로 말했다. 사내는 우리가 무슨 수작을 부릴지 훤히 알고 있고 우리의 흉계를 꿰뚫고 있다면서 이렇게 말했다. "됐소이다." 여기도 타짜가 있네!

시스템 검증도 끝났겠다, 백만장자는 다른 볼 일이 있어서 우리는 소박한 도박 실험을 중지하기로 했다. 베팅을 중·대 규모로 해서 30시간 게임한 결과 1만 달러 자본을 2만 1,000달러로 불렸다. 자본을 1,300

달러(비용은 제외) 이상 들고 가야 했던 적이 없었다. 우리의 실험은 성공이었고 내 시스템은 토대가 되는 이론이 예측한 대로 실적을 올렸다. 공항으로 떠나기 전 한 시간 정도 여유가 있어서 X씨의 친구가 운영하는 카지노 프리마돈나에 갔다. 나는 마지막으로 어디 한 판 크게 벌어 볼까 싶었다. 그런데 X는 카지노를 운영하는 그 친구가 '다치는' 걸 원하지 않았다. 잡담이나 하다 금방 싫증이 나서 나는 블랙잭 테이블로 갔다. 호주머니에는 1달러 은화 세 닢이 있었다. 어디서 물건을 사고 받은 거스름돈이었다. 나는 1달러 은화 세 닢을 테이블에서 써버리기로 마음먹었다. 곧 유리한 상황이 이어졌고 5분 만에 3달러는 35달러가 되었다. X씨가 나를 말려준 덕분에 X의 친구는 몇 분 사이에 1,000달러 넘게 잃는 사태를 피할 수 있었다. 물론 당사자는 그런 사실을 꿈에도 몰랐지만 말이다.

전국에 방영되는 텔레비전 프로그램에서 한 카지노 운영자가 이런 말을 했다. 네바다에 오는 손님들 중에 돈을 따고 카지노를 나가는 사람이 있기는 하느냐고 묻자 그는 이렇게 대답했다. "양이 도살장에 가면 양이 도살자를 죽일 '수도' 있죠. 하지만 우리는 늘 도살자 쪽에 돈을 겁니다." 우리의 여행은 이 말을 풍자하며 비틀고 있다.

양들의 전성시대가 도래했다.

5

승리 전략 2.
단순 포인트
카운트 시스템

《딜러를 이겨라》 초판을 읽은 많은 독자는 스스로 다양한 '포인트' 카운트 시스템들을 발견해냈다.* 이런 시스템들은 필요한 연산 작업이 완성되지 않았기 때문에 초판에는 소개되지 않았다. 포인트 카운트 시스템들은 초보자와 전문가 모두에게 값어치가 있을 것이다. 이 시스템들은 특히 시스템 플레이어에 대항하는 카지노의 최근 대응책 중 일부를 처리하는 데 특히 유용하다. 이 장에서는 단순한 형태의 포인트 카운팅을 소개하고 있다. 덧붙여 푸에르토리코 카지노들에서 어느 포인트 카운팅 플레이어가 5만 달러를 따서 혼자 힘으로 카지노들이 규칙을 변경하게 만들었던 이야기도 들려주겠다.

❂ 단순 포인트 카운팅

3장의 〈표 3.1〉에 따르면 데크에 높은 점수의 카드(10, A)가 적으면 카지노에 어드밴티지가 있다. 〈표 3.1〉에 따르면 데크에 낮은 점수의 카드(2, 3, 4, 5, 6)가 적으면, 플레이어에게 어드밴티지가 있다.** 이 사실

---

* 2, 3, 4, 5, 6, 7을 낮은 점수로, 9, 10, A를 높은 점수로 간주해도 무방하다. 사실상 같은 결과가 도출된다.
** 최근 혼자서 포인트 카운트 시스템을 발견했다는 사람이 또 나타났다. 일간지 〈샌프란시스코 크로니클〉에 '카드 비법 팝니다'라는 제목으로 이 사람에 관한 특집 기사가 실렸다. 기사에 따르면 이 남자는 '1964년 3월 정말 우연히' 블랙잭에 흥미를 갖게 되었다고 한다. 기묘한 우연의 일치로 《딜러를 이겨라》를 세계적으로 널리 알린 〈라이프〉 지 기사는 1964년 3월 호에 실렸다.❻❹ 그 남자는 자신의 시스템을 샌프란시스코 시민들에게 1,000달러에 팔겠다고 내놓았다. 그는 데크의 각 카드에 -10, -5, 5, 10 등 4가지 값을 부여했다(물론 이론상으로는 -2, -1, 1, 2를 써도 비슷한 결과가 나온다). 〈표 3.1〉에서도 이처럼 포인트 값(여러 가지 조합으로 포인트 값을 구성할 수 있는데 다른 조합을 써도 사실상 동일한 결과가 나온다)을 부여할 수 있는데 A는 -10, 5는 10, 2, 3, 4, 5, 6은 5, 8은 0(5를 부여해도 되지만 0이 더 낫다), 9와 10은 -5를 부여할 수 있다. 이 시스템과 5장의 포인트 카운팅을 비롯한 수많은 포인트 카운트 시스템들은 모두 초판에서 소개한 '궁극의' 전략을 단순화한 것이다. 〈표 3.1〉의 정보를 이용해 카드의 포인트 값을 단계별로 좀 더 세밀하게 구별해 궁극의 전략을 더 다듬었다.

에 비추어 보면 데크에 높은 점수의 카드가 많은지(유리), 아니면 낮은 수의 카드가 많은지(불리)를 플레이어가 판단해 거기에 따라 베팅하는 시스템이 가능하다. 가장 단순한 방식은 낮은 점수의 카드가 나타나거나 '우연히 보이면' +1, 높은 수 카드가 나타나거나 '우연히 보이면' -1로 계산하는 것이다. 7, 8, 9는 카운팅하지 않는다. 보이지 않는 카드도 카운팅하지 않는다. 완전한 1벌 데크를 사용하고 통상적인 규칙이 적용된다고 가정하고 0부터 카운팅한다.

예를 들어 완전한 데크에서 A, 2, 3, 6, 9, 5, 4. 7의 순서로 카드가 빠져나온다면 포인트 값은 A(-1), 2(+1), 3(+1), 6(+1), 9(0), 5(+1), 4(+1), 7(0)이다. 우리가 사용하는 수는 어떤 시점의 포인트 총합이다. 예를 들어 위 순서대로 카드가 나왔다면 포인트 총합은 카드가 딜링되기 전에는, A가 나온 뒤 -1, 2카드가 나온 뒤 0, 3카드가 나온 뒤 +1, 6카드가 나온 뒤 +2, 9카드가 나온 뒤 +2, 5카드가 나온 뒤 +3, 4카드가 나온 뒤 +4, 7카드가 나온 뒤 +4이다.

단순 포인트 카운트 시스템으로 게임을 하기 위해서 필요한 것은 보인 카드의 포인트 총합만 추적하면 된다. 게임 방식은 기본 전략을 활용한다. 베팅할 때 포인트 카운팅 총합이 0 또는 음수이면 1유닛만 베팅한다. 포인트 카운팅 총합이 양수이면 포인트 카운팅 총합만큼의 유닛을 베팅한다.

위의 예에서 6카드를 본 직후 베팅할 시점이라면 2유닛을 베팅해야 한다. 5카드를 보았다면 3유닛을 베팅해야 한다. 4카드 또는 7카드를 보았다면 4유닛을 베팅해야 한다. 그 밖의 경우에는 1유닛을 베팅해야 한다.

5카드 네 장이 모두 빠졌다면 포인트 카운팅 총합은 +4(평균)라는 점에 유의하라. 이 상황이라면 포인트, 카운트 시스템에서는 4유닛을 베팅해야 한다. 따라서 5카드 네 장이 모두 빠지면 유리하다는 점에서 포인트 카운트 시스템과 5카드 카운트 시스템은 일치한다. 포인트 카운팅의 장점은 5카드 카운트 시스템보다 유리한 상황들을 더 일찍 포착한다는 점이다. 유리한 상황이 빨리 나타나는 만큼 몇 차례 더 이길 기회가 있다.

이제 책을 내려놓고 단순 포인트 카운팅을 연습해야 한다. 가능하다면 친구에게 딜러 역할을 해달라고 부탁하라. 실수하지 않도록 게임의 속도를 늦추어 진행하라. 처음에는 어이없이 느릴지라도 이렇게 해야 한다. 연습하면서 점차 속도가 붙기 시작한다. 칩으로 게임하라. 이렇게 하면 실제 카지노 게임을 하는 것과 같아서 얼마나 빨리 승리할 수 있는지도 감을 잡게 된다. 단순 포인트 카운팅을 정확하게 하면서 정상적인 속도로 능숙하게 게임을 하게 되면 다시 책을 읽기 시작한다.

🎯 전략 정밀화

포인트 카운팅이 완전히 몸에 익으면 시스템을 더 강력하게 만들 수 있는 몇 가지 개선책들이 있다. 예를 들어 포인트 카운팅이 +5라도, 데크에서 빠진 카드가 10장밖에 없어서 데크가 거의 다 차 있는 경우가 데크에 5장의 카드밖에 남지 않은 경우보다 높은 점수 카드의 영향을 덜 받는다. 따라서 플레이어의 유불리는 포인트 카운팅뿐만 아니라 남은 카드의 수에도 영향을 받는다. 이 사실을 염두에 두면 더 정밀하게 게임을 할 수 있다. 이처럼 정밀하게 게임을 풀어가는 올바른 방법은 포인트 총합을 데크에 남은 카드 수로 나누는 것이다. 베팅 목적으로 활용한다면 이렇게 나누어서 얻는 수가 포인트 총합보다 더 효과적이다. 예를 들어 포인트 카운팅이 +1, 데크가 2분의 1만 남았다면 1÷(1÷2)=1×(2÷1)=2이므로 2유닛을 베팅할 수 있다. 포인트 카운트 방식으로 하면 1유닛을 베팅해야 하지만 말이다. 더 중요한 것은 이렇게 조정하면 2벌 이상의 데크를 쓰는 카지노를 상대할 때 포인트 카운트 시스템을 보완해준다는 점이다. 2벌 데크를 사용하는 게임에서 2벌 데크가 거의 다 남은 상태라면 2유닛을 베팅하기 위해서 포인트 카운팅은 4, 3유닛을 베팅하려면 포인트 카운팅은 +6이어야 한다. 그러나 게임이 진행되면서 2벌 데크가 1벌 데크로 줄어들면 베팅은 1벌 데크와 동일해야 한다.

앞으로 한 단계 더 발전한 포인트 카운팅, 즉 하이-로우 전략^{high-low strategy}(6장 참고)에서 남은 카드들을 정확하게 카운팅하는 법을 익힐 것이다. 남은 카드들을 정확하게 카운팅할 수 있으면 베팅 금액을 더 정확하게 계산할 수 있다.

포인트 카운팅이 변하면 이 전략도 변한다는 것 역시 사실이다. 극단적인 예를 들면 낮은 수의 카드들만 남았다면 플레이어는 언제나 하

---

* 전문가들에게: 100만 번 중에 한 번 정도는 드로우하지 말아야 경우도 생각할 수 있지만 이런 것까지 언급하다 보면 너무 어수선해지므로 여기서는 무시하고 넘어가겠다.

드 15에서 드로우해야 한다.* 드로우할 수 있는 가장 큰 점수의 카드가 6이므로 버스트할 일이 없으며 드로우하면 핸드가 좋아진다.

대략 포인트 카운팅이 양수일 때 더 자주 스탠드하며, 더 자주 더블다운하고, 더 자주 스플리트하라. 포인트 카운팅이 음수일 때 더 자주 드로우하고 더블 다운 횟수를 줄이고 스플리트 횟수를 줄여라. 상세한 것은 6장에서 설명하겠다. 전략적 변화에 관한 배경 지식을 얻었으므로 이제 푸에르토리코의 무용담과 '새먼의 5만 달러 대박 사건'에 대해 이야기하겠다.

♣ 헨리 모건과 함께 푸에르토리코에 가다

《딜러를 이겨라》 초판이 나온 뒤 나는 1964년 4월 〈비밀이에요〉(패널들이 나와서 한 사람의 '비밀'을 짐작해 맞추는 TV 쇼 프로그램)라는 TV 쇼에 출연했다. 물론 나의 '비법'은 통상적인 상황을 전제로 카지노 블랙잭 게임에서 빠른 속도로, 꾸준히 돈을 딴다는 것이었다. 그러나 그 프로그램의 사회자인 게리 무어$^{Gary\ Moore}$ 역시 패널들에게 비밀 하나를 숨기고 있었다. 사회자의 깜짝 발표는 헨리 모건$^{Henry\ Morgan}$이 200달러를 자본으로 푸에르토리코 카지노들에서 그 시스템을 시험해 볼 예정이라는 것이었다. 헨리는 다음 주 그 프로그램에서 결과를 보고하기로 되어 있었다.

나도 푸에르토리코로 가서 고곳 카지노들이 어떤지 둘러보기로 했다. 뉴욕의 젊은 사업자들인 M씨, N씨이 내 게임에 자금을 대기로 했다(이들은 2만 5,000달러의 상금을 걸고 유명한 라스베이거스 카지노를 상대로 하는 시합을 주선했지만 시합은 무산되었다).

나는 〈비밀이에요〉 TV 쇼의 뉴욕 사무실에서 헨리 모건과 함께 오후를 즐겁게 보냈다. 나는 헨리 모건에게 포인트 카운팅을 가르쳐보려고 했다. 그런데 모건 씨는 '훈련'이라는 딱딱한 과정에는 도통 관심이 없었다. 게다가 농담도 너무 재미있게 해서 훈련은 포기하고 기본 전략의 중요한 부분만 소개했다. 모건이 본전만이라도 건지기를 바라면서 말이다(물론 수익이 나면 자선단체에 기부할 예정이었다).

나는 M씨, N씨과 함께 호사스러운 라 콘차$^{La\ Concha}$ 호텔에 묵었다. 산후안$^{San\ Juan}$(푸에르토리코의 수도)에는 카지노가 있는 호텔이 10군데 정도 있었는데, 라 콘차 호텔에도 카지노가 있었다. 헨리는 다른 곳에 묵었다. 카지노 영업시간은 대체로 오후 8시부터 새벽 4시였다. N과 나는 자정쯤에 도착해서 짐을 풀고는 감을 익히기 위해서 두어 시간 정도 게임을 했다. M은 며칠 일찍 도착해 벌써 1,000달러 정도를 벌었다. M이 우리를 안내했는데 푸에르토리코 게임과 네바다 게임에는 상당한 차이가 있다는 것을 금방 알 수 있었다.

첫째, 푸에르토리코 카지노들은 정부의 규제를 받았다. 즉 카지노마다 블랙잭 공식 규칙을 인쇄해서 벽에 잘 보이게 붙여 놓았다. 게임 진행에 관한 것도 마찬가지였다. 카지노들이 네바다 주처럼 나 하나 때문에 갑자기 규칙을 바꿀 수는 없었다. 예를 들어 10카드 카운트 시스템에 관한 실험을 하는데(4장 참고), 헤럴즈 클럽은 나를 상대로 불필요하게 자주 카드를 섞었고, 다른 클럽 한 곳은 나한테 고액권 칩 판매를 거부했다. 널리 행하는 두 가지 게임인 룰렛과 크랩 역시 규정과 규칙이 벽에 붙어 있었다. 몇 군데 카지노를 가보았는데 이들 게임의 규칙들은 모두 동일했다(몇 가지 선택 사항은 허용됨).

고객과 카지노 모두를 보호하기 위해 정부 관리가 늘 카지노 도박장의 게임 구역에 상주하고 있었다. 그리고 온갖 수단과 방법을 다 동원해 이런 사실을 고객들에게 알리고 있었다. 네바다와는 딴판이었다.

블랙잭 게임은 2벌의 데크를 사용하고 카드의 앞면이 보이게 딜링했다. 카드를 딜링 박스, 즉 슈에 넣고 나누어주었다. 따라서 교묘한 속임수를 쓸 수 있는 가능성을 크게 줄이 있었다(네바다 주에서는 이런 속임수가 무척 흔하지만 발각하기는 쉽지 않다. 자세한 내용은 9장 참고). 딜링 박스에는 속임수가 없을 거라고 속단하지 마라. 곧 살펴보겠지만 속을 수 있다. 그러나 속임수 방식이 네바다만큼 다양하지 않고 속임수를 눈치챌 확률은 더 높다. 따라서 선뜻 속임수를 쓰기가 어렵다.

속임수를 쓰기 더 어렵게 만들기 위해 대체로 뒷면의 색깔이 다른 두 벌의 데크를 쓴다(예를 들어 데크 하나는 빨간색, 하나는 파란색을 쓴다). 딜링 박스의 뚜껑은 대개 열려 있기 때문에 맨 위에 있는 카드 뒷면의 색깔을 볼 수 있다. 유심히 지켜보면 때로는 나에게 딜링되는 카드 뒷면의 색깔도 볼 수 있다. 종종 카드를 뒤집어 앞면이 위로 오기 직전 찰나의 순간에 딜러의 손이 카드를 잘 덮고 있어서 색을 판단할 수 없을 수도 있다. 빨간색 카드를 봤는데 파란색 카드를 받았다면 속임수에 당했다는 것을 알 수 있다.

푸에르토리코 카지노가 좋은 점 하나를 더 들자면 카지노 내에서 술을 팔지 않는다는 것이다. 네바다 카지노들이 자주 쓰는 수법이 손님들에게 '공짜' 술을 부지런히 나르는 것이다. 공짜 술을 주는 이유는 플레이어의 판단력을 흐리게 만들고 자제력을 떨어뜨려 무장해제하려는 목적이었는데, 효과가 있었다. 직원들에게는 시급 1달러를 주는 돈 많은 주정꾼이 블랙잭 테이블에는 몇 분 만에 수천 달러를 던지는 모습을 보았다. 가련한 주정뱅이가 감당하지도 못할 수표를 쓰는 모습도 보았다. 이 경우가 어쩌면 가장 슬픈 사례일 것이다. 푸에르토리코 카지노들은 샌드위치, 콜라 같은 주전부리를 무한정 제공했다. 분위기는 조용하고 느긋하지만, 규정상 정장을 입고 가야 한다.

푸에르토리코의 블랙잭 규칙에 따르면 플레이어는 (페어 스플리팅 전) 처음에 원하는 수만큼의 핸드를 잡을 수 있었다. 빈자리가 있기만 하다면 말이다. 일곱 자리가 있어서 플레이어 한 사람이 한 번에 7개의 핸드를 플레이할 수 있었다. 1시간당 핸드 수가 많을수록 사용한 시스템에서 얻는 수익이 커지므로, 우리는 대체로 이런 방식으로 게임마다 혼자서 7핸드까지 플레이했다.

푸에르토리코 카지노의 규칙은 대체로 1장에서 설명한 통상적인 규칙과 같았지만 한 가지 중요한 예외가 있었다. 더블 다운은 하드 총합 11일 때만 가능했다. 카지노 측에 물어보니 소프트 21은 11로도 계산할 수 있기 때문에 더블 다운할 수 있다고 대답했다(인쇄된 규칙에도 이런 내용이 포함된 듯 보였다). 카지노 측은 어떤 바보가 소프트 21에 더블 다운하느냐면서 꽤 놀라는 눈치였다.

소프트 21에 더블 다운하는 것이 최선의 플레이가 되는 예를 보여주겠다! 포인트 총합과 남아 있는 카드의 총수, 남아 있는 에이스의 총수를 추적하고 있다고 하자. 금방 받은 카드가 A, 10이고 딜러의 공개된 카드가 10이라고 하자. 포인트 총합이 +3, 남은 카드는 3장, 단 에이스는 남지 않았다고 하자. 그렇다면 아직 보이지 않은 3장의 카드들은 모두 10이다. 따라서 딜러의 홀 카드는 10이다. 딜러의 총합은 20이므로 드로우할 수 없다. 따라서 지금 멈춘다면 내추럴이나 블랙잭으로 처음 베팅액의 1.5배를 딸 수 있다. 그러나 더블 다운하면 10카드를 받게 되어 총합이 그냥 21이 된다. 내 패의 총합은 21로 딜러의 20을 이기므로 원래 베팅 금액의 1.5배가 아니라 2배를 따게 된다.

물론 이런 건 전문가나 가능하다. 단순 포인트 카운팅만 배웠다면 이런 작전을 쓸 수 없다. 그러나 6장을 완전히 익히고 나면 이런 고난도 기술도 얼마든지 구사할 수 있다. 여기서 말하고자 하는 바는 우리가 만났던 카지노 직원들은 이런 정밀한 플레이를 상상도 못하고 있었다는 점이다.

푸에르토리코에는 중요한 규칙이 또 하나 있다. 네바다의 대형 카지노에서는 베팅 한도가 대부분 1~500달러이었지만 푸에르토리코에서는 1~50달러이었다. 푸에르토리코에서의 최대 수익률은 네바다의 약 10분의 1 정도밖에 되지 않을 것이다. 따라서 사나흘 동안 M이 딴 1,000달러는 네바다 주로 치면 (모든 베팅 금액에 10을 곱해야 하므로) 1만 달러에 해당한다.

그날 저녁 몸 풀기 게임을 마치고 우리는 새벽 5시쯤 숙소로 돌아왔다. 이런 원정에서 가장 힘든 점은 생체 리듬을 밤낮이 바뀐 도박꾼들의 생체 리듬에 맞추는 것이다.

♣ 카드 귀신 등장이요!

우리가 도착하기 전 M은 시스템 플레이어를 목격했는데, 그 사람은 매일 밤 게임을 하며 계속 돈을 따고 있었다. 두 사람은 곧 친해졌다.

카지노 직원은 그를 새먼^{Salmon}이라는 별명으로 불렀다. 그는 《딜러를 이겨라》 초판에서 착안해 6개월 전쯤부터 200달러를 판돈으로 게임을 시작했다. 나는 《딜러를 이겨라》 초판에서 200달러의 판돈을 가진 플레이어는 계속 이길 확률이 99%라고 말한 바 있다. 아주 운이 나빠서 밑천과 그동안 딴 돈을 전부 잃어버릴 확률은 고작 1%였다. 새먼은 내 말을 곧이곧대로 믿고 링에 올랐다. 그는 10카드 카운팅이 너무 수고스럽다고 생각하고 단순 포인트 카운팅과 단순 포인트 카운팅을 살짝 개량한 전략들을 스스로 발견했다. 우리가 새먼을 만났을 무렵 그의 판돈 200달러는 2만 달러로 불어나 있었다.

새먼은 화려하고 효과적인 쇼를 무대에 올렸다. 그는 카지노에 들어와서 빈 테이블을 찾고 수천 달러어치 칩을 구입하고는 30~60센티미터 높이로 칩을 아무렇게나 여러 단 쌓아놓았다. 칩 무더기들은 체스판의 무시무시한 왕 같았다. 그는 체스판의 피스들처럼 커다란 칩 무더기를 레이아웃^{layout}(테이블 위에 칩을 놓는 지점) 여기저기 흩어놓았다. 그런데 알고 보면 언제나 칩 무더기를 여기저기 흩어놓아 다른 사람이 플레이하지 못하도록 교묘하게 막으려는 목적이었다. 그는 게임하는 내내 근처에 있는 카지노 직원과 허물없이 이야기를 주고받았는데, 이는 카지노 직원의 경계심을 허물었다.

• 블랙잭 게임 테이블

내가 도착한 날 저녁 〈라이프〉 지 최근 호❹가 푸에르토리코에 도착했다. 거기에는 나와 《딜러를 이겨라》에 관한 기사 12페이지가 사진과 함께 실렸다. 《딜러를 이겨라》는 〈뉴욕타임스〉 비소설 분야 베스트셀러 목록에도 올랐다. 이제 카지노 직원들이 나를 알아봤다. 새벽 4시 카지노가 문을 닫자 나는 M, N과 함께 카지노 직원들과 야참을 먹었다. 알고 보니 새먼은 몇 달째 계속 돈을 따고 있었지만, 누구도 그 속사정은 모르고 있었다.

그 사람 별명이 왜 새먼인지 물었더니 강을 거슬러 올라가는 물고기 같아서라고 했다. "하지만 결국엔 우리가 혼쭐을 내줄 겁니다." 카지노 사장이 말했다. "우리말로 '아 라 라르가$^{a\ la\ larga}$'라고 하죠." 사장이 말했다. "결국에는 말이군요." 내가 되받았다. 나중에 들으니 새먼은 '얼간이'를 뜻하는 푸에르토리코 은어라고 했다.

새먼이 일부 핸드를 플레이하는 방식 때문에 카지노는 더더욱 새먼을 얼간이라고 생각하게 되었다. 데크가 다 소진될 무렵 새먼은 방심해서 그랬는지, 아니면 넌더리가 나서 그랬는지 이따금 블랙잭을 쥐고 계속 드로우하다가 버스트했다. 10페어나 에이스 페어를 쥐고서도 그랬다. 어떨 때는 2페어를 쥐고 스탠드하기도 했다. 카지노 직원은 정신 나간 짓이라고 거듭 내게 말했다.

나는 그저 웃으며 이렇게 이야기할 수밖에 없었다. (그러니까 그 사람들로서는) 이런 플레이가 재앙으로 이어지지 않을 수도 있다는 사실을 이해하기 어려울 거라고. 내가 개발한 기본 전략, 5카드 카운트 전략, 10카드 카운트 전략은 모든 이런 플레이를 금지한다고 지적했다. 새먼이 제정신이 아니었을까? 전혀 아니다.

새먼은 초판에서 설명한 '엔드 플레이$^{end\ play}$'를 이용하고 있었다(7장 참고). 예를 들어보자. 푸에르토리코 카지노는 2벌의 데크가 모두 바닥날 때까지 계속 딜링했다. 그러나 마지막 카드는 거두고 딜링하지 않는다. 단순 포인트 카운팅이 –8이고, (어림잡아) 16장의 카드가 남아 있다고 하자. 새먼이 칩 무더기들로 테이블을 막았다는 것을 상기하라. 자리가 7군데이므로 그는 매 딜링에 1~7핸드까지 게임할 수 있다. 그가 4핸드를 잡고 각 핸드에 1달러를 베팅한다고 하자. 새먼과 딜러는 10카드를 받았다(다시 한 번 말하지만 데크는 '나쁘다'). 새먼의 첫 번째 핸드가 10, 10, 두 번째 핸드가 A, 10, 나머지 핸드들은 점수가 낮은 카드들이라고 하자. 그는 10, 10 패를 버스트할 때까지 계속 드로우한다. 그러고 나서 가능하다면 A, 10도 버스트할 때까지 계속 드로우한다. 그런 다음 점수가 낮은 핸드들을 드로우하고 어느 것도 버스트하지 않는다. 데크에 있는 카드가 다 소모되었을 때 사용된 카드들은 다시 섞는다.

10, 10이나 A, 10 카드들도 다시 섞는 패에 들어간다. 테이블에는 다시 섞지 않은 낮은 점수의 카드들이 남게 된다.

다음 딜링 시 슈에서 나오는 카드 중에는 낮은 점수의 카드가 많지 않다. 새먼은 핸드당 50달러를 베팅하는데 어드밴티지가 새먼에게 있다. 평균적으로 보아 2벌 데크가 소진될 무렵까지 새먼은 어드밴티지를 갖게 된다. 데크가 소진될 무렵이면 다시 엔드 플레이를 활용해 다음 슈의 카드 조합을 조정한다.

새먼은 50달러를 베팅한 핸드 일부에서 돈을 따기 위해 고의로 1달러 베팅한 핸드 일부에서 돈을 잃었다. 그래서 카지노 직원들은 그를 얼간이라고 믿었다.

우리는 즉시 새먼의 전략을 채택했다. 며칠 동안 카지노에는 '달인' 플레이어 한 사람, 두 사람, 때로는 세 사람이 문이 열리자마자 성큼성큼 빈 테이블로 걸어갔다. '달인들'은 테이블 위에 칩을 아무렇게나 여기저기 쌓아올리고는 한 번에 1~7개의 핸드를 플레이했다. 푸에르토리코 딜러들은 아주 손이 빨랐다(내가 보기에는 평균적으로 라스베이거스 딜러들보다 훨씬 빨랐다). 그렇지만 우리 모두는 수많은 카드를 카운팅하고 속으로 재빨리 암산하면서도 가장 빠른 딜러보다 더 빨리 플레이할 수 있었다.

어느 날 저녁 슈 한 통이 끝날 무렵 나는 1시간째 계속 돈을 잃고 있었다. 딜러의 공개된 카드는 10이었다. 나는 7핸드를 잡고 있었는데 핸드마다 총합은 갖가지였다. 나는 살짝 변형된 포인트 카운트 시스템을 사용하고 있었다. 즉 카드가 보이는 대로 2, 3, 4, 5, 6, 7은 +1, 8은 0, 9,

10, A는 −1로 카운팅했다. 데크는 다 소진되었고 포인트 카운팅은 0이었다. 따라서 보이지 않는 한 장의 카드, 즉 딜러의 홀 카드는 '0'이었다. 따라서 딜러의 보이지 않는 카드는 8이므로 딜러의 총합은 18이었다.

카드를 다시 섞은 후 핸드가 진행되면서 나는 하드 총합이 17이 되는 경우가 꽤 있었는데 모두 버스트했다. 딜러가 가소롭다는 듯이 올려다보더니 이죽거리며 말했다. "손님, 카드 카운팅 좀 하나 보네요. 저런, 하하하! 내 카드가 뭔지도 알고 있겠군요." 다른 딜러 몇 사람도 빙글거렸다. 내가 말했다. "8이잖소." 딜러가 웃으며 다른 딜러들 몇 사람과 핏 보스를 부르더니 조롱하듯 설명했다. "미국인 '타짜'가 말씀하시기를 내 홀 카드가 8이라네요." 여기저기서 스페인어로 나를 비웃는 말들이 웅성웅성 들렸다.

피곤해서 정말이지 쉬고 싶었다. 지난 한 시간 동안 카운팅하다 가끔 실수를 하기도 했다.* 그러니 이번에도 틀릴지도 몰랐다(차라리 그랬으면 좋았을 뻔했다). 딜러가 자신의 홀 카드를 뒤집었다. 8이었다. 스페인어로 고함 소리가 들렸다.

우리는 닷새 밤을 플레이했다. 베팅 금액이 소액이었다는 점을 감안하면 자금의 변동이 심했다. 한때는 빚만 수천 달러가 되기도 했다. 사정이 이러니 우리는 몇 배 더 노력해야 했다. 그 며칠 사이 나는 최고조의 기량을 발휘했다. 에이스, 포인트, 남은 카드를 카운팅하거나 에이

---

* 여기서 중요하고도 흥미로운 사실은 카드 카운팅의 실수가 만약 '무작위적'이라면, 즉 어떤 고유의 '패턴'이나 '경향'이 없다면 카운팅 실수들이 시스템 플레이어에게 아무런 부정적 영향도 끼치지 않는다는 것이다.

스, 10, 10 아닌 카드를 카운팅하기도 했고 때로는 3, 4, 5까지도 카운팅했다. 하룻밤에 카운팅 실수는 한두 번이었다. 그런데도 좀체 돈을 벌기가 어려웠다.

혹시나 딜러가 속임수를 쓰지는 않는지도 유심히 살폈는데 내 눈에 띈 것은 딱 한 번뿐이었다. M과 나는 북적거리는 클럽(라 콘차는 아님)의 같은 테이블에 앉아서 플레이하고 있었다. 딜러는 유난히 서툴러 보였다. 딜링 박스 옆에 난 가느다란 구멍으로 카드 두 장이 계속 빠져나오려고 했다. 이 카드들이 자꾸 걸리자 딜러는 카드를 더듬거리며 만졌다. 우리는 짜증이 나서 다른 테이블로 옮겼다. 그런데 그 박스가 우리 테이블로 따라오는 게 아닌가! 우리는 또 옮겼다. 이번에도 또 따라왔다! M은 딜링 박스를 검사하겠다고 요구했고, 정부에서 나온 관리를 불렀다. 그러나 아무 이상이 없어 보였다.

하지만 우리는 세컨드 딜링을 위해 고안된 슈를 쓰고 있다는 사실을 알고 있었다. 이런 속임수를 위한 슈는 옛 서부 지역에서 흔히 하던 파로 게임(내기 카드놀이의 일종)에서 널리 사용되었다. 속임수 슈에는 얇은 측면 패널에 교묘한 장치가 숨어 있었다. 이 박스가 만일 그런 슈라면 한쪽 측면 패널의 속은 비어 있을 것이다. 긴 측면 패널 하나와 짧은 끝쪽 패널 두 장이 있었다. 우리는 양쪽 끝 패널들을 칩으로 두드렸다. 같은 소리가 났다. 이어서 긴 패널을 두드렸다. 더 둔탁한 소리가 났다. 물리 법칙에 따르면 이쪽이 더 둔탁한 소리가 나야 마땅했다. 우리는 겉보기에 똑같아 보이는 다른 딜링 박스들도 검사했다. 다른 박스들의 긴 측면 패널에서는 예상대로 둔탁한 소리가 났다. 결론은 우리는 이제부터 이 클럽에 오지 말아야겠다고 다짐했다.

왜 박스를 압수하고 문제를 조사해달라고 요구하지 않았느냐고? 무엇보다 공무원과 말이 통하지 않았기 때문이다. 그는 영어를 알아듣지 못하는 듯했고 우리가 무엇 때문에 이러는지도 이해하지 못하는 것 같았다. 물론 현장에서 증거가 있었다면 그 자리에서 어떤 실효성 있는 조치를 취할 수도 있었다. 하지만 증거가 사라지고 나자 불평해봐야 소용없었다.

모두 합쳐서 2,000달러도 못 따고 나왔다. 이 돈으로 호사스러운 4인 휴가 비용을 가까스로 충당했다. 베팅 상한선이 큰 네바다와 비교하면 거의 2만 달러를 딴 거나 다름없는 수확이었다. 하지만 훨씬 더 많이 땄어야 했다. 플레이 환경도 이상적이었고 마지막 카드까지 딜링했으므로 엔드 플레이도 할 수 있었다. 게다가 같은 시간에 새먼은 우리만큼 강력한 전략 없이도 7,000달러를 벌었다. 우리는 포인트 카운팅을 할 때나 10카드 카운팅을 할 때나 별 차이가 없다는 것을 알았다.

♣ 엔드 플레이를 위한 흥미로운 작전

떠나기 하루 전 마침내 나는 푸에르토리코에서 거금을 벌 수 있는 방법을 깨달았다. 카지노 측이 데크에 남아 있는 마지막 카드까지 딜링한다면 말이다. 아이디어는 사나흘 전에 떠올랐다. M은 정중하며 느긋하고 친절한 푸에르토리코 카지노 분위기에 꽤 좋은 인상을 받은 모양이었다. 라스베이거스나 다른 네바다 주의 도박 도시들과는 사뭇 다른 분위기였다. M은 칩으로 에이스를 카운팅해달라고 N에게 부탁했다.

효과가 있었다. 그러고는 10과 에이스도 카운팅했다. 역시 효과가 있었다. 결국 N이 칩으로 카운팅을 도와주는 바람에 우리는 카운팅하는 번거로운 일에서 해방되었다. 놀랍게도 N이 무얼 하는지 아무도 눈치채지 못했다.

이 일을 계기로 나는 깨달았다. 모든 카드를 모두 카운팅해서 딜러의 홀 카드가 무엇인지 정확히 알 수 있겠다고. 그렇다면 수익은 어마어마할 것이다. 이튿날 오후 우리는 방에서 조그만 기록지로 연습했다. 도와주는 사람이 기록지로 모든 카드를 카운팅해서 플레이어를 도와줄 수 있다는 것이 내 생각이었다. 우리는 2벌의 완전한 데크로 시작해 7핸드를 플레이하고 핸드당 1달러를 베팅하고 플레이 전략으로 기본 전략을 활용했다. 2벌 데크의 카드 대부분을 빨리 소진할 때까지 반복해서 게임했다. 맨 위 카드는 번하고 맨 아래 카드는 딜링하지 않고 거두어들이므로, 이제 2벌 데크에 있는 104장의 카드 중 102장의 카드가 플레이되었다. 핸드마다 약 3장의 카드가 사용되었다. 따라서 한 라운드에 7핸드와 딜러를 합쳐 약 24장의 카드가 사용되었다. 이런 라운드를 3번 하자 72장의 카드가 사용되었고, 플레이되지 않은 카드는 약 30장이 남았다.

실제로 게임에서 이런 일이 발생한다고 상상해보자. 다음 라운드에서 박스에 있는 카드가 반드시 모두 동이 나도록 몇 핸드를 잡는다. 그러나 딜러가 자신의 홀 카드를 받은 뒤에야 카드가 모두 소진되도록 해야 한다. 그래야 카운팅 결과를 통해 딜러의 홀 카드가 무엇인지 알 수 있다.

우리는 충분한 핸드 수를 잡았고 따라서 그 라운드 뒤에 남아 있는 카드는 16장 이하가 된다. 이 시점에서 불확실한 것은 딜러가 얼마나 많은 카드를 드로우할지 미리 알 수는 없다는 점이다. 이 경우 플레이어가 5핸드를 플레이하고 두 장의 카드를 드로우하거나 플레이어가 6핸드를 플레이하고 드로우하지 않으면 12장의 카드를 사용하게 된다. 원래 30장에서 딜러의 핸드에도 두 장의 카드가 사용되므로 16장 카드에서 딜러가 홀 카드에 드로우하는 카드 수만큼 뺀 카드가 남게 된다.

딜러가 두 장의 카드를 드로우했다고 가정하자. 그렇다면 마지막 딜링에서 박스에는 14장의 카드가 남게 된다(끝까지 사용되지 않는 한 장의 카드는 제외). 이제 6핸드를 잡아서 각 핸드마다 최대 50달러를 베팅한다. 14장이면 나의 모든 홀 카드와 딜러의 카드 두 장을 딜링하기에 충분하다. 우리 카드들은 모두 앞면이 위로 가 있어 딜러의 공개된 카드와 함께 모두 우리가 볼 수 있다. 이제 점수에 상관없이 첫 번째 핸드에 드로우하려고 한다. 그런데 딜러가 카드를 빼다가 마지막 카드인 것을 보고 우리에게 주기를 거절한다. 우리가 이 카드를 보고 카운팅한다면 우리가 보지 못한 카드는 딜러의 홀 카드뿐이다. 그런데 우리는 카운팅을 통해 이 카드가 무엇인지 알고 있다.

딜러가 사용한 카드를 섞고 나면 우리는 6핸드를 플레이한다. 딜러가 첫 번째 핸드에서 또 드로우할지 여부를 묻는다(우리가 카드를 섞기 전에 카드 한 장을 요청했기 때문에 이 핸드를 드로우해야 하는 것이 카지노 룰이라면 우리는 이 핸드에 단 1달러만 베팅하는 것으로 대응한다).

♣ 딜러의 홀 카드를 알 때의 플레이 전략

우리는 이 핸드를 플레이하고 나머지 5핸드는 새로운 '기본 전략'으로 플레이한다. 다시 말하지만 '기본'이 의미하는 바는 (단순화를 위하여) 딜러의 카드 두 장과 지금 플레이되고 있는 핸드의 홀 카드들 외에 다른 정보는 고려하지 않는다는 것이다.

딜러의 공개된 카드가 무엇인가에 따라 별개의 전략을 쓰는 대신, 우리는 딜러의 카드 두 장이 무엇이냐에 따라 별개의 전략을 사용한다. 딜러의 카드 두 장에 대한 경우의 수는 모두 55가지다. 줄리안 브라운이 상세하게 전략들을 계산해주었고 푸에르토리코로 떠나기 몇 달 전에 나에게 전달해주었다. 결과는 〈표 5.1〉에 표시해두었다. 이 전략들은 딜러의 하드 총합이 동일할 때 사용하는 전략과 흡사하다는 점에 주목하라.

브라운이 계산한 바에 따르면 통상적인 규칙이 적용되고 1벌 데크를 사용하며 딜러의 홀 카드를 안다는 가정하에 플레이어의 어드밴티지는 9.9%다(많은 사람이 궁금해할 것 같아 덧붙이자면 브라운은 만약 이런 게임에서 무승부 시 모두 딜러에게 베팅 금액이 돌아간다고 해도 플레이어에게 여전히 2.1%의 어드밴티지가 있다. 이 경우 다른 전략은 배제했다).

♣ 딜러의 홀 카드를 알면 얼마나 유리할까?

모든 카드를 카운팅해서 딜러의 홀 카드가 무엇인지 판단하는 방법을 쓰면 박스당 평균 약 25달러(핸드당 50달러×5핸드×10%) 정도를 딸 수 있었다. 우리는 한 시간 동안 적어도 6개의 딜링 박스를 플레이했다.

표 5.1 페어 스플리팅

딜러의 공개된 카드	MH	MS2	더블 다운 하드	더블 다운 소프트	스플리트
2, 2	14	18	10, 11		1, 7, 8
2, 3	13	18	10, 11		1~3, 6~9
2, 4	12	18	9~11	17, 18	1~3, 6~9
3, 3	12	18	8~11	13~19	1~4, 6~9
2, 5	17	18	10, 11		1~3, 7, 8
3, 4	17	18	9~11		1~3, 7, 8
2, 6	17	18	10, 11		1, 7~9
3, 5 / 4, 4	17	18	10, 11		1~3, 7~9
2, 7 / 3, 6	17	19	10, 11		1, 8, 9
4, 5	16	19	10, 11		1, 8, 9
2, 8	16	19	11		1, 8
3, 7 / 5, 5	16	19	11		1
4, 6	17	19	11		1
2, 9	16	18			1
3, 8	15	18			1
4, 7	14	18			1
5, 6	14	19			1
2, 10 / 3, 9 / 4, 8	12	18	8~11	13~19	1~4, 6~9
5, 7 / 6, 6	12	18	8~11	13~20	1~4, 6~10
총합 13	12	18	7~11	13~20	1~4, 6~10
총합 14~16	12	18	5~11	13~20	1~4, 6~10
총합 17	17	18			2, 3, 6~8
8, 10	18	19			2, 3, 7~9
9, 9	18	19			3, 6~9

9, 10	19	19			9
10, 10	20	20			

딜러의 핸드 소프트					
딜러의 공개된 카드	MH	MS2	더블 다운		스플리트
			하드	소프트	
A, A	16	18	11		1, 8
A, 2	15	18	10, 11		1, 7, 8
A, 3	14	18	10, 11		1, 7, 8
A, 4	13	18	10, 11		1, 2, 6~9
A, 5	13	18	9~11	17, 18	1, 3, 6~9
A, 6	17	18			1~3, 6~8
A, 7	18	19			2, 3, 7~9
A, 8	19	19			9
A, 9	20	20			

MH = 최소 하드 스탠딩 총합
MS = 최소 소프트 스탠딩 총합

이 게임에서 플레이어의 어드밴티지는 9.9%다(딜러가 자신의 홀 카드를 노출한다는 점을 제외하고 게임이 통상적인 방식으로 진행된다고 전제했다).

하루 저녁에 6시간(휴식 시간 2시간)을 하면 하루 저녁에 900달러를 벌 수 있다. '최저 생계비'는 거뜬히 번다! 그러나 우리는 한 팀으로서 팀워크가 충분히 무르익기 전에 푸에르토리코를 떠나야 했다. 게다가 새먼이 대박을 터뜨린 후 푸에르토리코의 규칙이 갑자기 바뀌는 바람에 이 방법을 써볼 기회를 놓치고 말았다.*

플레이어가 딜러의 홀 카드를 알아맞히는 경우는 종종 있다. 내가 처음으로 딜러의 홀 카드를 맞춘 것은 라스베이거스의 대형 스트립 호텔에서 게임을 하다 우연히 벌어진 일이었다. 최소 베팅액이 5달러인 테이블에서 어떤 남자가 혼자 게임을 하고 있었다. 그는 핸드당 200~500달러를 베팅하면서 빠른 속도로 돈을 따고 있었다. 게다가 그 남자와 딜러는 별 다툼이나 문제없이 게임을 진행하고 있었다. 나는 그 테이블에 앉아서 25~100달러를 베팅했는데 그 사내가 거액을 베팅하고 있는데도 아무 문제가 없는 것으로 보아 내 행동도 눈에 띄지 않을 거라고 짐작했다.

그런데 얼마 지나지 않아 눈치챘다. 딜러의 총합이 17 이상이면 플레이어는 16 이하의 핸드에서 항상 드로우했다. 한 번은 딜러의 공개된 카드가 10이고 홀 카드가 6이었는데 그 남자가 12에 스탠드했다! 그런 다음 나는 딜러가 자기 손을 쓸데없이 유난히 오래 쳐다보는 방식으로 자신이 스티프 핸드^{stiff}(총합이 12~16점인 핸드)인지 또는 스티프가 될 가능성이 높은 핸드인지(총합이 4~6점인 핸드) 플레이어에게 알려준다는 사실을 눈치 챘다. 딜러는 스티프 또는 스티프가 될 가능성이 높은 경우 둘 다 버스트할 확률이 높다. 딜러는 17 미만에서는 드로우해야 하므로 스티프(12~16)이면 딜러는 어느 패를 뽑아도 버스트할 확률이 아주 높다. 반면 4~6점으로 총합이 낮아도 계속 드로우를 해야 하므로 역

---

* 푸에르토리코에서는 도저히, 아무리 해도 큰돈을 딸 수가 없었을 것이다. 당시 나에 관한 대중의 관심이 지대했기 때문에 카지노들은 유심히 나의 행동을 주시했다. 내가 큰돈을 따자마자 규칙이 바뀌었을 것이다. 새면은 어느 정도 땄는지를 오랫동안 감추었기에 성공할 수 있었다. 앞으로 살펴보겠지만 새면이 '공개하자' 카지노들은 규칙을 바꾸었다.

시 버스트할 확률이 높다. 따라서 4~6점이 '가능한 스티프(즉 버스트할 가능성이 높은 핸드)'가 된다. 스티프 핸드 및 스티프가 될 가능성이 높은 핸드는 곧 버스트할 확률인 높은 핸드를 의미한다. 두 경우 이외의 점수인 7~11점이면 한 번의 드로우로 버스트하지 않고 높은 총합을 받을 확률이 높으므로 딜러에게 유리하다.

딜러는 만약 자신이 패트 핸드$^{pat\ hand}$(처음 딜링된 2장의 카드 총합이 17, 18, 19, 20, 21점으로 추가 카드가 필요 없는 핸드) 또는 유리할 수도 있는 핸드(총합이 7, 8, 9, 10, 11, 또는 소프트 12, 13, 14, 15, 16)라면 그는 자신의 손을 잠깐만 쳐다봤다. 플레이어가 어떤 결정을 내려야 할지 알려주고 있는 것이었다. 만약 딜러가 자기 손을 잠깐만 쳐다보면 17(또는 그 이상이 될 때까지)에 플레이하고 딜러가 자기 손을 오랫동안 쳐다보면 하드 12에 스탠드했다.

물론 자세한 것은 한참 지나서야 알게 되었다. 하지만 스티프 핸드인지 패트 핸드인지 알려주고 있다는 건 곧바로 눈치 챘다. 20분 사이 그 남자는 또 2,000달러를 더 땄다. 그는 딜러에게 팁 300달러를 주었다. 나도 500달러를 땄다. 근무 시간이 끝난 딜러가 자리를 뜨자 상황은 종료되었다.

네바다에서는 딜러가 자신의 공개된 카드가 에이스나 10일 때 플레이어에게 카드를 더 주기 전에 자신의 홀 카드가 무엇인지 확인한다. 내추럴이면 핸드는 그 자리에서 바로 청산된다. 딜러가 미숙하면 자신의 홀 카드가 무엇인지 힌트를 주게 된다. 예를 들어 보이는 카드가 에이스이고 홀 카드의 수가 낮으면 미숙한 딜러들은 ('색깔'이 부족하므로)

아주 재빨리 10이 아니라는 걸 알고는 잠깐만 홀 카드를 본다. 만약 공개된 카드가 10이라면 반대 상황이 벌어진다. 딜러는 에이스인지 궁금해하는데 홀 카드 점수가 크면 블랙잭이 아니라는 사실을 금방 알아챈다. 홀 카드 수가 낮으면 에이스가 아니라는 것을 판단하는 데 꽤 시간이 걸려 홀 카드 끄트머리를 오랫동안 뒤집어본다. 어느 날 저녁 두세 시간 동안 라스베이거스 클럽에서 내가 표준 방식으로 F씨(11장 참고)와 X씨를 위해 1,600달러를 따자 F씨가 고맙다며 이런 요령을 가르쳐주었다. F씨와 친구들은 이런 딜러가 주는 신호를 '텔^{tell}(카드 게임에서 사고든 고의든 서로 카드를 보여주는 행위. 플래시^{flash}라고도 한다)'이라고 불렀다.

♣ 카드 귀신, 마침내 5만 달러를 따다!

우리는 여름 방학이 되면 다시 푸에르토리코에 가기를 바라며 좋은 추억을 안고 푸에르토리코를 떠났다. 새먼은 우리가 푸에르토리코로 다시 돌아오게 되면 푸에르토리코 거위가 더 이상 황금알을 낳지 않는 날이 더 빨리 다가오지 않을까 두려워했다. 새먼은 유리한 상황이면 언제나 상한선까지 베팅하기 시작했다. 두 달 사이에 새먼이 딴 돈은 5만 달러로 불어났다.

새먼은 9개월 동안 1주일에 평균 5~6번, 하루 저녁에 평균 8시간 게임했다. 주당 40시간으로 계산하면 40주에 1,600시간을 게임한 셈이 된다. 시간당 150핸드를 한다면 새먼은 총 24만 핸드를 한 셈이다. 그리고 핸드당 베팅 금액이 50달러를 넘지 않는 상태(더블 다운하는 극히 드문 경우를 제외하고)에서 5만 달러를 땄다. 내가 아는 한 포인트 카운팅을 이렇게 오랫동안 시험한 경우는 없다. 우리의 접근법을 가장 극명하게 보여주는 실례가 아닐 수 없다.

베팅 상한선이 500달러인 라스베이거스라면 (그리고 속임수가 없다면) 결과는 무려 50만 달러가 되었을 것이다! 새먼이 딴 '약소한' 금액은 도박 역사에서 가장 오랫동안 지속적으로 승리한 업적이다. 바야흐로, 마침내! 푸에르토리코 카지노들은 재앙의 전조를 목격한 것이다.

♣ 푸에르토리코, 규칙이 바뀌다

그러자 카지노에서는 마지막 카드까지 딜링하는 관행을 중지했다. 능숙한 플레이어(이를테면 새먼, M, N)에 맞서서 카지노는 필요하면 언제든지 카드를 섞는다.

어느 날 새먼이 카지노가 계속 카드를 다시 섞는다면서 어쩌면 좋으냐고 전화를 하는 바람에 이 슬픈 소식을 알게 되었다. 나는 새먼에게 더 푸른 초장을 찾으라고 충고했다. 파나마, 쿠라사오 섬, 아루바 그리고 (조심스럽지만) 그랜드바하마 섬으로 가보라고 권고했다. 앵커맨(233p)을 데리고 와서 딴 돈을 빼앗아갈 수도 있으니 아이티와 도미니카 공화국은 피하라고 했다. 나는 새먼에게 라스베이거스는 냉혹하고 인정사정 없는 곳이라고 말했다. 당시 라스베이거스에서는 속임수 문제가 특히 심각했다. 그러나 만약 새먼이 속임수를 피할 수 있거나 8장에서 설명한 '신문 배달' 기법을 적용한다면 라스베이거스에서도 거금을 딸 수 있을 것이다. 그는 라스베이거스에 도전했고 얼마 못가 2,500달러를 날리고 말았다.

새먼에 관해 전해 들은 마지막 소식은 쾌청한 푸에르토리코에서 꽤 돈을 벌고 있다는 소문이었다. 그는 한 대당 1주일에 100달러를 받고 택시 임대업을 하고 있었다. 그리고 따스한 해변과 나이트클럽에서 빈둥거리며 한량으로 살고 있었다. 아주 가끔 카리브 해에서 '끝내주는' 블랙잭 게임이 있다는 얘기를 들으면 '한탕' 하러 달려간다. 그러나 새먼은 좋았던 그 시절, 그러니까 언제든지 달려가서 돈을 주워오기만 하면 되는 그 시절을 무척 그리워하고 있다.

6

승리 전략3.
완전 포인트
카운트 시스템

단순 포인트 카운팅과 마찬가지로 완전 포인트 카운팅, 즉 하이-로우$^{high-low}$ 시스템 역시 《딜러를 이겨라》를 읽은 많은 독자가 스스로 생각해낸 것이다. 그러나 학계에 하이-로우 시스템을 처음 알린 것은 하비 더브너$^{Harvey\ Dubner}$였다. 더브너는 당시 뉴욕 태리타운^{Tarrytown}에 있는 시몬스 정밀기기제품회사$^{Simmons\ Precision\ Products\ Corporation}$ 소속이었다. 더브너는 1963년 추계연합컴퓨터회의$^{FJCC,\ Fall\ Joint\ Computer\ Conference}$의 패널 회의에서 자신이 얻은 결과를 제시했다. 추계연합컴퓨터회의는 6개월마다 미국의 수많은 컴퓨터 전문가가 모이는 전국적인 회의였다. 당시 회의는 네바다 주 라스베이거스에서 열렸다. 패널 회의는 기술을 요하는 게임과 기술보다 운에 좌우되는 게임을 연구하는 컴퓨터 활용법에 관한 것이었다.

이 분야의 전문가들이 블랙잭, 바카라, 룰렛, 바둑 같은 게임을 분석하며 논의하고 있었다. 더브너 외에도 당시 패널들의 면면을 보면 IBM사의 줄리안 브라운$^{Julian\ Braun}$(브라운은 내가 개발한 컴퓨터 프로그램을 확장시키고 수정한 것을 토대로 세밀한 블랙잭 연산을 개발했는데 이는 가장 정확도가 뛰어난 것이다. 브라운은 고맙게도 이번 개정판을 쓰는 데 자신의 프로그램을 사용하도록 허락해 주었다), 컴퓨터 시스템 감독 리차드 E. 스프라그$^{Richard\ E.\ Sprague}$, 뚜슈^{Touche}, 로스^{Ross}, 베일리와 스마트$^{Bailey\ and\ Smart}$(《Elecronic Business Systems》의 저자), 당시 로스알라모스과학연구소$^{Los\ Alamos\ Scientific\ Laboratory}$ 소속이었다. 오마하대학교 전산센터 소장인 윌리엄 E. 월든(나는 월든 씨와 합작으로 네바다 바카라 시스템을 개발했는데 우리가 돈을 따자 카지노들은 예전에 수익이 나던 베팅 유형(플레이어에게 수익이 나는 베팅 유형, 예를 들어 페어 스플리트, 더블 다운, 인슈어런스 등))을 제거해버렸다. 그리고 앨런 N. 윌슨$^{Allan\ N.\ Wilson}$(주요 카지노 게임들에 관한 최근 저서《The Casino Gambler's Guide》의 저자, 독자들은 블랙잭을 상세하게 다룬 두꺼운 윌슨의 책과 이 책을 비교하면 흥미로울 듯하다) 등이었다. 이론적인 설명은 로버트 E. 칼라바$^{Robert\ E.\ Kalaba}$가 담당했는데 그는 랜드연구소$^{RAND\ Corporation}$(미국의 국방·행정 분야의 대표적인 싱크탱크로 민간 비영리 연구기관)의 수학자이자 켈리 시스템$^{Kelly\ System}$ 같은 도박 시스템들에 관한 전문가다.

나는 이 패널 회의의 사회자였다.

열정이 넘치는 더브너는 완전 포인트 카운트 방식을 발견했다며 열변을 토했다. 그의 계산 방식은 이 주장을 입증했다. 그리고 추계연합 컴퓨터회의 기간에 그는 카지노에서 (적은 자금의 판돈으로) 플레이했는데 무척 성공적이었다. 다른 전문가들이 흥미를 보였다. 그러자 브라운은 세밀하게 연산했다(그의 컴퓨터 기법들은 《딜러를 이겨라》 초판의 10카드 카운트 전략을 개발하는 데 쓰인 방식들에 토대를 두고 있었다). 세밀하게 연산한 결과 더브너의 결론들은 미세하게 부정확한 면들이 있었다. 그러나 브라운은 완전 포인트 카운팅이 블랙잭 승리 전략으로 강력하고 효과적이라는 사실을 확인하게 되었다.

완전 포인트 카운트 시스템이 10카드 카운트 방식보다 정확히 어느 정도 더 우월한지, 아니면 열등한지는 알 수 없다. 그러나 10카드 카운트 방식에 필적하는 위력을 갖고 있다. 카지노의 대응책들, 강화된 규칙 그리고 급기야 카드 카운팅까지 배우고 있는 딜러들을 생각하면 완전 포인트 카운팅은 고마운 신무기다. 초보자는 10카드 카운팅을 다룬 장까지 먼저 쭉 통독한 다음 완전 포인트 카운팅과 10카드 카운팅 중 하나를 정복해야 할 첫 번째 강력한 승리 전략으로 선택해야 한다. 10카드 카운트 방식이 몸에 익은 사람이라면 완전 포인트 카운팅이 소중한 대안 전략이므로 가능하다면 완전 포인트 카운트 방식도 함께 익혀야 한다.

♣ 카드 카운팅

완전 포인트 카운팅은 단순 포인트 카운팅을 개선하여 완성한 것이다. 첫 번째 단계는 플레이되지 않은 카드, 즉 사용되지 않은 카드의 수를 어림잡아 계산하지 않고 정확하게 계산하는 것이다. 따라서 두 가지 수, 즉 포인트 총합과 함께 보이지 않은 카드의 총합을 기억해야 한다. 보이지 않은 모든 카드의 총합을 계산하는 방법은 간단하다. 1벌이라면 52부터 카운팅하기 시작한다. 플레이에 사용되는 카드 한 장을 볼 때마다 현재의 총합에서 1을 빼면 된다. 카드 한 장이 플레이되었는데 어떤 이유든 이 카드를 보지 못했다면 보이지 않은 카드들의 총합을 바꾸지 마라. 번 카드를 보거나 아니면 딜러가 맨 아래 카드를 플래시flash(카드 게임에서 사고든 고의든 서로 카드를 보여주는 행위로 텔tell이라고도 한다)한다면 총합을 조정하라.

포인트 총합만 카운팅할 때는 핸드가 진행되는 도중이나 후, 언제든지 카드를 카운팅할 수 있다. 중요한 것은 단 하나, 다음 딜링에서 얼마를 베팅할지 결정해야 할 때 활용할 수 있도록 총합을 알고 있어야 한다는 것이다. 심지어 핸드가 끝날 때까지 기다렸다가 한꺼번에 카드를 카운팅해도 된다. 적당한 베팅 금액을 결정하려는 목적으로만 이 정보를 이용한다면 보이지 않은 카드의 총합과 포인트 총합을 함께 카운팅할 때도 이 방법을 쓸 수 있다. 핸드 플레이 전략은 여전히 기본 전략을 사용한다.

카드 카운팅 정보를 이용하여 핸드 플레이 전략을 수정해 기본 전략을 개선하고자 할 때도 여전히 이 방식으로 카운팅할 수 있다. 그러나 기다리지 않고 카드를 보자마자 수를 조정하는 편이 훨씬 낫다. 이런 방식의 카운팅을 '러닝 카운트running count'라고 한다. 농구의 풀코트 프레싱(전방위 압박수비)과 비슷한 방식으로 항상 카운팅 총합을 준비해놓는 것이다. 카드를 완전히 다시 섞거나 딜러가 바뀌거나 게임을 바꾸지 않는 한 카운팅을 멈추지 않는다.

물론 러닝 카운트 방식이 더 피곤하다. 카운트하는 것이 쉽다면 러닝 카운트 방식을 사용하라. 러닝 카운트는 최상이다. 카운팅이 어렵더라도 걱정할 것 없다. 카운팅하는 가장 쉬운 방법을 알아내서 그 방법을 사용하라. 결과는 못지않게 훌륭할 것이다. 실수할 확률이 줄어들기 때문에 어쩌면 더 좋은 결과가 나올 수도 있다.

새로운 카운팅을 베팅 금액 결정에 적용하는 방식을 살펴보자. 포인트 총합을 보이지 않는 카드의 총수로 나눈다. 예를 들어 1벌 카드를 쓰는 게임에서 5, 5, 3, 8이 사용되었다면 포인트 총합은 +3이 된다(복습하자면 2~6 카드는 +1, 7, 8, 9 카드는 0, 에이스와 10은 −1로 계산한다). 48장의 카드가 (보이지 않고) 남아 있으므로 3÷48, 즉 약 0.06이다. 내가 알아낸 가장 쉬운 방법은 백분율의 근사치를 구하는 것이다. 이 경우 퍼센트를 구하려면 100을 곱하면 되므로 6%가 된다. 나는 이 최종 값을 하이-로우 지수$^{high-low\ index}$라고 부른다.

완전히 섞은 2벌 카드에서 동일한 카드들, 즉 5, 5, 3, 8이 보였다면 포인트 총합은 +3, 그리고 보이지 않은 카드의 총수는 104 − 4 = 100이므로 3÷100 = 0.03, 즉 백분율로 구하면 하이-로우 지수는 3이다. 4벌로 시작하고 A, 10, 10, 9, 8, 8, 10, A, A가 사용되었다면 포인트 총합이 −1, −1, −1, 0, 0, 0, −1, −1, −1 = −6, 하이-로우 지수는 −6÷199(×100), 즉 −3(퍼센트)다.

♣ 베팅

하이-로우지수가 2 이하라면 1 유닛을 베팅하라. 하이-로우 지수가 4라면 2유닛을 베팅하라. 대체로 유리한 상황에서는 지수의 절반을 베팅하라. 즉 지수가 6이면 3 유닛을 베팅하고 지수가 8이면 4 유닛, 하이-로우 지수가 10(또는 그 이상)이면 5를 베팅하라. 지수 3, 5, 7, 9 등이라면 좋을 대로 베팅 금액을 낮추거나 높이면 된다. 예를 들어 지수가 5라면 지수가 4 또는 6일 때와 마찬가지로 2유닛이나 3유닛을 베팅하면 된다. 지수가 10 이상일 때도 5 유닛 이상을 베팅하지 않는 이유는 별 것 없다. 카지노의 신경을 거스르지 않으려는 것이다.

🂡 드로우와 스탠드

기본 전략은 완전한 1벌 데크에 대항하는 최선의 방책이다. 그러나 일부 카드가 빠져 있고 빠진 카드 일부에 대한 정보를 갖고 있다면 기본 전략을 개선할 수 있다. (현실성이 떨어지지만) 단순한 예를 들어보자. 제대로 섞은 4벌의 카드로 게임을 딜링하고 남아 있는 카드들은 모두 4 또는 4보다 낮은 점수의 카드뿐이라고 하자. 그러면 플레이어는 딜러의 공개된 카드가 무엇이든 하드 17에서 드로우해야 한다. 딜러의 공개된 카드가 4, 5, 6일 때 하드 12에서 스탠드하는 기본 전략과 배치된다.

〈표 6.1〉을 활용하려면 딜러의 공개된 카드와 나의 하드 총합에 상응하는 칸을 보면 된다. 해당 칸에 '드로우' 또는 '스탠드'라고 적혀 있으면 쉽다. 대신 지수의 값이 적혀 있다면 지수가 1을 초과하면 스탠드하라. 그러나 해당 칸에 적힌 지수가 1 또는 1보다 작다면 드로우해야 한다.

예를 들어보자. 딜러의 공개된 카드가 10이고 나의 하드 총합은 13이라고 하자. 표를 보면 지수에 상관없이 드로우해야 한다. 드로우해서 3을 받았다고 하자. 이제 총합은 하드 16이 되었다. 지수가 2 또는 그 이하라면 드로우하라. 지수가 02를 초과한다면 스탠드하라(주의: 음수 지수는 양수 지수보다 '작다'. '작다'라는 의미는 이렇다. … < −03 < −02 < −01 < 00 < 01 < 02… 따라서 절댓값이 큰 음수는 절댓값이 작은 음수보다 작다. 음수에 익숙하지 않은 독자라면 생소할지도 모르겠다).

〈표 6.2〉는 소프트 핸드에서 드로우와 스탠드 전략을 보여준다. 읽는 방법은 〈그림 6.1〉과 같다. 소프트 전략은 3가지 경우를 제외하고는

표 6.1 하드 핸드일 때 하이-로우 지수를 활용하여 드로우 또는 스탠드하기

나의 패	딜러의 공개된 카드								
	2	3	4	5	6	7	8	9	10	A
18 이상	스탠드								
17										-15
16	-21	-25	-30	-34	-35	10	11	06	00	14
15	-12	-17	-21	-26	-28	13	15	12	08	16
14	-05	-08	-13	-17	-17	20	38	드로우		
13	01	-02	-05	-09	-08	50				
12	14	06	02	-01	00					

지수는 %로 표시했다. 지수가 표 안의 숫자보다 크면 스탠드한다. 지수가 표 안의 숫자와 같거나 더 작으면 드로우한다. 표는 자신의 홀 카드와 딜러의 공개된 카드를 반영하여 이미 지수를 조정했다는 것을 전제로 한다.

기본 전략과 동일하다.

1. 딜러의 공개된 카드가 7, 나의 총합이 소프트 17이고 지수가 29보다 크면 스탠드하라(기본 전략에서는 드로우).
2. 딜러의 공개된 카드가 에이스, 나의 총합이 소프트 18, 지수가 12보다 크면 스탠드하라(기본 전략에서는 드로우).
3. 딜러의 공개된 카드가 에이스, 나의 총합이 소프트 18, 지수가 -06 이하라면 드로우하라(기본 전략에서는 스탠드).

1, 2에 해당하는 경우는 실제 게임에서는 드물게 발생하므로 전문가가 될 때까지는 무시해도 좋다. -06은 00에 가까우므로 3번째 예외는

표 6.2 소프트 핸드일 때 하이-로우 지수를 활용하여 드로우 또는 스탠드하기

나의 패	딜러의 공개된 카드									
	2	3	4	5	6	7	8	9	10	A
19 이상	스탠드									
18	스탠드								12	-06
17	드로우					29	드로우			

표 6.3 하이-로우지수에 따른 하드 더블 다운

나의 패	딜러의 공개된 카드									
	2	3	4	5	6	7	8	9	10	A
11	-23	-26	-29	-33	-35	-26	-16	-10	-09	-03
10	-15	-17	-21	-24	-26	-17	-09	-03	07	06
9	03	00	-05	-10	-12	04	14			
8		22	11	05	05	22				
7		45	21	14	17					
6			27	18	24					
5				20	26					

지수가 표 안의 지수보다 크면 더블 다운한다. 지수가 표 안에 적힌 지수와 같거나 작으면 더블 다운하지 않는다. 표가 공란이거나 표 자체가 없을 경우 더블 다운하지 않는다. 이 표는 내가 나의 홀 카드와 딜러의 공개된 카드를 이미 카운팅했다고 가정한 것이다.

다음처럼 단순하게 축약해서 기억하라. 데크가 조금 불리할 때 딜러의 공개된 카드가 에이스이고 소프트 18이면 히트(드로우)하라. 따라서 〈표 6.2〉의 결과들은 이렇게 단순하게 기억할 수 있다. 소프트 핸드일 때 드로우, 스탠드는 단 한 가지 예외를 제외하고 기본 전략을 따른다. 딜러의 공개된 카드가 에이스이고 소프트 18이라면 데크가 조금 불리

표 6.4 하이-로우 지수에 따른 소프트 더블 다운

나의 패	딜러의 공개된 카드				
	2	3	4	5	6
A, 9		25	12	08	08
A, 8		09	05	01	00
A, 7		−02	−15	−18	−23
A, 6	*	−06	−14	−28	−30
A, 5		21	−06	−16	−32
A, 4		19	−07	−16	−23
A, 3		11	−03	−13	−19
A, 2		10	−02	−19	−13

지수가 표 안의 지수보다 크면 더블 다운한다. 지수가 표 안에 적힌 지수와 같거나 작으면 더블 다운하지 않는다. 표가 공란이거나 표 자체가 없을 경우 더블 다운하지 않는다. 이 표는 내가 나의 홀 카드와 딜러의 공개된 카드를 이미 카운팅했다고 가정한 것이다.
*나의 패가 A, 6이고 딜러의 공개된 카드가 2라면 지수가 01~10일 경우에만 더블 다운한다.

할 때 히트(드로우)하라.

♣ 더블 다운

하드 핸드일 때 더블 다운 전략은 〈표 6.3〉에 나타나 있다. 총합 하드 5일 때 종종 더블 다운이 최상의 전략이라는 점에 유의하라! 이 사실은 아주 최근까지도 전혀 상상도 못했던 것이다. 데크가 유리하면 더블 다운하는 확률도 높아진다는 점에 유의하라. 지수가 표의 항목보다 더 크면 더블 다운하라. 지수가 표보다 작으면 더블 다운하면 안 된다.

〈표 6.4〉는 소프트일 때 더블 다운 전략을 보여준다. 읽는 방법은 비

표 6.5 하이-로우 지수를 활용한 페어 스플리팅

나의패	딜러의 공개된 카드									
	2	3	4	5	6	7	8	9	10	A
A, A						-33	-24	-22	-20	-17
10, 10	25	17	10	05	07	19				
9, 9	-03	-08	-10	-15	-14	08	-16	-22		10
8, 8									24*	-18
7, 7	-22	-29	-35							
6, 6	00	-03	-08	-13	-16	-08				
5, 5										
4, 4			18	08	00	05#				
3, 3	-21	-34					06+			
2, 2	-09	-15	-22	-30						

표가 검은색이면 항상 스플리트한다. 표가 흰색이거나 없으면 스플리트하지 않는다. 표에 지수가 있으면 나의 지수가 표 안의 지수보다 크면 스플리트한다. 나의 지수가 표 안의 지수보다 작으면 스플리트하지 않는다.

* 딜러의 공개된 카드가 10, 내 패가 8, 8일 때는 지수가 24보다 작을 때만 스플리트한다.
# 딜러의 공개된 카드가 6, 내 패가 4, 4일 때는 더블 다운이 허용되지 않을 때만 지수가 05보다 클 때 스플리트한다.
+ 딜러의 공개된 카드가 8, 내 패가 3, 3일 때는 지수가 06보다 크거나 -02 미만일 때 스플리트한다.

숫하다. 다시 한 번 말하지만 데크가 유리할수록 소프트 총합에서 더블 다운하는 횟수가 늘어난다(그리고 수익도 커진다).

페어 스플리팅

〈표 6.5〉는 하이-로우지수에 따른 페어 스플리팅 전략이다.

♣ 인슈어런스

지수가 0.8보다 크다면 인슈어해야 한다. 나머지 경우에는 인슈어하면 안 된다. 인슈어런스에 관한 더 자세한 논의는 162~166페이지를 참고하라.

♣ 어드밴티지와 유리한 상황의 빈도

⟨그림 6.1⟩은 지수의 변화에 따라 플레이어의 어드밴티지가 변하는 양상을 보여준다. 인슈어런스로 창출되는 수익에 주목하라. 지수가 양수일 때 플레이어가 얻는 수익이 지수가 음수일 때 플레이어가 잃는 손실보다 더 크다는 점이 흥미롭다. 이유는 플레이어가 전략에 변화를 줄 수 있기 때문이다. 따라서 덱이 불리할 때의 디스어드밴티지를 어느 정도 줄일 수 있다. 또한 플레이어는 덱이 유리할 때 얻는 어드밴티지를 늘릴 수도 있다.

⟨그림 6.1⟩을 보면 지수가 음수이고 그 절댓값이 충분히 커지면 언뜻 보기에 플레이어가 어드밴티지를 다시 확보하는 것처럼 보인다. 이런 직감은 정확하지만 실제 플레이에서 이런 상황은 드물다.

⟨표 3.1⟩을 보면 이런 상황의 일부가 나타난다. 예를 들어 Q(10) = 0이고, 즉 10카드는 모두 사용되었고 나머지 카드들은 전부 그대로 있다면 하이-로우지수는 $-16 \div 36$, 즉 -44%인데 이때 플레이어의 어드밴티지는 1.62%다. 하이-로우지수 계산법을 복습하자면 10카드는 -1로 계산하므로 10카드 16장이 모두 보이면 -16, 총 52장의 카드에서 10카드 16장이 모두 빠지면 36장이므로 하이-로우 지수는 ($-16 \div 36$), 즉 -44%

그림 6.1 하이-로우지수 변동에 따른 플레이어의 어드밴티지

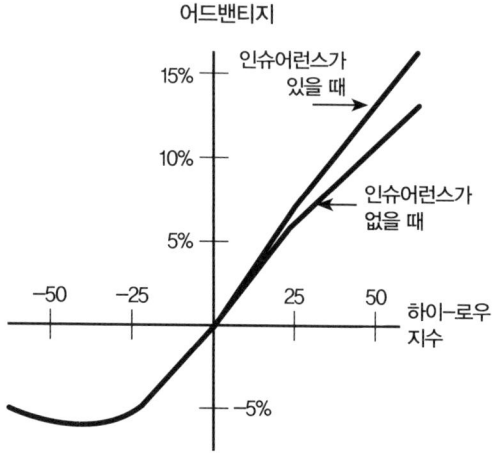

이다.

그러나 〈그림 6.1〉에서 보듯 지수 -44에서 평균적인 상황은 여전히 플레이어에게 불리하다. 지수가 -100이고 데크에 남아 있는 카드들이 점수가 2~6인 카드뿐이라면 남아 있는 카드가 정확히 무엇이냐에 따라 조금씩 변동은 있지만 플레이어는 항상 평균 50% 정도의 어드밴티지를 갖는다.

〈표 6.6〉을 보면 다양한 지수 값, 다양한 어드밴티지가 실제 게임에서 발생하는지 대략적인 빈도를 알 수 있다. 다양한 음수 값 지수의 확률이 상응하는 양수 값 지수의 확률과 정확히 호응한다는 점에 주목하라. 예를 들어서 표 활용법을 설명해보겠다. 카드 5장이 딜링된 다음, 하이-로우지수가 05 ~ 15일 경우는 전체 경우의 9.5%다. 하이-로우지

표 6.6 어드밴티지와 유리한 상황의 빈도

표는 다양한 상황들이 일어나는 시간을 보여준다(단위: %)

인슈어런스 가능할 때 어드밴티지(단위: %)													
-5.7	-6.0	-6.0	-5.9	-5.1	-1.1	-1.1	1.4	4.3	7.2	9.7	12.7	14.6	
~	~	~	~	~	~	~	~	~	~	~	~	~	
초과	-5.7	-5.9	-5.1	-3.5	-3.5	1.4	4.3	7.2	9.7	12.7	14.6	초과	

하이-로우지수 범위													
미만	-55	-45	-35	-25	-15	-05	05	15	25	35	45	초과	
	~	~	~	~	~	~	~	~	~	~	~		
	-55	-45	-35	-25	-15	-05	05	15	25	35	45	55	55

보인 카드의 수

카드	<-55	-55~-45	-45~-35	-35~-25	-25~-15	-15~-05	-05~05	05~15	15~25	25~35	35~45	45~55	>55
0							100.0						
5						9.5	81.0	9.5					
10					0.4	15.8	67.6	15.8	0.4				
15					2.7	27.5	39.5	27.5	2.7				
20				0.5	6.8	24.2	37.0	24.2	6.8	0.5			
25			0.1	1.9	5.9	24.0	36.2	24.0	5.9	1.9	0.1		
30		0.1	0.7	3.2	9.4	18.3	36.6	18.3	9.4	3.2	0.7	0.1	
35		0.5	2.7	3.4	13.5	23.2	13.3	23.2	13.5	3.4	2.7	0.5	
40	0.7	1.3	2.6	5.0	19.3	13.8	14.6	13.8	19.3	5.0	2.6	1.3	0.7
45	5.3	0	7.3	12.1	0	16.3	18.0	16.3	0	12.1	7.3	0	5.3

편의를 위하여 이 표는 무작위로 20만 회 섞은 결과를 토대로 했다. 실제로 카드를 섞지 않고 수학과 숫자만을 사용해서 계산할 수도 있다. 반올림 때문에 4번째 줄과 8번째 줄의 총합이 100%가 되지 않는다.

수가 -5~05일 경우는 전체 경우의 81%다. 하이-로우지수가 -15~-05일 경우는 전체의 9.5%다.

7

승리 전략 4.
10카드 카운트 시스템

이 장에서 논의할 '10카드 카운트' 전략은 초판에서 소개된 '주요한' 승리 시스템이었다. 이 전략은 위력 면에서 완전 포인트 카운팅과 어깨를 나란히 한다. 전문가라면 두 시스템을 모두 알아야 한다. 초보자라면 먼저 한 가지만이라도 완전히 익히도록 노력해야 한다. 포인트 카운트를 아는 독자라면 이 장을 건너뛰든지 아니면 술술 통독해도 된다.

10카드 카운트 전략이 플레이어에게 주는 어드밴티지는 대체로 1~10%다. 어드밴티지가 크면 거머쥐는 돈도 커진다. 그보다 작은 어드밴티지는 플레이어에게 위장술을 제공한다. 포인트 카운트 방식들과 마찬가지로 이 전략에서도 어드밴티지에 따라 베팅 규모를 조금씩, 조금씩 달리 한다. 유리한 상황이 올 때까지 기다리는 동안에는 소액을 베팅하다가 유리한 상황이 오면 그 몇 배가 되는 금액까지 베팅한다. 중요한 것은 베팅 규모를 급격하게 확 바꾸지 않고 단계별로 조금씩 변화를 준다는 것이다. 이렇게 하는 이유는 '거액' 베팅과 '소액' 베팅 두 가지로만 나누는 경우에 비해서 눈에 덜 띄기 때문이다.

세밀한 10카드 카운트 전략이 제공하는 또 다른 위장술은 플레이어의 판단이 사용되지 않은 카드들의 조합에 의해 크게 좌우된다는 점이다. 예를 들어 딜러의 공개된 카드가 에이스라고 하자. 때로 플레이어는 하드 17에 히트(드로우)해야 하기도 하고 때로는 하드 12에 스탠드해야 하기도 한다!

〈표 3.1〉을 보면 10카드 카운트 기반 전략이 5카드 카운트 기반 전략보다 어드밴티지가 더 큰 경위가 궁금할 것이다. 카드만 비교하면 5카드가 10카드보다 더 큰 영향을 미친다. 10카드 4장을 덱에 추가하면

플레이어의 어드밴티지가 1.89% 생기지만 5카드 4장을 데크에서 제거하면 3.58%의 어드밴티지가 생긴다. 이에 대한 해결책으로 데크에 10카드는 16장, 5카드는 4장밖에 없다. 따라서 카드 수가 평균에서 벗어나는 편차는 5카드의 수보다 10카드의 수에서 훨씬 크게 나타난다.

❖ 10카드 비율의 변화가 플레이어의 어드밴티지에 미치는 영향

데크에 10카드가 많을수록 대체로 플레이어에게 유리하다. 이제 데크를 '10카드'와 '10 이외의 카드(이하 '기타 카드'라고 함)' 두 종류로 나누어 생각하자. 게임 도중 우리는 아직 보이지 않은 10카드의 수와 기타 카드의 수를 추적할 것이다. 따라서 10카드 카운트 전략에서는 오로지 보이는 카드만 고려한다. 이 두 수를 토대로 '기타 카드÷10카드'의 비율을 계산해 10카드가 많은지 여부를 판단한다. 예를 들어 1벌의 온전한 데크를 섞어 게임 준비를 완료했다고 하자. 온전한 데크에서 '카운트'는 기타 카드 36, 10카드 16, 즉 36, 16이다. 이것을 비율로 계산하면 36÷16, 즉 2.25다. 몇 가지 비율의 경우 대략적인 어드밴티지가 〈표 7.1〉에 나타나 있다.

❖ 카운팅하는 법 익히기

우리의 첫 번째 목표는 표준 전략으로 게임하는 동안 아직 플레이되지 않은 10카드와 기타 카드를 계속 카운팅하는 법을 익히는 것이다. 카운팅하는 법을 배우기 전에 준비 단계로 해야 하는 연습 과정이 있다. 완전한 1벌 카드를 섞은 다음 한 번에 하나씩 카드를 뒤집으면서 이 카드들을 카운팅하고는 버리는 카드 더미 위에 앞면이 보이게 쌓는다. 예를 들어 방금 책상에서 카드 뭉치를 집어 들어 카운팅한다. "(36, 16), 스페이드 3(35, 16), 클로버 5(34, 16), 하트 3(33, 16), 다이아몬드 4(32, 16). 비율(기타 카드÷10카드)은 이제 2.00다. 지금 딜링되고 있는 핸드는 플레이어에게 1% 어드밴티지가 있다(표 7.1). 다이아몬드 3(31, 16), 스페이드 6(30, 16), 다이아몬드 퀸(30, 15), 기타 등등." 데크에 카드가 몇 장 남지 않았을 때 멈추고 카운팅을 기록하라. 그런 다음 남은 카드들이 카운팅과 일치하는지 확인하라. 위 예에서 내가 멈추었을 때 카운팅은 2, 1이었고 마지막 남은 카드 3장은 클로버 2, 클로버 9, 킹 클로버로 카운팅과 일치했다.

표 7.1 10카드 카운트 전략의 플레이어 어드밴티지 근삿값

기타 카드÷10카드	평균 어드밴티지 근삿값(%)
3.00	−2.0
2.25	+0.1
2.00	1.0
1.75	2.0
1.63	3.0
1.50	4.0
1.35	5.0
1.25	6.0
1.16	7.0
1.08	8.0
1.00	9.0

처음 몇 번은 1벌 카드를 실수 없이 끝까지 카운팅하는 데 2분 넘게 걸릴 것이다. 그러나 15분씩 6회, 8회 연습해서 이 시간을 25~50초로 줄일 수 있어야 한다. 50초면 조금 느리고 25초면 훌륭하다. 25초보다 더 줄이기는 힘들었는데 이유를 알고 보니 카운팅을 하든 안 하든 카드를 뒤집는 데만 해도 20~25초는 걸리기 때문이다. 인간의 한계를 시험하고 싶은 사람은 이 25초 장벽을 깰 수 있는 방법이 있다. 카드 몇 장을 제거하고(이때 어떤 카드가 제거되는지는 몰라야 한다), 남은 카드들을 앞면이 위로 오게 해서 한 줄로 쭉 펼친다. 펼칠 때는 각 카드가 쉽게 식별될 정도로 보이게 한다. 그런 다음 왼쪽에서 오른쪽으로 또는 오른쪽에서 왼쪽으로 읽으면서 카운팅하라. 어느 방향으로도 똑같이 쉽게 읽을 수 있도록 연습해야 한다. 카운팅이 끝나면 제거된 카드와 함께 대조해보아야 한다.

카드를 펼쳐서 빨리 카운팅하는 법을 연습한지 얼마 되지 않아 이 기술을 써먹을 기회가 왔다. 나는 어떤 카지노가 속임수를 쓰는지 살피고 있었는데 당연히 판돈이 가장 큰 테이블부터 살펴보았다. 카드를 섞은 후 사용한 카드와 사용하지 않은 카드를 구별하기 위해 딜러가 데크 바닥에 조커를 앞면이 보이게 놓는 것이 카지노의 관행이었다. 그런데 한 차례 딜링이 끝난 후 조커가 사라졌다! 놀란 플레이어들이 데크를 살펴보게 해달라고 요구했다. 딜러는 일반적인 방식으로 데크를 펼치고는 약 4초 뒤 다시 카드를 그러모았다. 나는 재빨리 카운팅했지만 처음 12장밖에는 카운팅할 수 없었다.

플레이어들은 데크를 더 자세히 살펴보겠다고 요구했다. 그러자 이

번에는 딜러가 10~15초를 주었다. 38장까지 카운팅하자(28, 10) 딜러는 다시 서서히 카드를 다시 그러모았다. 나는 재빨리 남아 있는 카드의 수를 셌다. 카드가 갖는 점수에는 상관없이 카드의 수만 셌다. 남은 카드는 20장이었다. 데크에는 58장의 카드가 있었다! 물론 딜러는 여전히 플레이어들에게 검사할 시간을 충분히 주지 않았다. 플레이어들은 새로운 데크를 요청했고 핏 보스에게 이전 데크를 검사하라고 요구했다. 핏 보스는 한쪽에서 다른 사람이 같이 카운팅할 수 없도록 잡고 이전 데크를 카운팅했다.

카운팅을 마친 핏 보스의 얼굴에 야릇한 표정이 스쳐 지나갔다. 그런 뒤 핏 보스는 방금 일어난 이상한 일에 대한 한 마디 해명도 하지 않은 채 이전 데크를 가지고 사라졌다. 순진한 플레이어들은 게임을 계속했고 금방 이 일을 잊어버렸다. 핏 보스는 플레이어들이 순진하다는 것을 정확히 꿰뚫고 있었다.

이 방법으로 카운팅 속도를 높이는 동시에 기본 전략으로 게임하는 사이 카운팅을 계속 유지하는 것도 연습해야 한다. 다른 사람에게 딜링해달라고 부탁하되 쉽게 카운팅할 수 있도록 느리게 딜링하도록 요청하라. 칩으로 게임하되 200유닛을 자금으로 하라. 각 핸드 전에 카운트를 이용해 비율을 산정하라. 그런 다음 〈표 7.2〉의 계획에 따라 베팅하라.

대략 이 비율이 2~1.65 사이일 때 퍼센트로 나타낸 어드밴티지의 약 2배 정도의 유닛을 베팅하게 된다. 우리는 쓸데없이 카지노를 자극하지 않도록 1.65 미만일 때는 일괄적으로 5 유닛으로 통일했다. 이 비율

표 7.2 10카드 카운트 전략의 보수적인 베팅 계획

기타 카드÷10카드 비율	베팅(유닛)
2.00 초과	1(최소)
2.00 ~ 1.75	2
1.75 ~ 1.65	4
1.65 미만	5

을 정확하게 계산하기 위해 나누기 암산을 할 필요는 없다. 0.1, 심지어 0.2 이상을 벗어나지 않으면 어림치도 아주 만족스럽다. 예를 들어 1.5를 1.6 또는 1.4로 어림잡아 추산하거나 1.7 또는 1.3으로 추산해도 무방하다.

♣ 인슈어런스

함께 고려해야 할 표준 전략의 중요한 변화 한 가지가 있다. 기회(딜러의 공개된 카드가 에이스)가 보인다면 '기타 카드÷10카드' 비율이 2.00보다 적을 때마다 인슈어하라. 이 비율이 2.00 또는 그 이상일 때는 인슈어하지 마라. 이것이 합리적이다. 데크가 10-리치이고 딜러의 공개된 카드가 에이스라면 딜러가 블랙잭을 잡을 확률이 평소보다 높다. 인슈어런스하기 전에 자신의 홀 카드를 확인할 수 있고(그리고 어쩌면 다른 플레이어의 홀 카드 역시 볼 수 있었을 것이다), 또한 딜러의 공개된 카드도 보았다. 인슈어런스할지 여부를 결정하기 전에 원한다면 이 모든 사항을 고려할 수 있다.

10카드의 수와 기타 카드의 수를 알고 있다면 인슈어런스 베팅에서 나오는 플레이어의 어드밴티지 또는 하우스의 어드밴티지를 계산할 수 있다. 1벌의 온전한 덱에서 딜링한다고 가정하자. 이는 평균적으로 하우스가 어드밴티지를 갖는 전형적인 상황이다. 이 경우 딜러의 공개된 카드는 에이스라고 하자. 딜러의 에이스가 보이므로 딜러의 홀 카드가 갖는 경우의 수는 모두 51가지이다(지금은 상황을 단순하게 만들기 위해 내가 받은 두 장의 홀 카드도 모른다고 가정하자). 이중 16장은 10카드다. 평균적으로 인슈어런스 베팅으로 2배를 딸 확률은 51번 중 16번, 즉 31.4%다. 베팅 금액을 잃을 확률은 51회 중 35회다. 평균 하우스 어드밴티지는 {(35÷51)-(2×16÷51)}×100, 즉 (3÷51)×100=5.9%다.

자신의 홀 카드까지 고려하고자 한다면 3가지 경우를 고려해야 한다. 자신의 홀 카드가 10, 10이라면 하우스 어드밴티지는 {(35÷49)-(2×14÷49)}×100, 즉 (7÷49)×100=14.3%다. 자신의 홀 카드가 (10, X)고, X가 10이 아니라면 하우스 어드밴티지는 {(34÷49)-(2×15÷9)}×100, 즉 (4÷49)×100=8.2%다. 자신의 홀 카드가 (X, X)라면 하우스 어드밴티지는 {(33÷49)-(2×16÷49)}×100, 즉 (1÷49)×100=2.0%에 지나지 않는다.

인슈어런스는 원래 카지노가 도입한 것으로 플레이어의 호주머니를 터는 또 한 가지 방법에 지나지 않았다. 이처럼 평균적으로 카지노에게 어드밴티지를 제공하는 베팅이 하우스를 도리어 불리하게 한다는 점이 얄궂다. 전략은 지금까지 늘 우리가 하던 그대로다. 평균 하우스 어드밴티지는 5.9%다. 그러나 이 어드밴티지가 플레이어에게 유리한 경우가 있다. 이런 경우에는 인슈어하고 나머지 경우에는 인슈어하지 않는다. 예를 들어 딜링 이전 카운팅이 10, 10일 때 인슈어런스 베팅에 대한 플레이어의 평균 수익은 $\{(2 \times 10 \div 19)-(9 \div 19)\} \times 100$, 즉 $(11 \div 19) \times 100$으로 인슈어런스 금액의 58%로 상당한 비율이다.

한 번은 르노에 있는 대형 클럽에서 게임했는데 클럽에는 인슈어런스 베팅이 없었다. 카지노 소유주 한 사람이 곁에 바짝 붙어 서 있었기 때문에(내가 빠른 속도로 돈을 따기 시작하자 나를 저지하기 위해 서둘러 올라왔다), 나는 왜 인슈어런스가 없는지 물었다. 인슈어런스가 플레이어에게 해가 되므로 플레이어를 위해서 인슈어런스를 배제했다고 말했다. 거액을 베팅하는 손님은 칙사 대접을 받고 소소한 혜택(미국인에게 문의한 결과 거액 베팅 손님에게는 할인 쿠폰 제공, 쇼핑할 상점의 영업시간을 늦춰준다든가 하는 등의 서비스를 카지노에서 제공한다)을 누리는데, 나는 큰 금액을 베팅할 때(이를테면 카운팅이 10, 10일 때!), 인슈어런스를 허락해 달라고 요청했다. 그래야 마음이 놓이기 때문이다. 그런데 내 요청은 아무런 설명도 없이 묵살되었다. 나중에 들은 이야기인데 엔드 플레이$^{\text{end play}}$, 인슈어런스 규칙, 카드 카운팅을 활용하는 어떤 플레이어가 이 카지노에서 적어도 4만 달러를 따자 카지노가 이 사람을 제지했다고 한다.

많은 딜러와 플레이어가 공히 두 가지 측면에서 인슈어런스 베팅을 오해하고 있다. 이들은 이런 자신들의 견해에 동조하지 않는 플레이어를 '교화'하려고 무던히도 애쓰는데, 성가실 정도다. 첫 번째 오해는 내 추럴 패를 잡으면 플레이어는 가능하다면 항상 인슈어런스해야 한다는 것이다. 논리는 이렇다. 만약 딜러 역시 내추럴을 쥐고 있으면 핸드는 무승부지만 인슈어런스 베팅으로 1유닛을 따게 된다. 딜러의 패가 내추럴이 아니라면 플레이어는 내추럴로 1.5유닛을 따게 되고 0.5유닛의 인슈어런스는 잃는다. 이번에도 따는 돈은 1유닛이다. 어떤 경우든 플레이어는 1유닛의 확실한 수익을 얻게 된다. 하지만 인슈어런스하지 않을 이유는 무엇일까?

첫째, 인슈어런스 베팅이 경제적이지 못한 경우가 있다. 10카드와 기타 카드를 카운팅하고 있다고 하자. 그리고 자신의 홀 카드를 본 뒤 인슈어런스할지 여부를 결정하기 전에 10카드가 모두 소진되었다는 것을 알고 있다고 하자. 이 경우 딜러는 내추럴을 갖고 있을 리가 없다. 내가 내추럴 패를 쥐고 인슈어런스한다면 위에 설명한 대로 정확히 1유닛의 수익이 확보된다. 그러나 내가 쥐고 있는 내추럴 패로 딜러를 이긴다는 것을 확실히 알고 있으므로 인슈어하지 않으면 1.5유닛의 수익이 보장된다. 이 경우 인슈어런스하면 0.5유닛을 버리는 꼴이 된다.

이제 남은 10카드가 1장 밖에 없고 10이 아닌 카드가 8장 남았다고 하자. 인슈어런스해야 할까? 아니다. 인슈어런스 베팅으로 딸 수도 있지만 낭비할 가능성도 있다. 반면 남아 있는 카드가 모두 10카드라면 딜러 역시 확실히 내추럴 패를 쥐고 있으므로 1유닛을 따게 된다. 데크에 10카드가 점점 더 많아진다고 상상해 보라. 10카드가 특정수를 넘어서면 인슈어런스가 이익이며, 특정 수보다 작으면 인슈어런스가 무익한 중요한 분기점이 생긴다. 이는 우리가 앞에서 권고한 분기점과 동일하다. '기타 카드÷10카드' 비율이 2 아래로 떨어지면 인슈어런스하라. 이 비율이 2보다 높으면 인슈어하지 마라. 정확히 2일 경우 장기적으로 보아 평균 손실도 수익도 없으므로 본인이 좋은 대로 하면 된다. 사실 '기타 카드÷10카드' 비율이 정확이 2일 경우에만 내추럴 패를 쥐고 인슈어런스하는 것이 자본의 급격한 변동을 줄이게 된다. 따라서 자본이 제한되어 있다면 '기타 카드÷10카드' 비율이 정확히 2일 때 내추럴 패를 잡고 인슈어런스하는 것이 조금 유리하다.

두 번째 오해는 '핸드가 좋으면' 인슈어하고 '핸드가 나쁘면' 인슈어하지 마라는 것이다. 이 오해에도 동일한 논리가 적용된다.

♣ 전략 도표

10카드 카운트 전략을 설명하려면 복잡하다. 가능한 최선의 플레이를 하려면 '기타 카드÷10카드' 비율의 변화에 따라 전략을 바꾸어야 한다. 각각의 비율에는 거기에 상응하는 전략이 있다. 다행히도 이들 별개의 전략들을 모두 하나의 차트에 몰아넣을 수 있다. 〈표 7.3〉, 〈표 7.4〉가 해당 차트인데 〈표 7.3〉이 더 효과적이다. 〈표 7.3〉을 활용하는 플레이어는 러닝 카운트를 추적한다. 즉 카드가 보이는 즉시 추적한다. 이런 최신 정보를 가지고 있으면 아주 정확하게 핸드를 운용할 수 있다. 초판을 읽은 많은 독자가 〈표 7.3〉으로 전문가가 되었다. 〈표 7.3〉과 〈표 7.4〉는 우리가 보통 쓰는 양식과 동일한데 한 가지 예외가 있다. 일부 사각형에는 숫자가 적혀 있다. 더블 다운과 페어 스플리팅의 경우 이들 숫자는 다음과 같이 이해한다. '기타 카드÷10카드' 비율이 사각형 안에 적힌 숫자와 동일하거나 더 작으면 이 사각형을 검은색 사각형으로 간주한다. 즉 페어를 스플리트하거나 더블 다운한다.

'기타 카드÷10카드' 비율이 사각형에 적힌 숫자보다 크면 해당 사각형을 흰 사각형으로 간주한다. 즉 페어 스플리팅과 더블 다운을 하지 않는다. 두 가지 숫자에는 별표(*)가 붙어 있다. 이 숫자들은 반대로 이해한다. '기타 카드÷10카드' 비율이 해당 숫자보다 크면 검은색 사각형으로 간주해 페어를 스플릿하고 더블 다운한다. 비율이 해당 숫자와 동일하거나 더 작으면 흰색 사각형으로 간주한다.

〈표 7.3〉을 볼 때 최소 스탠딩 넘버 차트를 읽는 방법은 다음과 같다. 딜러의 공개된 카드가 에이스인 경우를 제외하고는 소프트 스탠딩 넘버는 기본 전략의 소프트 스탠딩 넘버와 동일하다. 딜러의 공개된 카드가 에이스이고 '기타 카드÷10카드' 비율이 2.2 또는 그보다 작을 때 소프트 스탠딩 넘버는 통상대로 18이다. '기타 카드÷10카드' 비율이 2.2보다 클 때는 19다. '기타 카드÷10카드' 비율이 1.4보다는 크고 3.1이거나 그 이하이고($1.4 < R \leq 3.1$), 딜러의 공개된 카드가 에이스일 때 하드 스탠딩 넘버는 통상대로 17이다. '기타 카드÷10카드' 비율이 3.1보다 크면 하드 스탠딩 넘버는 18이다. '기타 카드÷10카드' 비율이 1.4 또는 그보다 작고 딜러의 공개된 카드가 2~10 그리고 딜러의 공개된 카드가 에이스일 때 표 읽는 방법은 다음과 같다.

해당 비율과 동일하거나 더 큰 숫자가 있는 모든 사각형은 검게 칠하라. 가장 아래쪽에 있는 검은 사각형이 정확한 스탠딩 넘버다. 다른 방법도 있는데 현재의 비율과 동일하거나 더 큰 수를 가진 모든 사각형을 목표로 잡을 수도 있다. 총합이 이들 사각형에 나타난 총합과 같거나 더 클 때까지 드로우하라. 예를 들어 딜러의 공개된 카드가 4라면 스탠딩 넘버는 다음과 같다. '기타 카드 ÷ 10카드' 비율을 R이라고 하자. R이 2.2 또는 그 이하이면 스탠딩 넘버는 12, 비율이 2.2보다 크지만 2.6 또는 그보다 작으면($2.2 < R \leq 2.6$) 13, 비율이 2.6보다 크지만 3.3과 같거나 그보다 작으면($2.6 < R \leq 3.3$) 스탠딩 넘버는 14다.

딜러의 공개된 카드가 2~6일 때 '기타 카드 ÷ 10카드' 비율이 2.0으로 떨어지면 하드 스탠딩 넘버는 모두 12로 떨어진다는 점에 유의하라. 이는 베팅 규모를 키우기 시작하는 시점이다. 딜러의 공개된 카드가 2~6일 때 5카드 카운트 전략에서 하드 스탠딩 넘버 역시 모두 12였다는 사실을 기억할 것이다. 10카드가 부족해지면 '기타 카드 ÷ 10카드' 비율이 커지고 이에 따라 하드 스탠딩 넘버는 올라간다. 딜러의 공개된 카드가 2이고 비율이 3.9보다 클 때 그리고 딜러의 공개된 카드가 3이고 비율이 5보다 크면 하드 스탠딩 넘버는 17까지 올라간다.

이 전략을 자신의 계획에 통합할 때 가장 중요한 부분은 스탠딩 넘버 차트다. 이 전략에서 이론적인 강점은 대부분 이 차트에서 나온다. 그러나 이 전략의 다른 부분들도 첨가하고자 한다면 중요한 순서는 표준 전략과 동일하다. 즉 하드 더블 다운을 가장 먼저 익혀야 하며 그다음 페어 스플리팅을 익히고 소프트 더블 다운을 가장 마지막에 익혀야 한다.

〈표 7.3〉을 전부 외우기에는 버거울 듯하다. 내가 10카드 카운트 전략으로 카지노에서 게임하기 시작할 무렵에는 고작 〈표 7.3〉의 스탠딩 넘버와 더블 다운 부분만 어림잡아 알고 있었다. 소프트 더블 다운은 어림으로도 알지 못했다. 나는 '기타 카드 ÷ 10카드' 비율이 1.4로 떨어질 때까지 표준 전략을 썼고 딜러의 공개된 카드가 2~6일 때 소프트 총

합이 13~20이면 더블 다운했다. 내가 소프트 20에서 더블 다운해서 총합이 나빠질 때마다 딜러들은 빙글거리며 비웃었다. 하지만 자신들이 버스트하자 딜러의 얼굴에서 웃음기가 사라졌다.

데크가 소진될 무렵 때로는 러닝 카운트로 돈을 벌 수 있다. 왜냐하면 러닝 카운트를 하면 딜러의 홀 카드가 무엇인지 알 수 있기 때문이다. 이렇게 해서 250달러의 차이가 벌어진 일이 있었다. 나는 125달러를 베팅했다. 다른 플레이어의 홀 카드를 흘깃 보았기 때문에 내 차례가 왔을 때(내가 마지막 순서였다), 남은 카드 두 장이 모두 10이라는 걸 알았다. 따라서 딜러의 홀 카드는 10이었고 아직 플레이되지 않은 단 한 장의 카드도 10이었다. 만약 내가 드로우하겠다면 10을 받게 되므로 딜러는 그 카드가 마지막 카드라는 것을 확인하고는 관행대로 그 카드를 주지 않고 카드를 섞을 것이다. 딜러의 공개된 카드가 10이므로 딜러의 총합은 20이다. 나의 총합은 18이었으므로 뭔가 대책을 쓰지 않으면 질 게 뻔했다.

나는 드로우를 시도했다. 예상했던 대로 카드(10)가 한 장밖에 남지 않았으므로 딜러는 그 카드를 주지 않고 카드를 섞었다. 나는 다시 드로우를 시도했다. 드로우한 카드를 보자 나는 의자에서 나동그라질 뻔했다. 카드는 3이었다. 총합 21로 이겼다. 딜러가 내 카드를 뒤집더니 내가 하드 18에서 드로우했다는 걸 알고 깜짝 놀랐다. 나는 그저 어리둥절하면서 총합 15에서 카드를 더 드로우했다고 말하는 것 외에는 뭐라 설명할 길이 없었다. 30분 뒤에 똑같은 상황이 벌어졌다. 그때도 딜러의 총합은 확실히 20이었고 다른 점이 있다면 내 총합이 하드 19였다

표 7.3 러닝 카운트 시 '기타 카드 ÷ 10카드' 비율에 기초한 10카드 카운트 전략

페어 스플리팅

나의 패	딜러의 공개된 카드									
	2	3	4	5	6	7	8	9	10	A
A, A	4.0	4.1	4.5	4.9	5.0	3.8	3.3	3.1	3.2	2.6
10, 10	1.4	1.5	1.7	1.9	1.8					
9, 9	2.4	2.8	3.1	3.7	3.2	1.6		4.2		1.5
8, 8									1.6*	4.8
7, 7										1.4
6, 6	2.4	2.6	3.0	3.6	4.1	3.4				
5, 5										
4, 4	1.3	1.6	1.9	2.4	2.1+					
3, 3						1.1*	2.4*	4.2*	5.3*	
2, 2	3.1	3.8				1.1*	3.8			

*숫자 뒤에 (*)가 있으면 거꾸로 읽어야 한다. 예를 들어 딜러의 공개된 카드가 10, 내 패가 8, 8일 때 비율이 1.6을 초과할 때 스플리트하며 나머지 경우에는 스플리트하지 않는다.
+ 비율이 2.1 이하이고 딜러의 공개된 카드 6, 내패가 4, 4일 때 8 더블 다운이 허용되지 않을 때만 스플리트한다.

하드 더블 다운

나의 패	딜러의 공개된 카드									
	2	3	4	5	6	7	8	9	10	A
11	3.9	4.2	4.8	5.5	5.5	3.7	3.0	2.6	2.8	2.2
10	3.7	4.2	4.8	5.6	5.7	3.8	3.0	2.5	1.9	1.8
9	2.2	2.4	2.8	3.3	3.4	2.0	1.6			0.9
8	1.3	1.5	1.7	2.0	2.1	1.0				
7	0.9	1.1	1.2	1.4	1.4					
4, 2			1.0	1.2	1.3					
3, 2			1.0	1.1	1.1					

소프트 더블 다운

나의 패	딜러의 공개된 카드					
	2	3	4	5	6	7
A, 9	1.3	1.3	1.5	1.6	1.6	
A, 8	1.4	1.7	1.8	2.0	2.0	
A, 7	2.0	2.2	3.3	3.8	3.5	
A, 6	2.1	2.5	3.2	4.8	4.8	1.1
A, 5	1.6	1.9	2.5	3.1	4.0	
A, 4	1.6	1.9	2.4	3.0	3.2	
A, 3	1.5	1.8	2.3	2.9	3.0	
A, 2	1.5	1.7	2.1	2.6	2.7	

스탠딩 넘버

나의 패	딜러의 공개된 카드									
	2	3	4	5	6	7	8	9	10	A
19								▨	▨	2.2*
18	▨	▨	▨	▨	▨	▨				2.2 / 3.1*
17										3.1
16	3.9	4.5	5.3	6.5	4.6		1.2	1.7	2.2	1.4
15	3.2	3.6	4.1	4.8	4.3			1.4	1.9	1.3
14	2.7	2.9	3.3	3.7	3.4			1.1	1.6	1.2
13	2.3	2.5	2.6	3.0	2.7				1.3	1.1
12	2.0	2.1	2.2	2.4	2.3				1.1	1.0

▨ 소프트 스탠딩 넘버   □ 하드 스탠딩 넘버

*딜러의 공개된 카드가 에이스일 때, 비율이 2.2를 초과하면 소프트 스탠딩 넘버는 19다. 기타 카드÷10카드 비율이 2.2 이하이면 소프트 스탠딩 넘버는 18이다. 딜러의 공개된 카드가 에이스일 때 비율이 3.1을 초과하면 하드 스탠딩 넘버는 18이다. 기타 카드÷10카드 비율이 3.1 이하이면 하드 스탠딩 넘버는 17이다.

표 7.4 10카드 카운트 전략의 첫 번째 근삿값 전략(표 7.3의 근삿값 전략)*

페어 스플리팅

나의 패	딜러의 공개된 카드									
	2	3	4	5	6	7	8	9	10	A
A, A										
10, 10	1.4	1.5	1.7	1.9	1.8					
9, 9						1.6				1.5
8, 8									1.6*	
7, 7										1.4
6, 6										
5, 5										
4, 4	1.3	1.6	1.9							
3, 3						1.1*				
2, 2						1.1*				

* 숫자 뒤에 *표가 붙으면 반대로 해석해야 한다. 예를 들어 딜러의 공개된 카드가 10이라면 기타 카드÷10 카드 비율이 1.6 이상일 때 8, 8을 스플리트한다.
+ 기타 카드÷10카드 비율이 2.1 이하일 때 딜러의 공개된 카드가 6이라면 8에서 더블 다운이 허용되지 않는 경우에만 4, 4를 스플리트해야 한다.

하드 더블 다운

나의 패	딜러의 공개된 카드									
	2	3	4	5	6	7	8	9	10	A
11										
10									1.9	1.8
9						2.0	1.6			0.9
8	1.3	1.5	1.7	2.0	2.1	1.0				
7	0.9	1.1	1.2	1.4	1.4					
4, 2			1.0	1.2	1.3					
3, 2			1.0	1.1	1.1					

는 것이다. 따라서 나는 감히 에이스를 뽑아서 무승부가 되거나 2점 패를 뽑아서 이기기를 시도하지 않았다.

테이블에 다른 플레이어가 있고 이들의 카드 일부를 볼 수 없어서 카운트를 못한 상황에서 내 차례가 되었다면, 그리고 특히 데크에 남아 있는 카드가 몇 장 없고 거액의 베팅이 걸려 있다면 내가 보지 못한 다른 플레이어의 카드가 무엇인지 추리해서 행동을 수정하는 편이 이득이다. 예를 들어 딜러의 공개된 카드와 내 카드들을 본 뒤 카운팅이 9, 6, 즉 기타 카드가 9장, 10카드가 6장이고, 4명의 플레이어 중 내 순서가 네 번째, 앞선 3명의 플레이어가 (망설이지 않고) 홀 카드에 스탠드했다고 하자. 그렇다면 이 3명의 플레이어는 각자 하나 또는 두 장의 10카드를 갖고 있을 확률이 높다는 추론이 가능하다. 이들의 홀 카드가 10카드 4장, 10 아닌 카드가 2장이라고 하면 나의 드로우 목적에 맞는 진짜 카운팅은 아마도 7, 2다. 따라서 딜러의 공개된 카드가 에이스, 내 총합이 하드 14, 15, 16이라면 스탠드할 것이 아니라 드로우해야 한다. 이 경우 내 총합이 17이라도 드로우해야 할 듯하다!

♣ 전략 도표 익히기

이 책을 쓰면서 나는 배경도, 관심사도 다양한 사람들에게 이 시스템을 가르쳤다. 초판의 핵심 장이자 가장 어려운 부분인 이 장의 카드 카운팅 방식과 차트를 쉽게 익힐 수 있는지 여부를 보는 것도 강습의 한 가지 목적이었다. 〈표 7.3〉과 〈표 7.4〉를 처음 보여주고 카드를 카운트해야 한다고 하자 한 사람도 예외 없이 모두가 의욕을 잃었다. 그런

소프트 더블 다운

나의 패	딜러의 공개된 카드					
	2	3	4	5	6	7
A, 9	1.3	1.3	1.5	1.6	1.6	
A, 8	1.4	1.7	1.8	2.0	2.0	
A, 7	2.0					
A, 6	2.1	1.1				1.1
A, 5	1.6	1.9				
A, 4	1.6	1.9				
A, 3	1.5	1.8				
A, 2	1.5	1.7				

스탠딩 넘버

나의 패	딜러의 공개된 카드									
	2	3	4	5	6	7	8	9	10	A
19										
18										
17										
16							1.2	1.7	2.2	1.3
15								1.4	1.9	1.3
14								1.1	1.6	1.2
13									1.3	1.1
12	2.0	2.1							1.1	1.0

소프트 스탠딩 넘버   하드 스탠딩 넘버

* 10카드 카운트 전략은 10카드가 많은 상황에서 고액을 베팅할 때 활용되며 10카드가 적은 소액 베팅에서는 정확한 전략 대신 근삿값으로 기본 전략을 활용한다.

데 모두들 스스로의 학습 속도에 놀랐다. 딜링은 다른 사람이 맡고 1시간 훈련을 두세 차례 거치자 기본 전략을 입력하기에 충분했다. 단순 5카드 카운트 시스템을 가르치는 데는 1시간 2차례 훈련으로 충분했다. 여기까지 훈련을 마치자 거의 모든 수강생들이 유리한 상황들(5카드가 없는 상황)이 자주 등장하지 않아 기다리느라 조바심을 냈다. 1시간 훈련을 2~5회 더하고 카운팅 연습을 조금 더 하니 10카드 및 기타 카드 카운팅과 기본 전략으로 플레이하면서 이에 따라 베팅 금액에 변화를 주는 방법(표 7.2)을 가르치기에 충분했다. 한 가지 남은 문제는 표 하나를 외우는 것이었다. 경험으로 효과가 입증된 암기 방식을 설명하겠다.

첫 번째 단계로는 〈표 7.3〉에서 거액 베팅과 관련된 부분부터 외우는 것이 합리적이다. 즉 비율이 2.25 이하(유리한 데크)인 부분들부터 외워야 한다. 이 정보는 〈표 7.3〉의 근사치인 〈표 7.4〉에 나타나 있다. 〈표 7.3〉은 거액 베팅에는 정확한 10카드 카운트 전략을 이용하고 그 밖의 경우에는 기본 전략을 활용하는 방법인데 이것의 근사치가 〈표 7.4〉다. 〈표 7.4〉는 기본 전략에 약간의 수정이 가미된 전략이라고 생각해도 무방하다.

몇 가지 단계를 밟아서 〈표 7.4〉를 외워보자.

우선 스탠딩 넘버표가 가장 중요하므로 이것부터 익혀야 한다. 이 책에 있는 표 대부분이 그렇듯 이 표 역시 패턴을 살펴보면 외우기가 쉽다. 예를 들어 딜러의 공개된 카드가 9일 때 사각형들 사이의 비율 변화폭은 0.3이다. 딜러의 공개된 카드가 10일 때는 변화폭이 그다지 일정하지 않아서 0.2, 0.3, 0.3, 0.4다. 그런데 '기타 카드÷10카드' 비율이 2.2로 떨어지면 스탠딩 넘버도 17에서 16으로 떨어진다는 점에 주목하라. 10카드가 아주 조금만 많아져도 스탠딩 넘버가 바뀐다. 부록 2를 보면 딜러의 공개된 카드가 10일 때 기본 전략에서 3장 이상의 카드로 이루어진 핸드의 하드 스탠딩 넘버는 대체로 16이며 나머지 경우에는 17이다.

다음으로 중요한 표는 하드 더블 다운이다.

암기해야 할 페어 스플리팅 사각형은 많지 않다. 그러나 10페어 스플리팅은 아주 중요하다. 플레이어가 10페어를 받게 될 확률은 대체로 11핸드 중 1 핸드다. 비율이 떨어지면 빈도는 더 높아진다. 10페어 스플리팅(그리고 4페어 스플리팅)은 딜러의 공개된 카드가 2~6일 경우에만 발생한다는 점에 유의하라. 이번에도 역시 6과 7 사이에는 명확한 경계가 있다. 소프트 더블 다운 표가 가장 중요도가 낮다. 그냥 넘어가도 되고 원한다면 대략적으로만 외워도 된다.

〈표 7.4〉를 모두 (또는 대부분) 외우고 나면 다음 단계는 '기타 카드÷10카드' 비율이 높고 딜러의 공개된 카드가 2~6일 때 하드 스탠딩 넘버에 대한 대강의 감을 잡는 것이다. 아마도 벌써 이런 상황들을 공부하고 있을지도 모르겠다.

〈표 7.3〉을 더 세밀하게 통달하는 것은 전문가의 몫이다.

♣ 수익률

이쯤 되면 독자들은 외우고 연습하는 데 이 정도 공을 들인 보람이 있을 정도로 10카드 카운트 전략이 돈을 따는 속도가 5카드 카운트 전략보다 빠른지 궁금할 것이다. 〈표 7.5〉에는 10카드 카운트 시스템의 수익률이 나타나 있다. 표의 비율은 100만 핸드를 컴퓨터로 연산하고 기록한 것으로 평균적으로 보아 실제 게임에서도 결과는 이 표처럼 나타난다.

〈표 7.5〉를 읽는 방법은 이렇다. 데크를 잘 섞은 뒤 맨 윗장부터 25장의 카드를 딜링한다면 (그리고 플레이어가 카운팅한다면) 플레이어에게는 '기타 카드 ÷ 10카드' 비율이 1 이하로 떨어지는 상황은 전체의 0.1%에서만 발생하게 된다. '기타 카드 ÷ 10카드' 비율이 1.6을 초과하지만 1.7 이하 ($1.6 < R \leq 1.7$)인 경우는 전혀 발생하지 않는다. '기타 카드 ÷ 10카드' 비율이 1.7을 초과하지만 1.8 이하($1.7 < \chi \leq 1.8$)인 경우는 전체의 14.5%에서 발생한다. '기타 카드 ÷ 10카드' 비율인 1.8 이하인 경우는 24%에서 발생한다(기타 카드 ÷ 10카드 비율이 1.7~1.8인 경우 25카드의 세로줄을 모두 합하면 이 마지막 수치를 얻을 수 있다. 즉 0.1 + 0.5 + 2.0 + 6.9 + 14.5 = 24.0).

〈표 7.5〉를 보면 10카드를 카운팅하는 플레이어는 전체의 3분의 1 동안 1% 이상의 어드밴티지(즉 기타 카드 ÷ 10카드 비율이 2 이하)를 갖는다는 사실을 알 수 있다. 전체의 약 3분의 1 정도는 플레이어 1% 어드밴티지, 하우스 1% 어드밴티지 사이를 오가고 3분의 1이 조금 넘는 경우에는 하우스에 1% 이상의 어드밴티지가 있다는 것이 입증되었다. 테이블에 2인 이상의 플레이어가 있을 때 10카드 카운트 전략은 조금 효

과가 떨어지지만 5카드 카운트 전략만큼 효과가 급격히 떨어지지는 않는다.

연구 결과에 따르면 큰 수익을 제공하는 동시에 파산을 막을 수 있는 훌륭한 베팅 전략은 초기 자본에 퍼센티지로 나타낸 어드밴티지를 곱한 다음 100으로 나눈 액수를 베팅하는 것이다. 예를 들어 초기 자본이 200달러이고 어드밴티지가 3%라면 200달러×3×0.01, 즉 6달러를 베팅하라. 어드밴티지가 10%라면 20달러를 베팅하라. 어드밴티지가 1%라면 2달러를 베팅하라. 어드밴티지가 1% 미만인 상황이라면 최소 베팅 금액인 1달러를 베팅하라.

내가 4장에서 설명한 이 시스템의 실험에서는 수정된 비율 베팅 방식이 사용되었다. 나의 어드밴티지가 1% 미만일 때는 최소 베팅 금액인 1유닛, 1% 어드밴티지에는 2유닛, 2% 어드밴티지에는 4유닛, 5% 어드밴티지에는 10유닛을 베팅한다. 어드밴티지가 5%를 초과할 때는 카지노 측이 놀라지 않도록 일률적으로 10유닛을 베팅했다. 그런데 일부 카지노에서는 이 정도 조심하는 것으로도 충분하지 않았다.

요즘에는 우리 방식을 써서 카지노에서 돈을 버는 일이 흔하기 때문에 1~5유닛 또는 1~3유닛으로 베팅 금액의 변동폭을 줄여야 한다. 아니 어쩌면 베팅 금액을 동일하게 유지해야 할지도 모른다!

앞서 설명한 베팅 방식, 즉 어드밴티지에 따라 베팅 금액의 변화를 주는 이 방식을 살짝 수정한 방식이 있다. 그것은 수학적으로는 원래 방식보다 우월하지만 좀 더 머리를 써야 한다. 수정 방식에서 플레이어는 자신의 현재 자본에 비례하여 베팅 금액을 결정한다. 예를 들어 초기 자금 200달러로 시작했다고 하자. 어드밴티지가 10%라면 20달러를 베팅한다. 나중에 자금이 300달러로 불어났다고 하자. 그렇다면 10% 어드밴티지 상황에서 이번에는 30달러를 베팅한다.

늘 정확한 금액을 베팅할 필요는 없다. 제시된 금액에서 상당폭 벗어나도 결과는 큰 차이가 없다.

♣ 에이스를 포함하는 카운팅

에이스를 포함하는 카운팅에서 에이스가 많고 적음에 따라 베팅 금액을 조정하면 더 좋은 결과를 얻을 수 있다. 에이스가 모두 소진되었다면 어드밴티지에서 4%를 삭감하라. 데크에 평소보다 2배의 에이스가 있다면 어드밴티지에 4%를 가산하라.

몇 가지 극단적인 경우를 활용해 에이스가 어드밴티지에 미치는 영향을 설명하겠다. 사용하지 않은 카드들이 전부 에이스와 10이라고 하자(마지막 남은 8장의 카드가 모두 에이스와 10으로 구성되는 경우를 본 적이 있다). 얼마를 베팅해야 할까? 가능하다면 자금의 절반을 베팅하고 나머지 절반은 페어 스플리팅이나 인슈어런스를 위해 따로 떼어놓는다. 딜러의 공개된 카드가 에이스라면 인슈어런스해서 딜러가 블랙잭을 잡아서 이기는 경우를 방지할 수 있다.

인슈어런스를 잃게 되는 경우, 딜러의 패는 에이스 페어이다. 따라서 딜러는 드로우하면 버스트하게 되므로 나는 원래의 베팅액을 따게 된다. 딜러의 공개된 카드가 10일 경우 보이지 않는 카드가 에이스라면 블랙잭 패일 수도 있다. 일부 경우 나 역시 블랙잭 패를 쥐고 있으므

표 7.5 10카드 카운트 전략에서 유리한 상황이 발생하는 빈도*

비율*	인슈어런스 가능할 때 어드밴티지(단위: %)									
	5	10	15	20	25	30	35	40	45	평균
0.5 이하								0.4	2.3	0.3
0.5 ~ 1.0					0.1	1.2	1.9	9.7	9.8	2.5
1.0 ~ 1.1					0.5					0.1
1.1 ~ 1.2				0.1		3.7	5.6			1.0
1.2 ~ 1.3				0.8						0.1
1.3 ~ 1.4			0.1		2.0			17.6	24.7	4.9
1.4 ~ 1.5			1.3	4.0		9.8	13.3			3.2
1.4 ~ 1.6					6.9					0.8
1.6 ~ 1.7		1.6	6.3	10.6						2.1
1.7 ~ 1.8		9.5			14.5	18.1				4.7
1.8 ~ 1.9			15.6				21.8			4.2
1.9 ~ 2.0	14.6	23.2		19.4				26.6		9.3
2.0 ~ 2.1			24.4		21.7					5.1
2.1 ~ 2.2	36.0			24.2		23.6				9.3
2.2 ~ 2.3		29.5								3.3
2.3 초과	49.3	36.3	52.3	40.9	54.3	43.6	57.3	45.7	63.2	49.2

*이 수치들은 컴퓨터가 1벌의 데크를 10만 번 딜링해서 산출된 것으로 기댓값과 매우 유사하다. 칸에 적힌 숫자들의 단위는 퍼센트(%)로 소수점 두 자리에서 반올림한 값이다. 빈칸은 모두 0이다. 반올림 때문에 세로줄의 총합이 100이 아닌 경우도 있다. 데크가 다 소진되어 갈 무렵에는 종종 플레이어에게 극도로 유리한 상황이 전개된다. 그러나 많은 카지노들이 카드가 몇 장 안 남으면 카드를 섞는다. 따라서 데크에 6장 이하의 카드가 남은 경우는 포함되지 않았다.

**비율의 범위를 나타낼 때 앞 숫자는 초과, 뒤 숫자는 이하이다. 예를 들어 0.5~1.0이면 0.5 초과 1.0 이하로 0.5는 포함되지 않으며 1.0은 포함된다.

로 무승부가 된다. 나머지 경우 내가 패배하지만 이것이 패배하는 유일한 경우다. 딜러의 패가 블랙잭이 아니라면 딜러의 보이지 않는 카드도 10이다. 내 패가 A, 10이면 내가 이긴다. 내 패가 10, 10이면 무승부다. 또는 에이스가 남아 있다면 10을 스플리트해서 순수익을 기대할 수 있다. 내 패가 A, A고 남아 있는 카드가 있다면 스플리트하면 승리가 보장된다. 데크가 모두 소진된 상태에서 딜러의 패 10, 10에 대항하여 A, A를 스플리트하면 평균 손실을 상당히 줄일 수 있다.

10카드 카운트 전략이 익숙해지면 에이스를 추적하면 된다. 데크에 에이스가 많으면 10카드만 카운팅하는 전략이 요구하는 것보다 베팅 금액을 조금 올린다. 반면 데크에 에이스가 부족하면 베팅 금액을 낮춰야 한다.

에이스와 10카드를 카운팅할 때는 카드를 카운팅하고 있다는 것을 카지노가 눈치 채지 못하도록 각별히 조심해야 한다. 주니어의 이야기는 플레이어가 하지 말아야 할 행동을 설명해준다. 주니어는 10카드와 에이스를 모두 카운팅하면서 거액을 베팅하고 있었다. 얼마 후 카운팅 결과 아주 유리한 상황이 닥치자 그는 (자신에게는) 최대 한도의 금액인 200달러를 베팅했고 10페어를 받았다. 아직 보이지 않은 에이스 한 장이 남아 있었다. 딜러의 공개된 카드는 10이지만 내추럴은 아니었다.

주니어는 번 카드를 보았고 그 카드가 에이스가 아니라는 것을 알고 있었다. 데크에는 쓰지 않은 카드가 단 한 장밖에 없었으므로, 그 카드가 남아 있는 에이스일 게 분명했다. 더구나 이 카지노는 당시 마지막 카드까지 딜링하고 있었다(지금은 마지막 카드를 딜링하지 않고 사용한 카드와 함께 섞는 것이 관행이다). 자, 요구만 하면 마지막 카드인 에이스를 받는다는 사실을 알고 있는 상황이라면 어떻게 하겠는가? 카드를 받을 것인가? 10페어를 스플리트할 것인가?

주니어는 200달러 베팅을 더블 다운하겠다고 요청했다. 안타깝게도 딜러는 이 '돈을 물 쓰듯 펑펑 쓰는 멍청이'에게 10카드 두 장을 스플리트하라고 설득하려고 했다. 둘은 언쟁을 벌였고 소식을 들은 핏 보스가 상황을 정리하러 올라왔다. 이제는 딜러와 핏 보스 두 사람 모두 주니어에게 사정했다. '그를' 구원하기 위해서 말이다. 이제는 구경꾼과 직원들까지 몰려왔다. 옥신각신 실랑이에 화가 머리꼭대기까지 난 주니어는 소리쳤다. "망할 놈의 에이스 달라니까!" 딜러가 카드를 줬다. 에이스였다. 핏 보스는 어안이 벙벙했지만 400달러를 지불했고 우리의 영웅을 문까지 안내했다. 물론 주니어는 그 카지노에서 더 이상 플레이할 수 없었다.

에이스의 효과는 더 정확하게 참작할 수 있다. 데크에서 에이스의 상대적 다소(多少)를 계산하고 그것으로 '기타 카드÷10카드'의 비율에서 계산된 어드밴티지를 수정한다. 예를 들어 남은 카드가 26장이고 4장의 에이스가 모두 남은 카드들 속에 있다고 하자. 에이스의 평균수는 (26÷52)×4, 즉 2다. 이 경우에는 에이스 카드의 수가 4장이므로 평균의 두 배에 해당한다. 따라서 자신의 추산 어드밴티지를 약 4% 올린다. 에이스의 다소에 따라서 퍼센티지를 조정하는 일반적인 공식은 {13A÷(N−1)}×4다. A는 아직 보이지 않은 에이스의 수, N은 아직 쓰지 않은 카드의 총수다. 연산 결과 음수가 나오면 데크에 에이스가 부족하며 따라서 하향 조정을 통해 플레이어의 어드밴티지가 감소한다(어쩌면 어드밴티지가 전부 소멸될 수도 있다).

10카드 카운트 전략으로 게임을 하면서 동시에 이런 계산까지 추가로 하기는 어렵다. 10카드뿐만 아니라 에이스까지 카운팅하는 독자라면 정확하게 계산하기보다는 그저 '대충 어느 방향인지 감만 잡으라고' 권한다.

♣ 적절한 엔드 플레이로 놀라운 수익을 얻을 수 있다

몇 해 전, 이제는 전설이 된 사나이가 르노에 있는 유명한 대형 카지노로 향하고 있었다. 이 사나이는 때로는 '서든 캘리포니아 출신의 자그마한 검은 머리 사내'라는 별명으로 불리곤 했다(이름은 밝히기 곤란하다). 이야기는 이렇다. 그는 판돈을 크게 걸고(하우스 상한선 또는 가능하면 그 이상) 게임하고 싶으며 세금 문제 때문에 비공개 게임을 원한다고 사정을 설명했다. 그는 세세하게 규정한 플레이 조건들을 제시했는데 블랙잭 게임의 본질에는 벗어나지 않는 그런 조건들이었다. 아무튼 사내는 자신이 '꾸준히 수십만 달러를 버는' 독신남이며, 상당한 돈을 모았다고 카지노를 설득하는 데 성공했다. 대체로 하우스에 어드밴티지가 있다고 생각한 카지노 측은 이런 조건들을 흔쾌히, 아니 쌍수를 들고 환영했다.

사내가 제안한 조건이 어땠는지 세세한 내용까지는 알 수 없지만 짐작하기는 그다지 어렵지 않다. 들리는 소문에 의하면 내가 엔드 플레이$_{end\ play}$라고 부르는 것이 이 특별한 쾌거의 주요 요인이었던 듯하다. 그렇다면 그 게임의 조건은 다음과 같을 것이다. 드로우, 스탠드, 더블다운, 스플리팅, 인슈어런스에 관련하여 카지노의 일반적인 규칙들이 적용되었다. 덧붙여 매 딜링마다 플레이어가 핸드 수와 베팅 금액을 바꿀 수 있었을 것이다. 더구나 그 카지노는 마지막 카드까지 딜링한 뒤 섞었다. 언뜻 보기에 이런 조건들은 별로 해가 될 게 없어 보인다. 문제의 카지노에서 무슨 일이 있었는지 살펴보기 전에 이런 조건들하에서 플레이를 더 상세히 살펴보자.

일곱 장의 카드가 아직 사용되지 않았는데 모두 에이스와 10카드라고 하자. 정확히 3핸드를 취하겠다고 결심하면 어떤 일이 벌어질까? 그런 다음 내가 가진 3핸드를 들춰보니 각각의 패가 A, A와 A, 10 그리고 10, 10이라고 하자. 그러나 딜러는 에이스 한 장 또는 10카드 한 장만을 받았고 덱이 소진되고 있으므로 딜러는 다음 카드를 받기 전에 섞어야 한다. 이제 나는 딜러보다 더 강력한 3개의 핸드를 갖고 있고 딜러는 에이스와 10이 부족한 덱에서 다음 카드를 받아야 한다. 이런 상황에서 어드밴티지는 10~100%다. 눈이 팽팽 돌아갈 정도로 어마어마한 돈을 딸 수 있다.

조금 다른 상황을 가정해보자. 다섯 장의 카드가 남았는데 대부분이 에이스와 10이고 5핸드를 취하기로 결정했다고 하자. 그렇다면 나는 이런 유리한 카드 조합에서 5장의 카드를 모두 받게 되며, 딜러는 카드가 다 소진되어 더 이상 카드들은 받을 수 없고 스스로에게 카드를 주기 전에 섞어야 한다. 내가 첫 번째 카드로 10카드를 받게 되면 어드밴티지는 15~20%가 된다. 에이스를 받으면 어드밴티지는 35~40%가 된다.

반대로 덱이 소진될 무렵 에이스와 10이 아주 부족해도 내게 유리하다. 낮은 점수의 카드 열두 장이 남았다고 가정하자. 5핸드를 취하고 각 핸드에 아주 소액을 베팅한다. 핸드를 딜링하면서 남은 카드 12장이 모두 소진되었다. 대부분 작은 수 카드가 딜링되었으므로 일부 카드들이 드로우될 것이고 따라서 카드를 섞어야 한다. 이제 섞은 데크에는 열두 장의 작은 수 카드들이 없으므로 나머지 카드들의 '기타 카드÷10카드' 비율은 24÷16, 즉 1.5가 된다. 카드 몇 장이 드로우되면 각각의 경우에 따라 비율이 변하겠지만 평균적으로 라운드에는 역시 1.5가 된다. 따라서 카드를 섞는 사이 5개의 핸드를 취해 낮은 점수의 카드들이 테이블에 있으면 플레이어는 아주 유리한 상황들을 여러 번 만들 수 있다.

다시 카지노에서 있었던 일을 돌아보자. 자그마한 검은 머리 사내는 며칠 밤을 연달아 게임을 했다고 한다. 첫날 밤 사내는 1만~1만 5,000달러를 땄다고 한다. 그는 여러 날 밤을 연속해서 비슷한 금액을 따고 잃기를 반복했다. 카지노가 이런 널뛰기에 익숙해질 무렵 그리고 카지노 측이 손실을 보더라도 계속 자신을 상대하겠다는 것이 분명해지자 사내는 이기기 위한 게임을 시작했다. 매 시간 돈이 점점 쌓였다. 그 돈이 4만 달러라는 사람도 있고 8만 6,000달러라는 사람도 있고 의견이 분분하다. 아무튼 사내 앞에 돈이 두둑이 쌓이자 인내심이 바닥 난 카지노는 게임을 중단시켰다. 8만 6,000달러라는 게 정설 같지만 이 게임을 지켜본 사람이 플레이어와 카지노 측 사람 3명, 모두 4사람밖에 없어서 들리는 소문은 갖가지다. 단독 게임을 하겠다는 그의 발상이 멋지게 들어맞았다. 그 후 2년 동안 자그마한 검은 머리 사내는 자신의 제안을 받아들이도록 다른 네바다 주 카지노들을 설득했다. 그는 25만 달러 넘게 벌어들인 뒤 마침내 네바다 주 전체에서 카지노 입장을 거부당했다.

물론 현재 네바다 주의 거의 모든 카지노는 엔드 플레이를 거부하고 있기 때문에 이 방식은 이제 사양길에 접어들었다. 많은 카지노는 겁을 먹고 단독 게임을 허용하지 않는다. 그러나 유념하라. 초판을 유심히 본 일부 독자들은 엔드 플레이로 푸에르토리코 카지노들에서 돈을 땄다는 사실을!

8

카지노의 대응책 격파하기

카지노의 대응책은 무궁무진하다. 지금 이 시점에서 카지노가 사용하는 대응책을 모두 논할 수는 없다. 게다가 플레이어들이 책략으로 무장할수록 카지노들 역시 새로운 상황에 맞게 대응책을 바꾼다. 플레이어가 날로 발전하는 카지노 측의 대응책에 맞설 수 있도록 카지노 측의 주요 대응책들에 관해 논의해보겠다.*

♣ 셔플 업

초판을 쓰면서 카지노가 데크를 자주 다시 섞으면 시스템 플레이어를 막을 수 있다는 잘못된 인상을 심어준 듯하다. 1벌 카드로 플레이하고 한 차례 딜링이 끝날 때마다 매번 카드를 다시 섞는 극단적인 경우를 생각해보자. 테이블에는 플레이어 혼자뿐이며 한 번에 1핸드를 플레이한다고 하자. 이럴 때라면 기본 전략을 활용하는 것이 최선책이다. 1장에서 설명한 통상적인 규칙을 적용하는 카지노라면 약 0.13%의 어드밴티지를 갖게 된다. 사실상 게임은 동률이다.

그러나 이번에는 6개의 핸드를 취하고 테이블에 딜러와 나 뿐이라고 하자. 즉 나 혼자서 한 번에 전체 테이블을 플레이한다고 가정해보자. 첫 번째 핸드에서 카드가 딜링될 때 나의 홀 카드들과 딜러의 공개된 카드만 보았다. 상황은 그전과 동일하다. 그러나 2번째 핸드를 플레이

---

* 카지노의 대응책에 관한 흥미로운 책을 소개하겠다. 뉴욕 익스포지션 프레스(Exposition Press)에서 발간한 글렌 L. 프레킨(Glenn L. Fraikin) 저 《네바다 도박 돌아보기 - 이기는 시스템 플레이어의 모험(Inside Nevada Gambling - Adventures of a Winning System Player)》이다. 이 책에 따르면 프레킨은 문전박대와 행패를 당했고 강제로 쫓겨나기도 하면서 난처한 지경을 당했다고 한다. 조심하면 이런 곤란한 상황들을 피할 수 있다.

할 때면 첫 번째 핸드의 카드들을 이미 본 상태다. 완전 포인트 카운트 전략이나 10카드 카운트 전략을 쓰고 있다면 기본 전략만 고수하는 것보다 이 두 번째 핸드의 플레이를 더 잘 운용할 수 있다. 자연히 어드밴티지도 상승한다. 평균적으로 보아 어드밴티지는 0.13%을 훨씬 웃돌 것이다.

세 번째 핸드에는 상황이 훨씬 더 좋아진다. 6번째, 마지막 핸드가 될 무렵이면 물론 상황이 아주 좋다. 이제 나는 적어도 13장 또는 18, 20장의 카드를 보았다. 앞선 핸드에서 스플리트했다면 훨씬 더 많은 카드들을 보았을 것이다. 플레이 전략을 개선한 덕분에 나의 평균 어드밴티지는 약 1%다. 이는 바카라에서 카지노의 어드밴티지와 거의 동일하다. 매 딜링의 6번째 핸드에 거액을 베팅할 수 있다. 사실 첫 번째 핸드에서는 소액을 베팅하고 두 번째 핸드는 조금 더 크게, 세 번째 핸드는 조금 더 크게······. 이런 식으로 베팅할 수 있다. 그리고 마지막 핸드에서 가장 크게 베팅한다.

사람이 많은 테이블에서 마지막 순서에 앉아 앞서 사용되는 카드들 대부분을 볼 수 있다면 늘 거액을 베팅할 수 있다. 푸에르토리코나 네바다 주의 많은 게임에서 그렇듯 카드의 앞면이 보이는 상태로 딜링한다면 충분히 많은 카드를 보게 된다. 이렇다면 사실 어느 자리에 앉든 적어도 플레이어들의 홀 카드들을 볼 수 있어서 어드밴티지가 0.5% 이상이 된다.

카드를 엎은 상태, 즉 앞면이 보이지 않도록 딜링하는 카지노라면 내 플레이 차례가 오기 전에 그 카드들의 대부분을 보기는 쉽지 않다. 사실 일부 카지노들은 바람잡이를 이용하여 바람잡이들에게 카드를 감추도록 한다. 딜러는 카드를 보여주지 않고 카드를 회수한다. 협조해 줄 친구들로 테이블을 가득 채우면 바람잡이를 막을 수 있으며 모든 사람의 카드를 볼 수 있다(친구들은 기본 전략을 이용해 플레이하면서 하룻밤 즐기면 그뿐이다. 본전이면 더할 나위 없이 좋고).

♣ 카운팅하는 딜러

《딜러를 이겨라》가 전국에서 베스트셀러가 되고 수십만 명이 읽게 되자 일부 카지노와 카지노 직원들도 그 책을 읽었다. 그리고 일부 딜러들은 카운팅하는 법을 배웠다. 여기에는 두 가지 이유가 있었다.

첫째, 카운팅하는 법을 아는 딜러들은 카운트 플레이어가 누군지 식별할 수 있다는 점이다(이 문제는 차후 더 논의).

둘째, 카드를 카운팅하는 딜러들은 데크가 유리하게 돌아가면 카드를 섞고, 데크가 불리하게 돌아가면 계속 카드를 딜링할 수 있다는 점이다.

딜러가 카운팅하는 법을 배워서 카운팅 플레이어를 식별하거나 데크의 유불리에 따라 카드를 섞을지, 아니면 계속 딜링할지 결정한다고 하자. 어떻게 해야 할까? 내가 발견한 유일한 해결책은 마지막 순서에 앉는 것이다. 더 괜찮은 다른 게임을 찾는 게 아니라면 말이다. 1% 어드밴티지를 활용하여 첫 번째 딜링에서 크게 베팅하고 승리하도록 기원하라. 나머지 경우에는 가볍게 베팅하라. 만약 당신이 조금만 앞서 가면(확률이 당신 편에 유리하게 돌아가면, 그러나 너무 엄청난 차이가 아니면), 딜러도 자신의 전술을 포기할 것이다.

♣ 데크가 한창 달아올랐을 때 승부를 걸어라

딜러들이 카드를 카운팅할 때 데크에 남아 있는 카드들이 플레이어에게 유리하면 섞어 버리고, 불리하면 계속 게임을 진행할 수 있다는 점을 앞서 살펴보았다. 우리도 똑같이 할 수 있다. 이제 막 게임에 합류할 참이라고 하자. '멈춰라. 앉지 마라. 우선 카운팅을 하라. 그리고 손에 카지노 칩을 얼마간 쥐고 있으라. 이제 카운팅 상황이 유리할 때까지 기다려라. 그런 다음 의자를 당겨서 '거금을 베팅하라.' 이렇게 하면 언제나 데크가 좋을 때 게임을 시작할 수 있다. 쇠뿔도 단김에 빼야 한다. 데크가 한창 달아올랐을 때 승부를 걸어라.

호텔의 게임장을 이리저리 둘러보다가 데크가 한창 달아오른 테이블에 앉아서 게임하면 쏠쏠하게 수입을 올릴 수 있다. 대체로 딜러는 이런 플레이어를 상대로 카드를 다시 섞지는 않는다. 딜러는 게임장을 어슬렁거리던 사람이 '거금'을 베팅하리라는 사실을 모른다.

♣ '짝퉁' 응징하기

베팅 금액을 높이면 대부분의 딜러는 카드를 다시 섞는다. 이런 딜러들 중 일부는 진짜 10카드 카운터들이며 데크가 플레이어에게 '유리하다'는 사실을 알고 있다. 하지만 대부분은 10카드 카운터가 아니다.

이들은 시스템 플레이어에 대항하려고 카드를 섞는다. 그리고 내가 상대해 보니 이처럼 카드를 섞는 딜러들 중 많은 경우가 가짜였다. 즉 이들은 플레이어나 핏 보스에게 보여주기 위해 10카드와 기타 카드를 카운트하는 척한다. 거액 베팅이 나오면 이들은 다시 카드를 섞는다. 그러나 사실은 카운팅이 어떤 것인지도 전혀 모르고 있다.

이런 '짝퉁'을 만나면 그 딜러를 떠나지 마라. 그는 '은행에 맡겨 둔 현금'이다. 이렇게 하면 된다. 먼저 거액(3~5유닛)을 베팅하라. 데크가 불리할 때 거액을 베팅하면 짝퉁 딜러는 데크가 유리할 때나 중립일 때는 가만히 있고, 데크가 불리할 때 카드를 섞게 된다. 따라서 나는 언제나 데크가 중립적이거나 유리할 때 게임을 하게 되고 지속적으로 어드밴티지를 갖게 되고, 어쩌면 딸 수도 있게 된다.

♣ 여러 벌의 카드

2벌 또는 4벌의 카드를 사용하는 블랙잭 게임도 점차 늘고 있다. 일부 카지노들은 여러 벌의 카드를 카운팅하는 것이 훨씬 더 어렵다고 생각한다. 물론 조금 더 힘들기는 하다. 그러나 1벌의 카드를 수월하게 카운팅할 수 있으면 그다지 어렵지 않다.

2벌 또는 4벌의 카드를 사용할 때 가장 심각한 단점은 하이-로우지수의 다양한 값이나 10카드 카운팅의 어드밴티지 비율이 1벌일 때만큼 크지 않다는 것이다. 2벌 카드의 경우 어드밴티지는 대략 0.4%, 4벌 카드일 경우 0.5% 감소하게 된다. 또한 평균적인 데크 조합에서 벗어나는 편차도 작아진다. 따라서 유리한 상황이 줄어들거나, 유리한 상황이 발생해도 유리한 정도가 줄어든다. 만약 카지노가 한 차례 딜링이 끝날 때마다 둘 또는 네 벌의 카드를 다시 섞는다면 6번째 자리에 앉는다고 도움이 되지는 않는다. 그러나 이렇게 하는 카지노는 없다. 게임 진행 속도가 너무 느려서 따분해진 플레이어들이 떠나기 때문이다.

여러 벌의 카드를 사용하면 데크가 달아올랐을 때 승부를 거는 플레이어에게 한 가지 크게 유리한 점이 있다. 2벌 카드를 사용할 때 데크가 유리하면 유리한 상태가 훨씬 오래 지속된다. 4벌 카드를 사용할 때는 유리한 상태가 2벌 카드보다 더 오래 지속된다. 따라서 거액을 베팅하고 좋은 상황에서 앉았다면 한동안 계속 유리한 상황이 지속된다. 이렇게 하면 부분적이나마 전략을 들키지 않을 수 있는 이점도 있다.

♣ 규칙은 바뀐다

1964년 4월 1일 도박계가 발칵 뒤집혔다. 라스베이거스 리조트 호텔 협회는 블랙잭 룰을 바꾸겠다고 선언했다.❹ 중요한 카지노 도박 게임의 규칙이 변경된 것은 유례가 없는 일이었다. 규칙 변경은《딜러를 이겨라》초판에 소개된 이기는 블랙잭 시스템(주로 10카드 카운팅)에 맞서기 위한 것이었다. 라스베이거스 리조트 호텔 협회 대변인 가브리엘 보글리아티 Gabriel Vogliatti는 "지난 15년 동안 라스베이거스에 착륙한 여객기 중에 시스템 플레이어가 한 사람도 타지 않은 여객기는 단 한 대도 없었다. 이 사내(소프)는 라스베이거스 역사상 효과 있는 시스템을 보유한 첫 번째 사람이다"라고 말했다. ❺

구체적으로 보자면 에이스 스틀리팅이 금지되었고 총합 하드 11에

표 8.1 (일시적인) 라스베이거스 규칙 변화가 미치는 영향

핸드당 1달러 베팅으로 100핸드 플레이

		기본 전략 과거 규칙	기본 전략 새로운 과거 규칙 라스베이거스 규칙
	플레이어의 총 어드밴티지	0.0013	−0.0089
딜러의 공개된 카드에 따른 플레이어의 어드밴티지	A#	−0.0847	−0.0853
	A*	−0.3603	−0.3607
	2	0.1011	0.0888
	3	0.1376	0.1219
	4	0.1844	0.1626
	5	0.2369	0.2073
	6	0.2425	0.2121
	7	0.1464	0.1374
	8	0.0547	0.0490
	9	−0.0437	−0.0471
	10*	−0.1706	−0.1717
	10#	−0.1032	−0.1044

\# 딜러의 패가 내추럴일 가능성 제외
* 딜러의 패가 내추럴일 가능성 포함

서만 더블 다운이 가능하도록 규칙이 변경되었다. 〈표 8.1〉에서 보듯 그 결과 기본 전략을 쓰는 플레이어의 어드밴티지가 약 1% 정도 감소했다. 유리한 상황에서는 어드밴티지의 감소폭이 좀 더 크고, 불리한 상황에서는 감소폭이 조금 작다. 예를 들어 10% 어드밴티지가 있는 상황이라면 어드밴티지가 9%보다 조금 작아진다. 물론 포인트 카운트

방식과 10카드 카운트 방식으로 여전히 유리한 상황들을 발견할 수 있다. 그러나 유리한 상황이 예전만큼 많지는 않을 것이며 유리한 정도도 예전보다 못하게 된다.

이런 규칙 개정이 시스템 플레이어에게 어떤 영향을 미쳤을까? 훌륭한 플레이어는 바로 다음날 회복해서 계속 돈을 땄다. 수익률이 조금 감소한 것은 사실이지만, 카지노가 환호할 만한 수준은 아니었다.

불리한 규칙을 적용하는 카지노를 상대할 때는 베팅 규모를 하향 조정해야 한다. 어쩌면 가장 단순한 방법은 모든 거액 베팅을 1유닛만큼 줄이는 것이다. 또 다른 방법은 전략의 개량 없이 포인트 카운트 시스템을 사용한다면 간단히 원래 포인트에서 사용하는 카드 별 수당 1포인트 줄이는 것이다. 예를 들어 2벌 카드를 사용하는 게임이고 규칙이 불리하다면 (푸에르토리고와 네바다 주 일부 카지노들처럼) 포인트 카운팅 총합을 0이 아닌 −2부터 시작하라. 그다음에는 예전과 동일하게 플레이하면 된다.

카지노 운영자들은 10카드 카운트 전략까지는 읽었지만 카지노의 규칙 변경에 대응하는 법을 설명한 장까지는 읽지 않았다. 더구나 2년 전 초판을 쓰면서 나는 규칙 변경이 시도될 것이며, 규칙 변경이 별 효과가 없으리라고 예측한 바 있다. 그러나 카지노들은 거기까지 읽지 않았다. 카지노들은 2~3주 뒤 패배를 시인하고 예전 규칙으로 돌아갔다. 무엇이 문제였을까? 주드 와니스키$^{Jude\ Wanniski}$라는 젊고 영민한 기자가 〈내셔널 옵저버〉의 서명 기사에서 분명하게 설명했다.

하룻밤 사이에 라스베이거스 블랙잭 테이블이 한산해졌다. 사실은 라스베이거스로 흘러 들어오는 관광객이 줄면서 모든 게임 테이블이 한산해졌다. 손님에게 받는 팁에 수입을 크게 의존하고 있는 카지노 직원들은 새로운 규칙이 카지노 산업을 파멸시키고 있다며 비명을 지르기 시작했다.

카지노들이 하나, 둘 새로운 규칙을 철회했다. 지난주 라스베이거스 도박업체들은 백기를 들었다. 그들은 시스템 플레이어를 그냥 두고 보는 한이 있더라도 예전처럼 다시 영업하고 싶다는 것을 인정했다.

♣ 다양한 규칙 변화

네바다에서 규칙 변경이 시도되었다는 점 그리고 전 세계에 걸쳐 블랙잭 규칙의 변종이 상당수 존재한다는 점을 감안하면 1장의 전형적인 규칙에서 벗어날 때 미치는 파급효과를 진단해야 한다. 〈표 8.2〉를 참고하라. 기본 전략의 플레이어 어드밴티지 0.12%에 표에 표시된 각 변종 규칙에 해당하는 조정 계수를 더하거나 뺀다. 최종 결과가 양수이면 전체적으로 플레이어에게 어드밴티지가 있고, 음수이면 카지노에게 어드밴티지가 있다.

이 책 여러 곳에서 영국, 푸에르토리코, 네바다의 변종 규칙들에 대해 이야기했다. 그런데 극동 지방에서만 통용되는 한 가지 규칙은 고려하지 않았다. 바로 '서렌더^{surrender}'라고 하는 규칙이다.

극동 지역, 특히 마카오(홍콩에서 배로 조금만 가면 되면 포르투갈 령)와 마닐라의 블랙잭 규칙은 한 가지 예외를 제외하고는 1장의 규칙과 동일

표 8.2 기본 전략 활용 시 규칙 변화가 플레이어 어드밴티지에 미치는 영향(근삿값)

규칙 변화	플레이어의 손실 또는 수익 (단위: %)
더블 다운 금지	
하드 11	−0.89
하드 10	−0.56
하드 9	−0.14
하드 8	−0.00
모든 소프트 총합	−0.14
페어 스플리팅 뒤 모든 총합	−0.13
3장의 카드일 때 더블 다운 허용	0.19*
카드 수 상관없이 더블 다운 허용	0.20*
4벌 데크	−0.51
2벌 데크	−0.35
소프트 17에서 딜러 드로우	−0.20
소프트 17, 공개된 카드 에이스일 때만 딜러 드로우	−0.23
소프트 17에서 딜러 드로우 선택 가능	−(0.23+)
further 페어 스플리팅	
모든 페어, 1벌 데크	0.053
모든 페어, 2벌 데크	.08
모든 페어, 4벌 데크	0.11 (추정)
에이스를 제외한 모든 페어, 2벌 데크	.04
모든 페어, 1벌 데크, 스플리트한 에이스에 대해 제한 없이 드로우	.037
모든 페어, 2벌 데크, 스플리트한 에이스에 대해 제한 없이 드로우	.06
하드 11만 더블 다운 가능	.05
에이스 제외 모든 페어	0.024
에이스 스플리팅 후 모든 점수의 카드 드로우	0.14
에이스 스플리팅 금지	−0.16
에이스 스플리팅 금지, 소프트 12 더블 다운 금지	−0.16
페어 스플리팅 금지	−0.46
블랙잭일 때 베팅액의 2배 수령	2.32
푸에르토리코 규칙, 1벌 데크	−0.71
2벌 데크	−1.04
서렌더 (마카오, 마닐라)	0.15 (추정)

* 이 수치들의 출처는 ❷, ❸이다. 부록 2에 있는 표에서 더 정확한 결과를 산출할 수 있다.

하다. 즉 카드 두 장의 총합이 11일 때만 더블 다운이 허용된다. 그런데 플레이어는 '서렌더'라는 추가 전략을 선택할 수 있다. 딜러의 공개된 카드가 에이스가 아니라면 플레이어는 언제든지 핸드를 서렌더할 수 있는데, 이렇게 하면 베팅 금액의 절반을 보존하고 절반을 잃는다. 브라운은 최상의 플레이를 한다고 가정할 때 서렌더가 플레이어에게 0.15% 정도 어드밴티지를 제공한다고 한다. 더블 다운 제한으로 약 0.8%의 어드밴티지를 잃으므로 서렌더로 모두 상쇄되지 않는다.

♣ 위장 전술

카지노들은 기본 전략을 써서 돈을 잃지 않는 플레이어들이 수없이 많다는 사실을 점차 뼈저리게 깨닫게 되었다. 설상가상으로 훌륭한 10카드 카운팅 플레이어들도 카지노를 점령하고 돈을 벌어가고 있었다. 이런 훌륭한 플레이어들에게 문제가 생겼다. 얼굴이 알려지면 카지노 측은 카드를 섞거나 딜러가 카드를 감춘다. 때로는 카지노에 들어가지도 못하고 문전박대를 당하거나 카지노에서 쫓겨난다. 아니면 모진 속임수를 당한다(때로는 공공연하게 속임수를 쓴다!).

물론 방해 받지 않고 블랙잭 게임을 즐기려면 위장술을 써야 한다. 데크가 새로 바뀔 때마다 소액 베팅으로 시작해서는 안 된다. 1벌 카드를 사용하고 통상적인 규칙이라면(따라서 이런 경우라면 데크를 처음 딜링하기 시작할 무렵, 그러니까 처음 몇 라운드 동안에는 플레이어에게 어드밴티지가 있다), 플레이어는 처음 몇 장을 딜링할 때 전체의 50%에 육박하는 기회에서 거액을 베팅함으로써 최상의 결과를 얻을 수 있다. 물론 번 카드 또는 맨 아래 카드를 흘깃 보았다면 거액 베팅의 기회를 더 효율적으로 선택할 수 있다. 딜러들은 이렇게 생각할 것이다. '데크에서 몇 장 딜링하자마자 바로 거액을 베팅하는군. 셔플 업은 시간 낭비야.'

딜러를 두 명 이상 쓰거나 규칙이 그만큼 유리하지 않은 카지노라면 카드를 몇 장밖에 딜링하지 않은 상태에서 거액 베팅하는 빈도를 훨씬 줄여야 한다.

베팅 규모 역시 중요하다. 어떤 딜러와 게임한 적이 있는데 이 딜러는 5달러 칩이나 25달러 칩을 베팅하는 것은 자연스럽지만 딜링되는 패에 따라 5, 10, 15, 20, 25달러로 신중하게 베팅하는 것은 부자연스럽다고 생각했다. 그래서 나는 조금 유리한 상황을 제외하고는 5달러를 베팅했다. 그런 다음 25달러를 베팅했다. 푸에르토리코에서는 기회를 기다리는 동안에는 1달러를 베팅하고 유리한 상황이 오면 거칠 것이 없으므로 항상 50달러를 베팅했다!

내가 처한 상황에서 무엇이 최선인지 알아야 한다. 상황이 어떤지 탐색하는 동안에는 우선 베팅 규모를 1:5 또는 1:3으로 시작하는 것이 좋다. 1:2도 무방하다. 1벌 카드를 사용하고 통상적인 규칙을 적용하는 카지노에서 게임할 때 사람이 꽉 찬 테이블의 5번째나 6번째 자리에 앉고 내 차례가 오기 전 카드들을 대부분 볼 수 있다면 1:1도 괜찮다(즉 모든 베팅 금액을 통일하는 것이다!).

변장술

유명세를 타고 내 사진이 널리 배포되자 최근에는 공평한 게임을 하는 것이 거의 불가능해졌다. 마지막 수단으로 나는 여름에 수염을 기르고 콘택트렌즈에 익숙해졌다. 그 후 나는 라스베이거스, 르노, 레이크 타호에서 나흘을 보냈다. 처음에는 수염을 길게 길렀다. 늘 끼던 안경 대신 콘택트렌즈를 끼고 얼굴을 완전히 감싸는 선글라스를 꼈다. 라스베이거스에서 이틀 동안 돈을 따자 수염 기른 플레이어들은 가장 푸대접을 받았다. 나는 일행 두 사람과 르노, 레이크 타호에 갔다. 우리는 (암흑가와 유착된 것으로 유명한) 레이크 타호의 북쪽 연안에 있는 카지노에 갔다. 사람이 많았다. 블랙잭 테이블에는 앉을 자리가 없었다. 사장이 올려다보더니 마치 수염 기른 허깨비라도 본 듯 입을 떡 벌렸다. 그러고는 딜러를 부르더니 테이블 하나를 새로 마련했다. 나는 앉았다. 내 머릿속에는 두 가지 생각이 교차하고 있었다.

일행들(나는 네바다 주에서는 절대 혼자 다니지 않는다)은 내가 카지노에서 쫓겨날 것이라고 생각했다. 나는 '어깨' 두 사람, 딜러와 함께 10분 남짓 한 마디도 하지 않고 게임했다. 딜러가 속임수를 쓴다는 사실이 확실해지자 나는 자리를 떴다. 어깨 둘도 즉시 자리를 떠났고 딜러는 테이블을 정리하고는 대기했다. 1분 뒤 모든 것이 예전으로 돌아갔다. 흥에 겨운 관광객 무리는 다시 명랑하게 떠들기 시작했다. 이들 중 조금 전 일어난 작은 소동을 눈치 채는 사람은 아무도 없었다.

이제 수염 난 플레이어들은 끝장이 난 듯싶었다. 그러나 한 달이나 걸려 기른 수염이라 한 번 더 써먹어 보기로 했다. 우리는 르노에 도착했다. 새벽 3시쯤 나는 르노 시내(사건이 있었던 타호에서 80~95킬로미터 떨어진 곳)에서 게임하기 시작했다. 그 클럽은 공정한 규칙과 마지막 카드까지 딜링하는 것으로 유명했다. 나는 르노에 올 때마다 이 클럽에서 몇백 달러를 땄다. 다른 곳에서 어떤 일이 벌어지건 말이다. 이 클럽은 다른 카지노 주인들과 '내통하지' 않는 모양이었다. 특히 수염 난 손님이 위험하다는 얘기는 듣지 못했나 보다라고 생각했다.

내가 앉은 테이블은 꽉 차 있었다. 엔드 플레이를 할 기회가 없었다. 어쨌든 나는 이 카지노가 엔드 플레이를 허용하지 않는다는 사실을 경험으로 알고 있었다. 5~25달러를 베팅하며 계속 게임했다. 25달러가 베팅 상한선이었고, 이 정도 베팅액의 격차는 이 카지노에서 허용되리라 생각했다. 나는 꾸준히 돈을 땄다. 카지노에서는 인심도 후하게 독한 술을 부지런히 갖다 날랐다. 나는 경솔하고 멍청하며 형편없는 플레이어라는 인상을 카지노 측에 풍겼다. "5에 더블 다운이라, 어처구니가 없군. 그래도 이기네. 끗발을 누가 당하겠어? 언젠가는 끗발이 다하겠지. 그럴 거야."

그러나 패가 잘 풀렸고, 예측 수익이 시간당 25~75달러였는데 300달러를 땄다. 카지노 직원들이 계속 왔다 갔다. 카지노 직원들은 나를 찬찬히 훑어보더니 게임하는 걸 지켜본 후 내 얼굴을 유심히 살폈다. 한 시간이 지나자 그들은 더 이상 살필 게 없었다. 살필 만큼 살핀 것이다. 갈색 머리를 한 퉁명한 핏 보스(내가 처음 르노에서 8시간 동안 연습하는 모습을 지켜본 바로 그 여성, 4장 참고)가 딜러 역할을 맡겠다고 나섰다. 그녀는 밝게 웃었다. 그녀가 첫 번째 핸드를 딜링했는데 자신에게 블랙잭을 딜링했다. 나는 세컨드 딜링$^{second\ dealing}$(맨 위에 있는 톱 카드가 아닌 다른 카드를 딜링하는 딜러의 속임수. 9장 참고)을 지켜보았고, 속임수 수법을 눈치 채고는 자리를 일어났다. 핏 보스는 고양이처럼 뭐라고 종알거리더니 계속 게임하자고 권했다.

그 전 한 시간 동안 나는 한 명의 딜러만 상대했다(이 카지노는 딜러들이 한 테이블에 계속 머무르도록 했는데 내가 상대한 이 첫 번째 딜러는 속임수를 쓰지 못했다). 그녀는 금발머리 젊은 여성으로 외롭고, 정서적으로 불안정하며 남자를 찾고 있었다. 내 지갑에 100달러 지폐가 두둑이 있는 것을 보자 아주 살갑게 굴었다. 그녀는 낚으려는 물고기를 갑자기 놓치게 되자 실망하고 짜증을 냈다.

그 금발머리는 (내가 멋진 남자라고 하더니) 자기는 수염 기른 남자가 싫다면서 내가 수염만 밀면 완벽하겠다고 했다. 그래서 나는 다음에 변장술을 완벽하게 테스트할 수 있겠다 싶은 생각이 들었다.

다음날 저녁 나는 길게 자란 덥수룩한 수염을 싹 밀었다. 얼굴에서 유난히 창백한 부분이 이전에 수염이 있었다는 것을 알려주는 유일한 단서였다. 가벼운 옷차림 대신 이번에는 정장을 입었다. 얼굴을 완전히 감싸는 선글라스를 벗고 콘택트렌즈만 꼈다. 머리 손질도 변화를 주었다. 실험 준비가 끝났다.

수염을 밀어버린 얼굴을 본 적이 없는 일행 둘을 찾아갔다. 두 사람이 문을 열어주었는데 나를 알아보지 못했다. 수염이 덥수룩한 겉늙은 마흔다섯 사내가 아니라 시내로 저녁 외출을 나가는 스물다섯의 경쾌한, 상고머리 젊은 임원이었다.

새벽 3시가 되자 나는 하던 게임을 중단하고 그 금발머리가 딜링하는 카지노로 갔다. 그녀는 똑같은 테이블에 있었는데 한 자리가 비어 있었다. 나는 앉아서 게임을 시작했다. 그녀의 얼굴에는 나를 알아봤다는 어떤 낌새도 없었다.

이번에도 나는 5~25달러를 칩으로 베팅했다. 나는 남겨둔 소액권 지폐로 먼저 출납원에게 칩을 구입하는 용의주도함을 발휘했다. 전날 저녁처럼 수백 달러를 지갑에 넣어두어 딜러에게 눈치 챌 빌미를 주지 않았다. 나는 말없이 손짓만 했다(그리 이상한 행동이 아니었다). 웨이트리스가 자꾸 술을 가져오자 나는 속삭이는 목소리로 "우유로 주세요"라고 말했다. 딜러는 내 목소리를 듣지 못했다. 우유 두 잔을 마시고 나자 웨이트리스는 더 이상 귀찮게 하지 않았다.

이때까지 내 위장술은 완벽하게 먹혀 들어가는 듯했다. 그러나 운명은 이제부터가 진짜 실험이라고 말했다. 이번에도 패가 잘 들어와서 내 앞에는 전날 저녁과 동일한 속도로 돈이 쌓이기 시작했다. 그런데 내 왼쪽에 앉은 플레이어가 사기꾼이었다(카지노들은 시스템 플레이어가 6번째 자리에 앉는다고 생각하므로 나는 여느 때처럼 5번째 자리에 앉았다)! 그는 베팅 금액을 레이아웃 위에 아무렇게나 쌓아두었다. 그리고 자신의 홀 카드를 확인했다. 그러고는 패가 좋다 싶으면 레이아웃 위에 1달러 은화를 몇 장 더 슬쩍 밀어 넣으려고 했다. 패가 나쁘다 싶으면 베팅액에서 일부를 슬쩍 빼려고 했다. 딜러는 어찌할 바를 몰랐다. 그러자 어젯밤 몰려왔던 카지노 직원들이 우르르 와서는 그 사기꾼을 살폈다.

핏 보스들은 몇 분 동안 사내의 게임을 지켜보았다. 사내는 속임수를 썼지만 솜씨는 형편없어서 겨우 본전이었다. 핏 보스들은 그냥 놔두라고 명령했다!

전날 저녁 나를 샅샅이 살피던 그 무리가 사기꾼 사내와 나를 유심히 살폈다. 아무도 나를 알아보지 못했다. 한 시간 뒤 내가 또 300달러를 따자 그들의 인내심은 바닥이 났다. 전날 저녁처럼 속임수를 쓰는 딜러가 오자 나는 떠났다. 변장은 효과가 있었다. 좀 수고스럽기는 하지만 재미도 있고 말이다.

자동 블랙잭 기계

가장 흥미로운 카지노의 대응책은 최근 딜러 대신 자동(전자) 블랙잭 기계를 도입한 것이다. 이 기계들은 몇 군데 카지노에서 시도되고 있다. 205~207페이지에 있는 광고문을 보면 상세한 것을 알 수 있다.

우리 방식을 이용해 광고'에 소개된 자동 블랙잭의 유형을 분석해보자.

우선 이 기계는 1벌 카드로 패를 돌리며 한 차례의 딜링이 끝나면 카드를 다시 섞는다. 이렇게 하면 장기적으로 카드 카운팅에서 얻은 수익을 없애버리는 방향으로 진행된다. 얼핏 떠오르는 생각(188~190페이지에서 설명한 대로)은 마지막 자리에 앉아서 눈으로 확인한 카드들을 활용해 어드밴티지를 얻는 것이다. 그러나 자동 블랙잭 기계에는 4자리밖에 없다. 따라서 얻을 수 있는 어드밴티지는 꽤 작아서 대략 0.33~0.5%가 된다.

다음으로 주목할 것은 통상적인 규칙과 다른 점들이다. 첫째, 더블 다운은 하드 총합 10 또는 11로 제한된다. 둘째, 페어 스플리팅은 허용되지 않는다. 플레이어에 이런 제한을 두면 하우스에 유리하다. 〈표 8.2〉를 보면 하드 8, 하드 9, 소프트 총합에서 더블 다운을 금지하고, 페어 스플리팅 뒤 더블 다운을 금지함으로써 0.41%의 어드밴티지가 사라진다. 페어 스틀리팅 금지로 어드밴티지 0.47%가 사라진다. 따라서 기본 전략으로 플레이어가 얻는 어드밴티지는 0.88% 감소하여 0.13%가 된다. 즉 카지노의 순 어드밴티지는 0.75%가 된다.

또한 4번째 자리에 앉은 플레이어는 테이블에 앉은 세 사람 중 적어도 한 사람의 홀 카드들을 알고 있다면 대체로 인슈어런스 베팅으로 이따금 수익을 얻는다는 점도 주목하라(기타 카드÷10카드 비율이 2가 되고 인슈어런스 베팅으로 수익을 얻기 전 플레이어는 완전한 데크에서 적어도 5장의 카드를 보아야 한다. 플레이어 두 사람의 홀 카드들과 딜러의 공개된 카드면 충분하다). 그러나 인슈어런스가 제공되지 않으므로 이런 미미한 어드밴티지도 자동 블랙잭 기계에는 적용되지 않는다.

'자동 블랙잭'은 네바다 주에서 제조된 게임 기계다.

'자동 블랙잭'은 52장의 카드로 구성된 완전한 데크를 자동으로 섞고 딜링하는 전자 장비다. 25센트 동전, 50센트 동전, 1달러 은화를 넣으면 게임이 시작되는데, 어떤 동전이든 5개까지만 넣을 수 있다.

게임은 표준적인 '**블랙잭**' 또는 '21' 게임의 순서대로 진행된다.

플레이어는 딜링된 핸드 점수에 따라 '히트 또는 스탠드'를 선택할 수 있다. **모든 점수는 즉시 숫자로 표시된다.**

'딜러'는 점수가 17 이상이 될 때까지 자동적으로 계속 카드를 드로우하게 되며 딜러의 점수가 17 이상이 되면 플레이어의 점수와 '딜러'의 점수를 비교하여 점수와 베팅한 액수에 따라 자동으로 정산된다. 플레이어가 '**블랙잭**' 패를 잡으면 원래 베팅액의 1.5배가 아니라 2배를 받는다.

'**자동 블랙잭**'은 네바다 게임위원회의 승인을 받았다. 모든 카드 딜링은 무작위로 이루어지며 결코 인위적으로 통제되지 않는다.

두 장 이상의 카드를 받고 난 뒤 점수가 10 또는 11이 되면 플레이어는 '**더블 다운**'을 선택할 수 있다. 깜박이는 노란 버튼을 누르면 동일한 액면가로 원래 베팅액의 두 배까지 베팅 금액을 늘릴 수 있다. 그리고 '**히트**' 버튼을 누르면 한 장의 카드를 받아 핸드가 완성된다.

사용 설명서

- '베팅하기'에 동전을 넣으시오.
- 버튼에 불이 들어오면 '히트 또는 스탠드'하시오(10초가 지나면 자동으로 스탠드).
- 딜러는 17 이상이 되면 스탠드한다(소프트 17에서는 히트해야 한다).
- 에이스는 11 또는 1로 계산한다.
- '블랙잭'이면 2배를 받고 '푸시'면 베팅한 금액을 돌려받는다.
- 점수가 10 또는 11이 되면 불이 깜박인다. 버튼을 누르면 바로 베팅액이 증가하고 핸드에는 1장의 카드만 딜링된다.
- 카드를 보여주는 대신 점수가 숫자로 표시된다.
- 게임이 진행되는 도중에는 동전을 넣을 수 없다.

행운을 빌어요.

네바다전자(주)
네바다 주 르노

바뀌는 규칙은 또 있다. 플레이어가 블랙잭 패를 받고 딜러의 패가 블랙잭이 아니면(광고에는 이런 말이 없지만 이런 의미로 추정된다) 통상적인 1.5배 대신 원래 베팅 금액의 두 배를 따게 된다. 물론 플레이어에게 유리하다. 얼마나? (1벌 카드를 사용하는 게임에서) 블랙잭을 받고 그리고 딜러가 블랙잭을 받지 않을 확률은 4.649%다. 그러나 변경된 규칙에 따르면 플레이어는 이런 일이 발생할 때마다 초과로 50%를 더 따게 된다. 따라서 이 규칙 덕분에 플레이어에게 돌아가는 순수익은 50%×4.649%, 즉 2.32%다. 따라서 기본 전략을 쓰는 플레이어의 수익은 −0.75%에서 +1.57%로 상승한다.

이는 매 핸드당 얻는 작은 수익률이다. 따라서 기본 전략을 쓰는 플레이어는 꾸준한 수익을 창출하게 된다. 한 가지 단점이라면 이 기계는 핸드당 최대 총 8.75달러의 베팅만 받는다는 것이다. 그러나 시간당 100핸드라면 평균 수익은 8.75달러×100×1.57%, 즉 시간당 13달러가 넘는다!

여기 제시한 광고는 르노와 레이크 타호에서 주운 것이다. 최근 라스베이거스에서 들려온 소식에 따르면 거기 기계들은 모두 블랙잭에 1.5배를 지불한다. 더구나 25센트 단위로 반올림하는데 플레이어에게 불리한 방향으로 반올림한다. 예를 들어 25센트 베팅하면 내추럴에 25×1.5, 즉 37.5센트가 아니라 25센트만을 받게 된다. 그러나 50센트를 베팅하면 내추럴에 50×1.5, 즉 75센트를 받게 된다. 플레이어는 이런 기계를 상대할 때는 50센트의 배수로만 베팅해야 한다. 그렇다고 해도 어드밴티지는 이제 −0.75%다.

경고: 기계는 마모되거나 결함이 생긴다. 또한 파렴치한이 자동 블랙잭 기계에 속임수 장치를 해놓을 수도 있다. 나라면 이런 기계로 게임하기 전에 딜링된 카드 1,000장 정도를 기록해서 모든 유형의 카드가 적절한 비율로 분배되고 있는지 살펴보겠다. 더 나아가 1,000핸드 정도에서 플레이어가 경험하는 수익률도 계속 추적하겠다. 게임하지 말고 지켜보면서 이렇게 하는 편이 이득이다.

♣ 신문 배달 기법

내가 가장 많이 받았던 질문은 이것이다. "당신 책을 모르는 사람이 없고, 당신 책을 읽은 사람들이 성공했는데 당신의 시스템을 쓰는 플레이어가 네바다 주에서 돈을 딸 수 있나요?", "네바다에서 돈을 따려면 최선의 방법은 무엇인가요?" 첫 번째 질문의 대답은 '그렇다'이다. 네바다에서 계속 돈을 딸 수 있다. 아주 효과적인 기술을 소개하겠다. 게임하기 전 자본에서 거액 베팅의 5배에 해당하는 금액(20~25유닛)을 따로 떼어놓으라. 이 돈을 잃을 때까지 또는 이 금액만큼 딸 때까지 게임하라. 20유닛 또는 25유닛을 한 번에 보여주지 말고 필요할 때마다 그 돈으로 칩을 구입하라. 1시간 게임했으면 어떡하든 멈추어라.

무슨 말인고 하니 1시간 이하로 게임하면 카지노 측에서 주목하거나 기억할 가능성이 작다. 한 차례 게임에서 20유닛 또는 25유닛만을 잃게 되면 속임수를 쓰는 딜러라고 해도 결코 플레이어를 파산시킬 수 없다. 20유닛 또는 25유닛 정도의 적은 금액을 따게 되면 돈을 땄다고 해서 카지노 측에서 위협으로 느끼고 행동을 취하는 일도 없을 것이다.

"저 사람 이번에는 운이 좀 좋았을 뿐이야. 다음에는 우리가 주머니를 털어야지."

상대한 딜러들을 기억하라. 상대했을 때 성적이 좋았던 딜러를 또 상대하라. 어떤 딜러를 상대해서 20유닛 또는 25유닛을 잃었다면 그 딜러를 피하라. 이런 식으로 하면 같은 딜러에게 두 번 속는 일이 없다. 물론 딜러가 속임수를 쓰지 않았는데도 돈을 잃을 수도 있다. 이 경우 해당 딜러를 피한다면 정직한 딜러를 피하게 될 수도 있다. 이런 경우까지는 어쩔 수 없다.

원칙들을 설명하기 위해 방식을 지나치게 단순화했다. 자신의 상황에 맞게 적절히 수정하라. 한 차례 게임한 후에는 다른 카지노로 가야 한다. 여기 설명한 방식을 쓸 때는 이 카지노, 저 카지노를 돌아다니면서 돈을 모아야 한다. 마치 신문 배달하는 소년이 배달 경로를 따라 가가호호 다니듯이 말이다.

9

카지노 속임수 적발하는 법

카지노의 블랙잭 딜러들은 카드 다루는 기술이 기가 막히게 능수능란하다. 내가 블랙잭에 진지하게 관심을 갖기 전에 나와 내 주변 사람들은 딜러들은 마음만 먹으면 속일 수 있지만 속이지 않는다고 믿고 있었다. 카지노는 어차피 마땅한 어드밴티지를 누리며 어쨌든 이긴다는 것이 널리 공표된 명제다. 만약 속임수를 쓴다는 것이 발각되면 평판이 나빠지고, 고객은 떠나고, 어쩌면 영업 허가까지 박탈당할지도 모르는데 그런 짓을 왜 하겠는가? 정직한 카지노에서 일하는 딜러가 괜히 자기 주머니를 채우려고 속임수를 쓰다가 직장을 잃는 위험을 감수할 이유가 없지 않은가.

이 질문에는 또 다른 질문으로 대답하겠다. "정계나 재계에도 부정부패가 만연하지 않은가? 거기도 대개 얻는 것(돈)과 위험(직위나 영업권을 잃거나 평판이 나빠지는 것 등)이 같지 않은가? 그렇다면 '합법적' 재계보다 합법적 도박이 더 깨끗하다고 볼 이유가 있을까?"

최근 몇 년 사이 (마피아나 코사 노스트라 같은) 유명한 갱 조직들이 수많은 카지노의 배후에 있고 일부 대형 카지노도 거기에 포함되어 있다는 사실이 백일하에 드러났다. 퓰리처 수상 작가인 에드 리드$^{Ed\ Reid}$와 공저자 오비드 드마리스$^{Ovid\ Demaris}$는 이 섬뜩한 이야기를 《녹색 펠트 정글$^{Green\ Felt\ Jungle}$》에서 상세하게 풀어나갔다. 마피아가 네바다 주 구석구석을 휘어잡고 있으며 네바다 주를 완전히 장악하고 있다고 해도 과언이 아니다. 이 책은 네바다를 방문하려는 사람이면 '반드시' 읽어야 할 필독서다(❶, ❷, ❽, ❸, ❹, ❺에도 관련 주제가 상세히 논의되어 있다).

리드와 드마리스는 카지노 갱단들이 이런 저런 싸움에서 서로 죽고

죽이는 과정을 묘사한다. 갱 조직원들은 카지노에서 나온 '합법적인' 수익으로 금고를 살찌울 뿐 아니라 '총수입'에서 돈을 빼돌린다. 즉 이들은 상습적으로 총수익을 실제 번 것보다 줄여서 보고한다. 이런 관행은 월러스 터너$^{Wallace\ Turner}$가 〈뉴욕타임스〉 1964년 11월 18~22일자에 연재 기사로 실었다.

다시 한 번 묻겠다. 코사 노스트라$^{Cosa\ Nostra}$(미국의 마피아형 범죄 조직) 조직원들, 그러니까 공무원에게 뇌물을 찔러주고 총수익에서 돈을 빼돌리며 카지노 수익으로 불법적인 돈벌이(마약, 매춘, 밀수)에 자금을 대고, 다툼이 생기면 살인을 저지르는 이런 자들이 카드 몇 장 가지고 속이는 일을 삼갈까? 물론 이 사람들이 정직한 인간들일 수도 있기는 있다. 그런데 말이다. '호구들'은 속임수를 눈치 챌 확률이 백만분의 일도 되지 않고, 설사 속임수를 눈치 챘다고 해도 아무것도 할 수 없는 사람들이다. 상황이 이런데 퍽이나 '정직한' 인간들이 속임수에서 나오는 부가 수입을 마다할까?

이야기를 계속하기 전에, 균형 잡힌 시각에서 이 문제를 한 번 살펴보자. 블랙잭 게임 대부분에는 속임수가 없다. 그러나 심각한 문제가 될 만큼은 속임수가 존재한다(나는 평범한 플레이어가 전체 시간의 5~10% 정도 속임수를 당한다고 추정한다). 이 정도면 승패가 갈릴 수 있다. 따라서 속임수에 따른 손실을 최소화하는 방법을 이해해야 한다.

나도 예전에는 카지노에서 하는 블랙잭이 대체로 정직하다는 주장을 믿을 정도로 순진했다. 그러나 뼈저린 경험을 몸소 겪고서야 현실은 그렇지 않다는 것을 깨닫게 되었다. 현실을 깨닫기까지는 시간이 그리 오래 걸리지 않았다.

🔥 일당백 딜러 : 고집불통 전문가, 하룻밤에 2만 달러를 잃다

어느 날 오후 네바다에서 시스템을 테스트하고 있는데 X씨는 10카드 카운트 전략을 점검하러 홀로 외출했다. 다음날 아침 일찍 X는 대형 호텔에서 8~10시간 계속 게임했다고 말했다. 그는 충분히 유리하지 않은 상황에서 하우스 베팅 상한선인 500달러를 베팅했는데 몇 시간 뒤 1만 3,000달러를 땄다고 했다. 이렇게 되자 호텔에서는 '일당백' 딜러를 들여보냈다. 큰돈을 따는 사람들을 쫓아내기 위해 특별히 고용된 속임수 딜러였다.

그녀의 속임수 방법은 스스로에게 카드를 줄 때 톱 카드를 엿보는 것이었다. 톱 카드가 마음에 들면 (정직하게) 자신에게 패를 준다. 톱 카드가 마음에 들지 않으면 톱 카드 바로 밑에 있는 카드(흔히 '세컨드'라고 하는 카드)을 자신에게 돌린다. 위에서 두 번째 카드가 무엇인지 몰라도 전체의 절반 정도에서 톱 카드보다 리스크가 작다.

X는 속임수 딜러를 이길 수 있으리라 믿으며 고집스럽게 게임을 계속했다. 속임수는 한 번에 40분 동안 계속되었다. 그런 다음 딜러는 20분 동안은 다시 정직하게 게임했다. X씨는 40분의 속임수 게임에서 당해서 잃는 것보다 속임수가 없는 20분 동안 더 많이 따기를 바랐다. 그러나 그는 치명적인 실수를 저질렀다. 베팅 금액을 몇 달러 수준으로 줄이고 일당백 딜러가 근무를 교대할 때까지 기다려야 했지만, 그 딜러에게 맞서 거액 베팅을 계속했다. 그 결과 X는 이 딜러를 상대로

큰돈을 잃었다. 몇 시간 뒤 X는 2만 달러를 잃었다. 1만 3,000달러를 토해내고도 7,000달러의 손실이 발생했다. X씨가 대형 카지노 여러 곳을 운영하고 있는 카지노 주인에게 불만을 토로하자 주인은 어떤 텍사스 사람이 1만 7,000달러를 따갔으니 카지노는 더 이상 돈을 잃을 수 없다고 설명했다.

♣ 하트 퀸

속임수에 당하지 않는 법을 배우고 싶어서 나는 다음날 아침 Y씨와 함께 문제의 그 카지노로 갔다. X씨가 그 일당백 딜러의 인상착의를 설명해주었다. 마르고, 험상궂은 인상에 막 흰 머리가 나기 시작한 흑발의 여성으로 나이는 마흔 안팎이라고 했다.

나는 출납원에게 1,000달러어치 칩을 구입하고 가장 가까운 테이블에 앉았다. 내가 30달러를 베팅하자 그 딜러는 나와 자신에게 패를 돌렸다. 딜러가 나에게 두 번째 패를 돌리는데 핏 보스가 황급히 뛰어오더니 딜러를 제지하고 카드를 뺐었다. 그러고는 다른 딜러를 불렀다. 새로 온 딜러는 마르고 험상궂은 인상에 막 흰 머리가 나기 시작한 마흔 안팎의 흑발 여성이었다.

나는 8페어를 받았고 딜러의 공개된 카드는 3이었다. 나는 8을 스플리트했고 총합은 20과 18이었다. 딜러의 홀 카드는 10이었다. 딜러는 카드 뭉치의 모서리를 위로 한 채 쥐고 톱 카드의 뒷면을 살짝 구부려 톱 카드를 훔쳐보면서 나와 Y씨는 딜러의 행태를 지켜보았다. 우리 역시 톱 카드를 보았다. 하트 퀸이었다. 딜러가 이 카드를 받으면 버스트하므로 딜러는 스스로에게 두 번째 카드를 돌렸다. 그 카드는 8이었고 딜러의 총합은 21이 되어 우리가 베팅한 60달러를 쓸어갔다. 화가 난 Y씨는 큰 소리로 딜러가 한 짓을 낱낱이 까발렸다. 딜러는 얼굴을 붉히면서 고개를 숙였다. 우리는 화가 나서 큰 소리로 항의했지만 그녀는 입을 다문 채 아무 소리도 들리지 않는 척했다. 핏 보스가 왔지만 역시 아무 반응이 없었다. 우리는 아무것도 할 수 없었다. '떠들어봐야 쇠귀에 경 읽기였다.' 우리는 돈을 잃었지만 교훈을 얻고 그 카지노를 나왔다.

이런 일을 겪고 나서 나는 속임수에 대해 연구할 목적으로 몇 군데로 탐사 여행에 나섰다. 나는 라스베이거스와 르노의 내로라하는 카지노는 거의 다 섭렵했다. 1~125달러를 베팅했는데 속임수가 있으면 몇 분 만에 자리를 털고 나오고, 아니면 몇 시간씩 게임했다. 아주 빈번하게 속임수에 당했던 터라 10가지가 넘는 속임수 기법을 적발할 수 있었다. 외딴 곳에 있는 소규모 카지노는 물론이고 호사스러운 대형 카지노에도 속임수가 있었다. 속임수는 베팅 수준에도 상관없이 존재했는데 심지어 25센트 베팅에도 속임수를 썼다. 많은 경우 카드가 나타나는 양상이 너무나 이상해서 세컨드 카드 딜링을 직접 눈으로 확인하지는 못해도 (능숙한 딜러일 경우 직접 눈으로 확인하기는 어렵다) 속임수를 쓰지 않나 미심쩍었다.

르노-타호에 갔을 때 그리고 넉 달 후 처음 라스베이거스로 갔을 때는 운이 좋았다. 전문가들과 동행했기 때문이었다. 이들은 10카드 카운트 전략을 쓰면서 딜러의 속임수를 적발하고, 속임수 방식들을 인내심을 갖고 내게 가르쳤다. 더욱이 이 사람들 모두 자금을 투자하고 내 곁에서 게임을 주의 깊게 살펴보았다.

내가 여기서 설명하는 속임수에 관한 일화들은 내 개인적인 경험이라는 점을 분명히 밝혀둔다. 이 일화들이 반드시 모든 카지노에 해당되는 것처럼 부풀리고 싶지는 않다. 아마도 평균적으로는 나처럼 얼굴이 알려진 '주요 표적'이 당하는 속임수보다는 분명 덜 당할 것이다. 게다가 정부 정책, 카지노 운영의 변화, 소유주의 변동, 베팅 금액, 하루 중 시간, 개별 딜러 같은 요인에 따라 어느 정도의 속임수가 있는지는 다를 것이다.

카지노는 정직한데 모르고 속임수를 쓰는 딜러를 고용하는 경우도 있다. 이런 딜러들은 친구가 돈을 많이 따도록 속임수를 써서 하우스의 뒤통수를 치기도 한다. 하우스가 수입액을 자주 점검하면 특정 딜러가 수입이 부족하다는 것을 발견하게 될 것이다. 이런 사실을 들키지 않으려면 딜러는 다른 플레이어를 속여서 적자를 보충해야 한다. 일부에서는 이런 딜러의 행위를 '로빈후드 의식'이라고 부른다.

네바다 주의 특정 카지노가 속임수를 더 적게 쓴다든지 혹은 더 많이 쓴다든지 하는 얘기가 아니라는 점을 분명히 하고 싶다. 덧붙여 사람들이 게임에서 완전히 손을 떼야 할 정도로 속임수 문제가 심각하다는 얘기를 하려는 것도 아니다. 그러나 블랙잭 게임을 하는 사람이라면 지체 없이 적수의 기본적인 속임수 수법들을 알아야 한다(유감이지만 카지노든, 사적인 장소든 다른 카드 게임에도 마찬가지 조언을 할 수밖에 없다).

믿을 만한 소식통에 따르면 네바다도박규제위원회가 설립되고 첫 5

년 동안 속임수로 폐쇄된 카지노가 20곳이 넘었다고 한다. 이런 절차가 공개적으로 이루어진 경우는 거의 없고(예외 ㉛), 대개 해당 카지노는 경영진을 교체하고 즉시 다시 문을 열었다.

어느 정도 속임수를 쓰는지는 지구촌 어디에서 게임하느냐에 따라 0~90%로 달라진다. 속임수를 당한 플레이어가 받을 수 있는 당국의 도움 역시 천차만별이다. 전혀 도움을 받지 못할 수도 있고 도움을 크게 받을 수도 있다. 게임하기 전에 해당 지역의 조건이나 상황이 어떤지 미리 조사하는 것도 좋다. 블랙잭과 카드 게임에서 속임수 수법은 수십 가지다.

♣ 표시된 카드

딜러가 흔히 쓰는 속임수 수법은 톱 카드를 보고 세컨드 카드를 딜링하는 것이다. 게임에서 적절한 때에 그렇게 하는 편이 유리하다면 카드 뒷면으로 카드를 식별하는 가장 간단한 방법은 카드 뒷면에 일종의 암호 같은 표식을 하는 것이다. 이처럼 표시를 해놓은 데크를 '페이퍼paper'라고 한다. 해마다 표시한 데크가 수백만 벌씩 생산되며 부정한 도박 장비를 전문으로 파는 납품업체에 연락만 하면 언제든지 구입할 수 있다.

가장 널리 사용되는 표준적인 브랜드들 역시 예외가 아니다. 이런 브랜드들도 표시한 데크를 구할 수 있다. 평판이 좋은 기업에서 생산된 카드라도 안전하지는 않다. 누군가가 손쉽게 데크에 '표시'할 수 있다. 예를 들어 누구든지 표식을 목적으로 저렴한 값에 특수 잉크와 붓을 구입할 수 있다. 카드에 표시하는 방법, 표시된 카드, 사진, 표식 형태 등 상세한 것은 ⓯, ㉑, ㉒, ㊱, ㊳, ㊷을 참고하라. 세컨드 딜링을 보여주는 사진들 역시 이들 참고 목록에 있다.

한 번은 카드 전문가가 내 옆에 서서 속임수에 대비하고 있었다. 나는 2~20달러를 베팅하고 있었는데 게임을 시작한 지 얼마 지나지 않아 쓰던 데크를 빼더니 새로운 데크를 가지고 왔다. 나는 기념으로 갖고 싶다며 아까 쓰던 데크를 달라고 했다. 표식이 되어 있는지 확인하고 싶어서였다. 데크를 달라고 계속 요구했지만 카지노 측은 거부하고 한참을 뒤적이고 찾고 하더니 다른 데크를 꺼냈다. 나중에 가져온 데크는 카지노 측에서 주기를 거부한 데크보다 상태가 훨씬 나아 보였다.

나는 의심을 거두지 않고 게임을 계속했는데, 유리한 상황이 놀라울 정도로 계속 발생하는 바람에 적으나마 돈을 조금 땄다. 그러자 서서히 의심이 걷혔다. 30분 뒤 나는 게임을 중단했는데 친구가 표시한 카드로 게임했다고 일러주었다. 내가 상대한 딜러 두 사람 모두 베팅 금액이 10달러 이상이고 필요한 경우 세컨드 카드를 스스로에게 돌렸다. 그렇지 않은 경우 정상적으로 진행했다고 말했다. 그 말을 듣자마자 이상한 사건이 떠올랐다. 한 번은 카드 한 장이 모서리 쪽만 데크에 간신히 걸려 있었는데 딜러가 손목을 세게 돌리자 그 카드가 떨어졌다. 이 카드가 세컨드 카드였음에 틀림없다. 그 카드는 데크에 있는 다른 카드들, 그러니까 아래쪽 카드와 위쪽 카드 사이에 끼어 걸려 있었다.

친구는 어쨌든 내가 이기고 있어서 나를 말리지 않았다고 했다. 꽤 따기는 했지만 어마어마하게 유리한 상황들이 있었다는 걸 고려한다면 훨씬 더 많이 땄어야 했다.

이런 세컨드 카드 수법을 쓰는 딜러들은 패를 나누어주는 동작을 할 때 카드 뭉치를 쥐고 있는 손의 손목을 '튕기는' 버릇이 있다. 이렇게 하면 앞선 일화에서 설명한 것처럼 카드들이 서로 들러붙어 매달리는 것을 방지할 수 있다. 그러므로 딜러가 특별한 이유 없이 이런 동작을 하면 세컨드 딜링을 하는 게 아닌지 의심할 만하다.

24시간 운영하는 카지노에서 일했던 속임수 딜러 한 사람이 나에게 새로운 카드 표식 방법을 보여주었다. 그는 엄지로 에이스와 10카드 뒷면의 맨 위쪽 가장자리를 눌렀다. 굵지 않고 살짝 둥글리기만 했다. 겉보기에 다른 카드와 다를 것이 없었다. 친구 몇 명과 함께 표식을 찾아다니면서 알게 되었다. 그러나 각도를 맞추어 조명에 데크를 비추자 표시한 카드의 가장자리가 반짝였다. 훈련된 눈이라면 표시된 카드를 너끈히 찾을 수 있을 정도로 반짝였다. 빛이 반짝이는 것은 각도에 좌우되므로 딜러만 빛을 볼 수 있고 다른 사람은 볼 수 없다.

이 딜러는 도박규제위원회가 불시에 와서 이런 식으로 표시된 데크 몇 벌을 압수해 프로젝터로 확대해 벽에 비추었다. 하지만 표식이 발각되지 않았다고 주장했다.

어떤 이들은 직장, 주식, 가족 생각을 하며 잠이 든다. 수학자들은 고등 수학 문제를 풀면서 잠이 든다. 어떤 이들은 그저 양 한 마리, 양 두 마리를 센다. 그러나 이 딜러는 이렇게 털어놓았다. 자신과 친구들은 '사람들을 속일 새로운 방법'을 궁리하며 잠이 든다고.

♣ 엿보기

표시한 카드는 법정에서 구체적인 증거로 쓰일 수 있다는 단점이 있다. 따라서 톱 카드를 식별하기 위한 방편으로 톱 카드의 앞면을 직접 보는 방법이 더 흔히 사용된다. 이 수법은 어떤 카드든 상관없이 통한다는 장점이 있다. 이를 엿보기^{peeking}라고 한다.

노련한 딜러는 플레이어들이 빽빽이 앉아 있는 테이블에서도 들키지 않고 톱 카드를 훤히 들여다볼 수 있다. 플레이어 한 사람이 버스트했다고 하자. 딜러는 해당 플레이어의 칩과 카드를 회수한다. 딜러는 이럴 때 대개 양손을 사용한다. 왼손에 카드 뭉치를 쥐고 있다면 딜러는 왼손을 돌려 자연스럽게 데크가 뒤집히도록 한다. 이렇게 한 다음 팔을 어정쩡하게 뻗은 상태에서 왼손을 그대로 멈추어보라. 이제 오른손을 쓰윽 앞으로 뻗으면서 카드 뭉치 오른쪽 뒤쪽 모퉁이를 살짝 아래로 구부린다. 이렇게 하면 카드 앞면의 일부분이 노출되므로 딜러는 무슨 카드인지 볼 수 있지만, 테이블 건너편에 앉은 사람에게는 살짝 드러난 카드의 앞면이 보이지 않는다. 이런 상태에서 감히 왼손으로 카드를 구부리려는 사람은 없을 것이다. 그러나 노련한 딜러는 재빨리 들키지 않고 데크를 쥔 손으로 카드를 구부릴 수 있다. 다행히도 많은 속임수 딜러는 세컨드 딜러보다 엿보기에서 숙련도가 부족하므로 유심히 관찰하면 엿보기하는 딜러들을 종종 적발할 수 있다.

딜러의 행동이 미심쩍다면 엿보기를 적발하거나 중단시킬 수 있는 한 가지 방법이 있다. 딜러가 엿보기를 할 때 '샤이너^{shiner}(카드 게임의 속임수 장치로 종이 성냥, 라이터 등에 거울을 부착해 카드의 앞면을 보려는 장치)'를 쓰지 않는다면 엿보기 하는 카드에 눈길이 머무를 것이다. 한 사람이 플레이하는 동안 다른 사람이 그 플레이어 뒤에 서서(세컨드 딜링에서 논의하겠지만 서 있으면 앉아 있는 것보다 유리하다) 딜러의 눈을 쳐다본다. 딜러가 데크에 눈길을 줄 때마다 서 있는 감시자가 밑에 있는 데크를 눈으로 흘긋 봐서 엿보기가 가능한지 확인하고는 다시 딜러에게 눈길을 돌린다. 감시자는 또한 패를 돌릴 때마다 언제나 데크에서 눈길을 떼지 말아야 한다.

내 경험으로는 이 기법이 아주 효과적이었다. 속임수를 쓰는 일부 딜러들은 혹시나 발각될까 너무 긴장한 나머지 서툴러져서 더 빨리 발각되었다. 일부 딜러들은 부담을 느껴 속임수를 그만두었다.

샤이너는 숨겨둔 작은 거울로, 딜러는 패를 돌릴 때나 돌리기 전에 이 거울로 카드의 앞면을 본다. 샤이너는 반지, 담뱃대 안, 칩 통의 반들반들한 모서리 같은 곳에 둔다. ㉝

집에서 간단히 할 수 있는 실험

딜러가 마음대로 엿보고 세컨드 카드를 딜링한다고 가정하자. 딜러가 이렇게 하려고 마음먹을 때마다 평균적으로 딜러에게 어마어마한 어드밴티지가 돌아간다는 사실을 알 수 있는 간단한 실험이 있다. 이 실험은 집에서 할 수 있다. 플레이어 한 명에게 한 핸드를 돌리고 (필요하면 가상으로) 자신이 딜러가 되어 한 핸드를 자신에게 돌린다. 이때 플레이어가 기본 전략을 쓰도록 한다. 플레이어나 자신에게 카드 한 장을 주기 전에 언제나 톱 카드를 엿본다(간단하게 하려면 테이블 위에 있는 모든 카드를 앞면이 보이게 놓으면 된다). 해당 카드를 딜링하고 싶지 않으면 두 번째 카드를 나누어준다. 여기서 판단력이 요구된다. 자신의 판단이 옳다고 생각되면 각 핸드에 처음에 칩 한 개를 베팅하라. 이런 방식으로 100핸드의 결과를 기록하라. 다시 섞어야 할 필요가 있을 때마다 데크를 잘 섞는다. 나는 기본 전략을 쓰는 플레이어를 상대해 100핸드를 해보았다. 플레이어는 9유닛을 땄고 딜러는 110유닛을 땄다. 딜러의 순수익은 무려 +101%였다. 속임수를 쓰지 않고 100핸드를 했을 때의 결과인 〈표 2.6〉과 이 결과를 비교해보라.

♣ 세컨드 딜링

전 세계에 걸쳐 카드 속임수 수법은 말 그대로 수백 가지가 있지만 세컨드 딜링은 그중에서도 핵심적인 무기다. 세컨드 딜링을 능수능란하게 한다면 전문가조차 눈치 채기 어렵다. 16세기에 이미 손놀림 속임수와 카드 조작은 상당한 수준이었다. 당대의 가장 능수능란한 도박꾼인 제롤라모 카르다노$^{Gerolamo\ Cardano}$(1501~1576, 이탈리아의 수학자·의학자)의 보고서를 참고하라. ㉚ 여기에는 달마구스(혹은 달마우투스)와 프란시스코 소마$^{Francesco\ Soma}$의 놀라운 기술과 트릭에 관한 이야기도 있다.

발각하는 한 가지 방법으로 나누어주는 카드들의 소리를 드는 방법이 있는데 이는 카지노가 대체로 시끌벅적하므로 소용이 없다. 원리는 이렇다. 톱 카드$^{top\ card}$(첫 번째 카드)를 돌리면 톱 카드의 밑면만 다른 카드를 스치게 되는데 세컨드(두 번째) 카드를 빼내면 이 카드의 앞면과 뒷면 모두가 다른 카드들을 스치게 된다. 따라서 세컨드 카드를 나누어주면 대개 휙, 휙, 스륵(세컨드 카드), 휙 이런 소리가 난다. 물론 이 소리와 다른 소리의 차이는 미세하므로 적발하려면 주위가 조용해야 한다.

  이 수법이 어떤 것인지 대략 감을 잡으려면 막 패를 나누어주기 직전인 것처럼 카드 뭉치를 왼손에 놓아라. 이제 카드 뭉치를 다음과 같이 재배열하라. 왼쪽 앞 모퉁이를 집게손가락의 두 번째 마디에 놓아야 한다. 이 손가락 끝을 데크의 맨 위 카드 위에 살짝 놓아야 한다(이렇게 하면 두 번째 카드의 움직임 때문에 세 번째 카드가 앞으로 삐져나오는 사태를 방지할 수 있다). 왼쪽 뒤 모퉁이는 손바닥에 꼭 고정시켜야 한다. 둘째, 셋째, 넷째 손가락들은 카드 뭉치 밑에서 오른쪽 면을 감싸야 한다. 이들 손가락 끝 역시 데크 위에 살짝 올려놓아야 한다.

  이제 앞쪽을 향해 데크 위에 편안히 놓여 있는 엄지로 톱 카드를 왼쪽으로 살짝 1센티미터 정도 민다. 1센티미터 정도라고 한 것은 이해를 돕기 위한 수치이며 전문가는 톱 카드를 왼쪽으로 (또는 아래로, 이 역시 중요한 대안이다) 아주 조금만 민다. 패를 적절하게 쥐었다면 이 동작 때문에 나머지 카드들이 움직이지는 않는다. 이제 두 번째 카드의 모퉁이가 노출되었다(삐져 나왔다). 오른손 엄지를 써서 이 삐져 나온 모퉁이로 여느 때처럼 두 번째 카드를 앞으로, 오른쪽으로 민다. 두 번째 카드의 일부가 나오면 일상적으로 패를 돌릴 때처럼 오른손 엄지와 집게손가락으로 이 부분을 잡는다. 동시에 왼손 엄지로 첫 번째 카드를 밀어서 원위치시킨다. 쥐는 법이 적절하다면 이 전체 과정 중에 오직 톱 카드와 세컨드 카드만 움직인다. 두 번째, 세 번째, 네 번째 손가락 끝의 높이가 적절하면 두 번째 카드를 빼낼 때 두 번째 카드 밑에 있는 카드들이 움직이는 것을 막을 수 있다. 따라서 두 번째 카드를 돌리고 나면 데크는 평소와 다를 것이 없어 보인다. 이는 전문가의 숙련된 기법은 아니지만 세컨드 딜링이 어떻게 이루어지는지 이해될 것이다.

테두리가 있는 카드를 사용한다면 두 번째 카드가 나올 때 톱 카드의 오른쪽 테두리*가 거의 움직이지 않는다는 사실을 눈치 챘을 것이다. 그러나 톱 카드를 돌린다면 톱 카드가 데크에서 완전히 빠져나올 때까지 두 번째 카드의 오른쪽 테두리 전부 또는 일부가 숨어 있다. 따라서 테두리가 있는 카드를 쓸 때 세컨드 딜링을 적발하는 한 가지 방법은 오른쪽 테두리(맞은 편 테이블에 앉은 플레이어가 보면 왼쪽 테두리)를 위에서 보면서 이 카드가 딜링될 때 이 테두리가 움직이는지 보는 것이다.

이런 적발 행위를 막기 위해 많은 세컨드 딜러$^{second\ dealer}$(세컨드 딜링 속임수를 쓰는 딜러)가 테두리가 없는 데크를 쓴다. 그러나 속임수를 쓰지 않는 카지노들 역시 테두리가 없는 카드를 쓰기 때문에 테두리가 없는 데크를 쓴다고 속임수를 쓴다는 법은 없다. 플레이어가 세컨드 딜링을 더 눈치 채기 어렵게 하려고 딜러는 대개 데크 앞쪽을 살짝 들어 올리는데, 이렇게 하면 플레이어가 보기에는 카드 끝부분이 들려 있는 것으로 보인다. 이럴 경우 카드가 딜링되는 순간 카드 뒷면이 전혀 보이지 않기 때문에 테두리가 있고 없고는 중요하지 않다.

딜러들은 종종 데크의 앞쪽 끝을 위로 살짝 들어 올린 다음 자기 가

---

* 이 책의 글은 딜러가 오른손잡이라는 것을 전제로 한 것이다. 딜러가 왼손잡이라면 '오른쪽'과 '왼쪽'을 바꾸어 적용한다.

슴 쪽으로 기울이는데 이렇게 하면 서서 카드놀이를 구경하면서 참견하는 훈수꾼들이 톱 카드의 뒷면을 보지 못한다. 이런 식의 수법을 쓰면 누구나 발각되지 않고 세컨드 카드를 딜링할 수 있다. 스스로 한 번 톱 카드를 살짝 아래로 내리고 두 번째 카드를 위로 향하면서 앞으로 빼내 딜링한 다음 톱 카드를 원위치하면 된다.

지금 카지노에서 가장 널리 사용되는 테두리 없는 카드는 Bee No. 67이다. 뒷면의 패턴이 흰색 사선들이 엇갈리면서 마름모꼴을 이루고 있다. 훈련되지 않은 눈에는 이 패턴이 어지럽거나 알아보기 어렵다. 이 패턴을 쓰면 세컨드 딜링을 발각하기가 더 어렵다. 이 패턴에 손목 튕기기 기술까지 쓰면 더욱 효과적으로 세컨드 딜링이 발각되는 사태를 막을 수 있다.

🔥 데크 스택 : 하이-로우 픽업

실제로 카지노에서 사용되고 있는 속임수 수법들을 연구하기 위해 카지노를 탐사하던 중 나는 새로운 게임을 만났다. 4벌의 카드를 모두 함께 섞은 뒤 게임하는 것을 제외하고는 대체로 일반적이었다. 게다가 카드도 '슈^{shoe}(나누어줄 카드를 담는 통)'에서 나누어주었다. 슈는 뚜껑이 열린 검은 플라스틱 상자다. 4벌의 카드를 섞은 뒤 이 상자에 넣는데 가로로 길게 넣는다. 상자 끝 밑바닥에는 가늘고 긴 홈이 있고, 이 홈 바로 위에는 타원형의 작은 구멍이 있다. 이 타원형 구멍을 통해 카드 뒷면이 보였다. 딜러가 오른손 엄지를 이 타원형 속에 넣고는 카드를 밑으로 뺀 뒤 하나씩 홈을 통해 카드를 빼내어 돌렸다.

• 카드 슈

이는 10카드 카운트 전략을 사용하기에 이상적인 게임 같았다. 왜냐하면 게임에 사용되는 카드들이 아주 많아서 각 핸드에 따라 유리한 정도의 변동(앞선 핸드에서 사용된 카드에 의해 결정됨)이 1벌 데크를 사용하는 게임보다 훨씬 작을 것이기 때문이다. 따라서 플레이어들이 고액 베팅을 테이블에 놓고 있을 때 베팅 규모의 아래 위 변동폭이 훨씬 작게 된다. 유리한 상황을 기다리면서 30분 게임한 결과 이 사실이 확인되었다.

나는 기다리는 동안에는 1달러를 베팅하다가 마침내 유리한 상황이 연속으로 나타나자 베팅액을 5~25달러로 바꾸었다. 4벌의 카드가 동이 나기 전까지 유리한 상황이 꾸준하게 지속되었다. 나는 80달러 정도를 땄다. 이후 2~3시간 동안 비슷한 결과가 있었고 나는 160달러 정도를 벌었다. 옆에 서 있던 카드 전문가 친구는 게임이 무척 안전하다고 생각하고 자리를 떴다. 그런데 얼마 못 가 우리는 값비싼 수업료를 치르게 되었다.

잠시 후 이전에 상대해본 적이 없는 딜러가 내가 있는 테이블로 왔다. 몇 분 뒤 4벌의 카드가 세팅되었고, 이번 게임에서만 나는 거의 모든 핸드에서 돈을 잃었다. 4벌 카드가 다 없어질 무렵 나는 250달러를 잃었다. 깜짝 놀란 나는 의심의 눈초리로 딜러를 유심히 살폈다.

딜러가 슈에서 두 번째 카드를 딜링할 수 있다는 건 분명했다. 그런데 톱 카드를 어떻게 식별할 수 있었을까? 샤이너를 사용할 가능성은 배제된 상황이라서 엿보기는 불가능해 보였다. 카드 표식은 어떨까? 딜러의 눈을 쳐다보았지만 딜러는 타원형 구멍으로 드러난 카드 뒷면의 일부분을 한 번도 쳐다보지 않았다.

다음 10라운드에는 4벌 카드의 유리한 정도가 평균적이어서 나는 다시 베팅액을 1달러로 낮추었다. 그러나 나는 거의 모든 판에서 돈을 잃었다! 그러자 나는 카운팅하기 시작했는데 26핸드에서 24패 1무1승이었다! 26 핸드 중 24 핸드를 질 확률은 200만 분의 1이다!* 믿을 수가 없었다. 너무 피곤해서 카운팅을 제대로 못한 걸까? 잘못 계산할까 싶어 다음부터는 칩을 조그맣게 쌓아올려 승수와 패수를 계산했다. 더불어 딜러가 눈치 챌 수 있도록 대놓고 카운팅했다. 내가 카운팅한다는 사실을 알면 딜러가 행동 패턴을 바꾸는지 확인하고 싶었다. 딜러는 바뀌지 않았다. 그다음 14핸드에서 나는 12패, 1무, 1승이었다. 40핸드에서 36핸드를 패배할 확률은 약 2억 5,000만분의 1이다! 나는 낙담했다. 딜러는 어떻게 한 걸까?

그런데 이상한 점이 발견되었다. 딜러가 10페어를 잡아 이겼는데 내 손에 있던 낮은 점수의 카드 한 장을 이 10카드 두 장 사이에 슬쩍 끼워 넣었다. 내 패에서 점수가 낮은 카드를 가져가 10카드 두 장 사이에 넣는 것을 보았다. 우연이었을까? 나는 곧 사용된 카드들이 '로우-하이,

---

* 승패 확률을 각각 50%로 가정하고 이 수치를 계산하는 독자들은 20만분의 1이 약간 넘는 결과를 얻을 것이다. 그러나 무승부 확률이 10% 가까이 되므로 계산에 넣어야 한다. 무승부 상황까지 감안하고 이렇게 질문한다. "26핸드에서 최소 24패를 할 확률은 얼마인가?" 패배할 확률 약 45%, 무승부 또는 이길 확률 약 55%로 했을 때 200만분의 1이라는 결과가 나온다.

로우-하이' 순으로 쌓인다는 사실을 발견했다.

그 뒤 나는 패를 돌릴 때 그 카드들이 나오는 것을 지켜보았다. 우리 여섯 사람은 핸드를 집어 들었는데 (10, 3), (10, 2), (10, 6), (9, 5) 등이었다. 나는 이제 게임을 멈추고 딜러의 부지런한 손놀림을 지켜보았다. 그는 카드 회수를 어찌나 능란하게 하는지 그가 하이, 로우를 서로 번갈아 넣는 것을 눈치 채기가 어려웠다. 딜러는 셔플을 해도 카드 순서가 유지되도록 했다(정말 카드를 섞는 것처럼 보이지만 실은 위장 셔플로 카드 순서가 실제로는 바뀌지 않는다). 이는 카드 사기꾼이 쓰는 전형적인 무기다. 패를 돌릴 때 딜러는 엿볼 필요도, 표시가 된 카드를 사용할 필요도 없었다. 자신이 쌓은 순서대로 카드가 그 자리에 있었으므로 어떤 카드가 어디에 있는지 알고 있었기 때문이다.

내가 초반에 연속으로 '끗발'을 올리자 카지노는 즉시 거칠게 대응했다. 나는 이것이 카지노의 정책인지 알아보려고 했다. 이 딜러가 대체로 액션이 가장 크게 걸린 테이블에서 게임한다는 것을 알아냈다. 더욱이 다른 딜러들은 대부분 그만큼 능수능란하지 못했다. 나머지 딜러들은 '카드의 달인'이 아닌 듯했다. 내가 이런 딜러들의 테이블에서 1달러를 베팅할 때는 딜러들이 속임수를 쓰지 않았고, 스택 속임수 기법을 쓰는 딜러는 다른 곳에서 분주했다. 나는 이런 딜러(달인이 아닌 딜러들) 몇 사람과 대화를 나누면서 내 짐작이 맞는지 알아보기로 했다. 최근에 돈을 따간 사람이 있는지 물었다. 몇몇 딜러가 지난 주 돈을 딴 사람이 하나 있다고 했다(나머지는 돈 딴 사람을 기억해내지 못했다). 이 사람은 500달러를 땄다고 했다. 그 사람은 아마도 짧은 시간 동안 꽤 크게 베팅했을 것이다. 딜러는 그가 25~50달러를 베팅했으며(더블 다운과 페어 스플리팅 시 100달러), 단 시간 동안 게임했다고 했다. 따라서 1~2달러를 베팅했다고 하면 그 사람이 딴 금액은 20달러가 된다. 그는 운이 좋았고 '거물'이 들이닥치기 전에 게임을 그만 둔 모양이었다.

나중에 안 사실이지만 하이-로우 픽업을 쓰는 카지노들은 많았다. 하이-로우 픽업의 위력을 보여주는 실험이 있다. 에이스, 10, 9를 '하이'라고 하고 2~7을 '로우'라고 하자. 그리고 8카드 두 장은 '하이', 나머지 8 카드 두 장은 '로우'라고 하자. 예를 들어 하트 8, 다이아몬드 8은 '하이', 클로버 8과 스페이드 8은 '로우'로 간주한다. 이렇게 하면 8카드가 0으로 카운팅된다(8카드는 0으로 계산되어야 하므로 8카드 네 장 중 두 장은 하이, 두 장은 로우로 계산). 데크를 로우-하이, 로우-하이로 쌓는다. 그리고 이제 자신을 딜러라고 생각하고 가상의 플레이어에게 패를 돌린다. 플레이어에게는 로우-로우를 주고 자신이 하이-하이를 받도록 패를 돌린다. 데크 순서가 로우-하이라면 그냥 패를 돌리면 자동으로 이렇게 된다. 데크 순서가 하이-로우라면 세컨드 딜링을 하면 된다. 이런 식으로 하면 거의 모든 핸드를 이기게 된다. 이처럼 데크 스택 수법을 쓴다면 당장 빠져나와야 한다.

♠ 데크 스택 : 7카드 스텝업

어느 날 오후 나는 10~100달러를 베팅하며 게임을 하고 있었다. 서너 데크를 게임하고 나니 딜러가 매 데크를 처음 시작할 때 딜러의 점수가 처음 핸드는 21, 다음 핸드는 20이라는 사실을 깨달았다. 더 놀라운 것은 21이 매번 스페이드 에이스와 10카드인 클럽 퀸으로 이루어졌다. 바로 곁에는 내가 사비로 고용한 마이클 맥두걸 씨$^{Mr.\ Michael}$ ^{MacDougall}가 있었다. 그는 카드 속임수를 간파하는 세계적으로 탁월한 능력자이자 네바다도박규제위원회의 특별 조사관이었다(이 장의 나머지 부분은 4장에 설명한 이 달의 여정에 앞서 이루어진 여행에서의 경험을 토대로 작성한 것이다).* 맥두걸 씨는 딜러가 7, 8, 9, 10, 10, J, Q, K, A 순으로 카드를 정리한다고 내게 일러주었다. 이 순서는 카드를 섞는 도중에도 변하지 않는다. 미리 선정해놓은 카드 몇 장은 전혀 건드리지 않고 반복해서 덱크를 섞는 것은 아주 고전적인 카드 속임수에 속한다. 이 일련의 카드들은 '브리지^{bridge}(카드 속임수의 일종으로 커팅할 때 이 부분에서 커팅되도록 구부린 카드)'된다. 즉 가운데를 세로로 살짝 구부려 놓는다. 이렇게 한 뒤 테이블 위에 엎어놓으면 가운데 부분이 테이블에 닿지 않는다.

딜러는 (순서를 맞춘) 일련의 카드들이 덱 중간쯤에 오도록 한 상태에서 나에게 커팅하라고 덱크를 주었다. 이런 사정을 잘 모르는 플레이어는 브리지된 카드가 맨 꼭대기에 오도록 덱크를 커팅한다. 스스로 한 번 해보라.

우리 이야기로 돌아가자. 나는 7이 맨 위에 오도록 커팅했고 딜러가

---

* 맥두걸은 특약 칼럼 ㉟, ㊲에서 우리가 당한 속임수에 대해 논의했다. 우리가 게스트로 참석한 1963년 4월 7일 'Open End'에서 맥두걸은 속임수에 대해 언급했다. 그는 전국 각지에서 클럽들과 디너파티 손님들을 상대로 속임수를 폭로한다. 우연인지 몰라도 네바다 주에서는 전처럼 맥두걸에게 조사관 업무를 맡기는 일이 예전만큼 많은 것 같지 않다.

패를 돌렸다. 내게 8, 딜러에게 9, 내게 10, 딜러에게 10이 돌아갔다. 딜러 19, 나는 18이다. 다음 핸드에서 내게 J, 딜러에게 Q, 내게 K, 딜러에게 A가 돌아갔다. 딜러의 내추럴이 나의 20을 이겼다. 딜러는 이 카드들을 회수할 때 동일한 순서로 다시 스택했다. 다음 데크에도 똑같은 상황이 반복되었다. 두세 명의 플레이어를 상대할 때 이런 카드 스택이 효과적이라는 사실을 쉽게 알 수 있을 것이다.

카지노에서는 딜러들이 퇴근할 때 데크를 주머니에 넣고 간다. 새로운 딜러가 오면 주머니에서 데크를 꺼낸다. 그들은 떨어져서 데크에 '스텝업' 한다. 켄터키 주 뉴포트 출신의 한 딜러가 이 스텝업의 창시자로 그는 자신의 업적에 어찌나 자부심을 갖고 있는지 스텝업 수법을 쓰는 카지노에게 로열티를 요구할까 생각했다고 한다.

스텝업 수법과 아주 밀접한 연관성이 있지만 훨씬 더 순진해 보이는 스택 기법은 매번 데크의 처음 몇 장이 10카드들로 시작되게 카드를 정렬하는 것이다(현재는 많이 쓰이지 않음). 이렇게 하면 첫 번째 라운드에서 모두 20으로 무승부가 된다. 그러나 이어지는 라운드들은 데크에서 10카드가 줄어든 상태에서 진행된다. 그 효과는 게임 시작 전에 10카드 몇 장을 제거한 상태에서 하는 것과 동일하다.

스텝업을 유지하기 위해 사용되는 섞기 기법은 구경꾼들에게 데크가 위장으로 섞이는 것이 아니라는 것을 보여주기 위해 사용된다. 딜러는 카드를 섞고 난 뒤에 카드 모서리를 쳐서 카드를 평평하게 만들기도 한다. 이런 식으로 하이-로우로 배열한 순서가 유지될 수 있다.

내가 잠깐 상대했던 탐욕스러운 금발머리 딜러는 하이-로우로 배열한 카드 뭉치를 20장까지 유지했다. 내가 이 딜러에게 카드 뭉치 일부가 하이-로우로 배열되었다며 지적하자 딜러는 카드를 섞어서 배열을 무너뜨리는 것을 거부했다.

종종 딜러 한 사람과 기다리는 고객만 있는 텅 빈 블랙잭 테이블을 보게 된다. 이런 테이블 위에는 대개 데크를 앞면이 보이게 펼쳐놓는다. 아마 모든 카드가 다 있다는 것을 플레이어에게 보여주려는 의도일 것이다. 데크를 막 새로 꺼냈을 때 카드들이 원래 순서대로 있으면 빠진 카드가 있는지 쉽게 알 수 있다. 카드가 섞이고 나면 빠진 카드가 있는지 여부를 쉽게 알 수 없다. 그리고 테이블에 앉자마자 카드를 그러모아 섞어 게임이 진행된다. 그러므로 데크를 확인할 시간이 없다.

우리가 이처럼 손님이 없는 테이블에 서 있으면 마이클 맥두걸 씨가 데크를 살피고 스텝업이 있는지 알려주었다. 우리는 의심이 가는 카지노에 갔다. 그런데 접근한 첫 번째 테이블에서 스텝업을 목격했다. 우리는 1달러를 베팅했다. 딜러는 카드를 섞지도 않고 우리에게 커팅하라고 데크를 주었다. 예상했던 대로 우리는 스텝업이 맨 위에 오도록 커팅했는데도 딜러는 20을 받았다. 그다음에 딜러는 21을 받았다. 우리는 이러저러 하므로 스텝업이라는 속임수에 당했다고 말했고 딜러는 환하게 웃으며 자신의 솜씨를 자랑스러워했다. 드디어 자신의 작품을 알아보는 사람이 생겼다며 뿌듯하는 듯했다. ㊲

앵커맨

라스베이거스에 있는 한 대형 호텔의 카지노는 전혀 속임수가 없는 듯했다. 내가 5~50달러를 베팅하면서 30분 사이 200~300달러를 따자 핏 보스가 와서 농담하듯 시스템의 작동 원리가 뭐냐고 물었다. 맥두걸 씨는 그에게 '엘리베이터처럼 위아래로' 움직인다고 대답했다. 핏 보스가 아주 사근사근한데다 이제는 게임할 장소도 없어서 이 호텔에서 이렇게 게임하기로 방침을 정했다. 5~50달러를 베팅하고 200달러를 따거나 45분 게임을 한 후 중단하기로 했다. 45분이면 꽤 짧은 시간으로 몇 분 쉬고 나면 카운팅하느라 긴장했던 심신도 회복할 수 있다. 200달러를 따고 그만두면 금액이 적기 때문에 그저 운이 좋았던 걸로 보일 수 있어서 괜한 의심을 사지 않아도 된다.

아마도 독자들은 4장에 보고한 앞선 실험과 달리 이처럼 소심하게 작은 규모로 베팅하는 것을 의아하게 생각할 것이다. 이 두 시점 사이에 네바다의 환경은 급격하게 변한 듯하다. 이번 여행에서 우리는 250~500달러 이상 따거나 한 번에 50~100달러를 베팅하면 위험에 처한다는 것을 배웠다.

이 카지노는 몇 번 더 우리를 환영했다. 우리는 8번 연속 카지노를 이겼다. 우리가 9번째 승리를 위해 부지런히 작업을 하고 있는데, 핏 보스가 딜러를 부르더니 뭐라고 얘기했다. 내 친구 맥두걸이 딜러가 하는 소리를 엿들었다. "알았어요. 그걸 주죠." 딜러가 돌아오자 우리는 내게 무얼 주려고 하는지 물었다. 딜러는 그저 웃기만 했다. 우리는 딜러의 손과 눈에서 눈을 떼지 않았다. 그는 어떤 의심스러운 행동도 하지 않았다. 이상하다고 생각했지만 게임을 계속했다. 몇 분 뒤 아주 평범한 남자 한 명이 죽 늘어선 블랙잭 테이블 뒤로 난 통로를 엄청난 속도로 내려왔다. 그가 우리 테이블을 재빨리 지나가는데 핏 보스가 휘파람으로 신호를 보냈다. 그는 갑자기 홱 몸을 돌리더니 내 오른쪽 자리에 털썩 앉았다. 나는 베팅 금액을 줄이고 사태의 추이를 지켜보았다.

우리는 딜러가 '엿보기' 수법을 쓰고 있을지도 모른다는 것을 눈치챘다. 하지만 딜러는 세컨드 딜링은 하지 않았다. 새로 온 플레이어는 드로우할지 스탠드할지 결정하기 전에 딜러의 눈을 쳐다보았다. 나는 그 사람이 일관된 전략을 따르고 있는지 보려고 베팅을 정산할 때 그의 카드를 보려고 했다. 그러나 그가 카드를 엎은 상태에서 던지거나 딜러가 엎은 상태로 그의 카드를 회수하는 바람에 뒷면밖에 볼 수 없었다. 마침내 나는 이 사내의 카드를 흘긋 두 번 보았다.

그는 한 번은 하드 8에서 스탠드했고 두 번째는 하드 19에서 드로우했다! 더 살펴보니 딜러가 엿보기 속임수를 쓰고 있었다. 내게 톱 카드를 주고 싶으면 딜러는 새로운 플레이어('앵커맨'이라고 부름)에게 스탠드하라는 신호를 보냈다. 나에게 톱 카드를 주기 싫으면(예를 들어 내가 더블 다운했고 나눠줄 패가 9나 10이라는 것을 알았을 때) 딜러는 앵커맨에게 드로우하라고 신호를 보냈다. 앵커맨이 있으면 세컨드 딜링이 필요 없다. 그리고 표시된 카드를 쓰면 엿보기조차 필요 없다.

그 딜러는 오랜 습관에서 형성된 내 행동을 통해 내가 더블 다운할지, 드로우할지, 스탠드할지, 페어를 스플리트할지 쉽게 유추해냈다. 따라서 포커페이스를 유지하는 능력은 카지노 블랙잭에서 요긴한 기술이다. 앵커맨에 맞서는 더 쉬운 방법은 자기 차례가 될 때까지 기다렸다가 자기 패를 보는 것이다. 이렇게 하면 나도 모르는 사이에 앵커맨을 쓰는 딜러를 돕는 일을 피할 수 있다.

우리는 우리가 있던 테이블에서 가장 멀리 떨어진 테이블로 옮겼다. 나는 테이블에 이미 앉아 있던 남자가 내 오른쪽에 오도록 자리를 잡아서 앵커맨이 앉을 자리를 없애버렸다. 딜러에게 누군가 전갈을 보냈고 앵커맨은 참을성 있게 기다렸다. 몇 분 뒤 내 오른쪽에 앉은 남자가 일어섰고 앵커맨이 털썩 앉았고 우리는 곧바로 떠났다. 그 카지노에서 재밌게 놀기는 다 글렀으니까❸❺.

앵커맨은 딜러의 오른쪽에 앉을 수도 있다. 그러고는 딜러의 신호에 따라 스탠드하거나 드로우한다. 이렇게 되면 앵커맨 다음 순서가 되어 딜러 본인에게 더 유리한 카드를 뽑을 수 있다. 첫 번째 경우처럼 플레이어 오른쪽에 앵커맨을 두면 플레이어 한 사람만 불운에 시달리지만 이렇게 두 번째 경우처럼 딜러 오른쪽에 앵커맨을 두면 딜러의 좋은 패에 테이블에 앉은 플레이어들이 모두 무릎을 꿇게 된다.

다른 카지노들에서도 앵커맨과 여러 번 마주쳤다. 내륙으로 둘러싸여 해변이 없는 네바다 주가 미합중국에서 어떤 주보다 많은 '해병'을 보유하고 있는 듯하다.

♣ 패 미리 엿보기

딜러의 공개된 카드가 10이면 딜러는 즉시 홀 카드를 확인해 자신이 내추럴인지 여부를 살펴본다. 딜러의 공개된 카드가 에이스면 딜러는 먼저 인슈어런스를 원하는지 플레이어에게 물어보고(인슈어런스 규칙이 사용된다고 가정), 플레이어가 인슈어런스 여부를 결정한 뒤에야 자신의 홀 카드를 확인한다. 딜러의 공개된 카드가 10이나 에이스가 아니면 자신의 차례가 오기 전에 홀 카드를 볼 이유가 없다. 나는 딜러의 공개된 카드가 에이스일 때 플레이어에게 인슈어런스를 제공하기 전에 자신의 홀 카드를 먼저 확인하는 것을 여러 차례 보았다. 이들은 그 뒤 자신들의 행위와 태도로 플레이어에게 영향을 미치려고 했다.

자기 패가 내추럴이면 인슈어런스를 제공하지 않거나 플레이어들을 재촉했다. 자기 패가 내추럴이 아니면 플레이어에게 시간을 넉넉히 주고 얼굴 표정을 통해 인슈어런스하는 편이 현명하다고 넌지시 압박했다. 공개된 카드가 10도 아니고 에이스도 아니면 즉시 자신의 홀 카드를 보는 딜러들도 가끔 있다. 이들은 자신에게 필요한 카드를 발견할 때까지 계속 엿보다가 필요한 카드를 발견하면 세컨드 딜링을 통해 그 카드를 자신에게 준다.

🂠 메커닉 항시 대기 중

카드 메커닉$^{card\ mechanic}$(카드 게임에서 속일 목적으로 카드를 변조하는 기술을 가진 사람)은 날랜 손재주로 자신의 목적을 이루는 능란한 사기꾼이다. 일부 대형 카지노는 메커닉을 자체 보유하고 정기 근무조에서 딜러로 일하게 만든다. 메커닉은 일반 딜러보다 훨씬 높은 급여를 받기 때문에 속임수를 쓰는 카지노는 채산성 때문에 이들이 벌어주는 추가 수익으로 월급을 감당할 수 있을 만큼만 메커닉을 고용한다. 근무조마다 메커닉은 대체로 한 사람이다. 어느 날 아침 나는 10~100달러를 베팅하며 돈을 따고 있었다. 잠시 후 딜러는 근무 시간이 끝나서 물러가고 교대 근무자가 왔다. 갑자기 핏 보스가 달려오더니 교대 근무자를 야단치더니 다른 테이블로 보내고는 아까 딜러를 계속 있게 했다.

몇 분 뒤 핏 보스가 소환한 다른 딜러가 교대하러 왔다. 나를 보호하고 있던 전문가에 따르면 새로 온 딜러는 메커닉이었다. 의심스러운 움직임들은 있었지만 명백한 속임수는 발견할 수 없었다. 그러나 아무리 눈썰미가 좋아도 솜씨 좋은 메커닉의 움직임을 포착하기 어려웠다. 그저 몇 가지 결과가 의심스러울 뿐이다. 우리는 즉시 베팅한 돈을 거의 전부 잃었다. 10달러 수준으로 베팅해서 몇 분 만에 그동안 벌어놓은 200~300달러를 잃었다.

우리는 길을 건너 좀 더 작은 카지노로 갔다. 우리는 5~50달러를 베팅했는데 20분이 지나자 돈을 꽤 벌었다. 핏 보스는 아주 적대적이었고, 어딘가로 전화를 걸었다. 시간이 또 지났다. 시계를 보자 딜러가 근무를 끝내고 갈 시간이었는데 가지 않았다. '시계가 없는 도시'에서는 언제나 시계를 차고 근무 교대 시간이 되어 딜러가 바뀌는지 즉시 확인해야 한다. 패턴대로 근무 교대가 이루어지지 않으면 곤란한 일이 생긴다는 징조다.

우리 딜러는 37분 동안 근무했는데(이 카지노는 30분이 보통이다), 그때 다른 딜러들처럼 흰 셔츠와 검정 바지를 입었지만 그 카지노의 에이프런^{apron}(딜러의 주머니를 가릴 목적으로 허리에 두르는 보호대. 대체로 카지노 로고가 박혀 있다)은 두르지 않은 남자가 정문을 열고는 서둘러 우리 테이블로 왔다. 그는 곧바로 패를 돌렸다. 우리는 그가 메커닉이라는 것을 간파했다. 그가 웃으면서 아양을 떨었다. "신사분들, 술을 좀 드릴까요?" 핏 보스는 그제야 좀 누그러져서는 기분이 좋아 보였다. 아침나절 내내 음산하고 삭막하며 황량하던 그곳에 갑자기 사근사근한 분위기가 퍼졌다. 우리는 자리를 떴다.

♣ 기타 사소한 수법들

딜러가 속이는 방법은 아주 많으므로 여기서는 간략하게 소개할 수밖에 없다. 관심 있는 독자들은 참고 도서를 보면 상세하게 설명되어 있다 ⓰ ㉒ ㊱ ㊳ ㊶. 1961년 가을 상원이 조사하는 중에도 흥미로운 사실들이 많이 드러났다 ㉚ ㊷.

우리가 이렇게 경고하고 딜러들이 속이는 일이 빈번하기는 하지만 양심적이고 정직한 카지노도 많다. 이 장에서 우리의 목표는 독자들이 속임수의 위험을 분명하게 인식하고 충분히 알도록 해서 대부분의 경우 속임수를 간파하고 큰돈을 잃기 전에 다른 카지노로 발길을 돌리도록 하는 것이다. 이제 분명히 알았을 것이다. 속임수를 쓰는 곳에서 게임하는 것은 자살행위라는 것을 그리고 사실상 이길 가망이 없다는 것을 말이다.

♣ 속임수 피하기

사실 속임수를 당해도 실제로 속임수를 간파하기는 어렵다. 교묘한 속임수는 전문가만이 간파할 수 있고 때로는 전문가조차 간파하지 못한다. 어떻게 하면 속임수 때문에 큰돈을 잃는 사태를 피할 수 있을까?

내가 아는 최상의 방법(앞서 설명한 신문 배달 기법)이 지금 널리 사용되고 있는데 효험이 있다. 다시 한 번 설명하겠다. 밑천을 똑같이 10등분 또는 20등분하라. 예를 들어 판돈이 200달러라면 20달러씩 10개로 나눈다. 테이블에 앉으면 20달러어치 칩을 구매하라. 20달러를 잃거나 20달러를 딸 때까지 게임하라. 그런 다음 그만둔다. 1시간이 넘었는데도 계속 게임하고 있다면 이유 여하를 막론하고 무조건 중단하라. 그리고 다른 카지노로 가라. 상대했을 때 성적이 괜찮았던 카지노와 딜러를 다시 찾아라. 상대했을 때 성적이 시원찮았던 카지노와 딜러를 피하라. 이렇게 하면 속임수를 쓰는 사람이 누구든 큰 피해는 막을 수 있다. 그리고 속임수에 두 번 당하는 일도 없게 된다.

10

카지노의 속임수를 막을 수 있을까?

◪ 〈라이프〉 속보 : 속임수에 관한 이야기

〈라이프〉 소속 기자인 폴 오닐이 오랫동안 은폐되어 있던 네바다 블랙잭의 속임수를 폭로했다.❹ 〈라이프〉는 나와 나의 게임 방식에 관한 특집 기사를 실었다.

"소프는 사기꾼 딜러들에게 당했다. 그는 핏 보스에게 쫓겨났고 바람잡이에게 괴롭힘을 당했다. 카지노 측은 끝없이 술을 권했고 인상이 험상궂은 경비원들의 감시를 받았다. 하우스에서 전기 충격기를 쓰고 음료에 진정제를 탄 덕분에 다리가 풀려 제대로 서지도 못하고 눈알이 튀어나올 뻔한 적도 두 번이나 있었다*."

기사를 준비하면서 오닐은 내 책을 읽었다. 그러고 나서 라스크루케스$^{Las\ Cruces}$(미국 뉴멕시코 주 남부 도시)에서 일주일을 보내며 나와 블랙잭에 대한 내 아이디어를 연구했다. 그 후 오닐은 나와 함께 나흘 동안 라스베이거스에서 보냈다(나는 1963년 추계연합컴퓨터회의 참석차 라스베이거스에 있었다). 나는 일하는 동안 시간을 내서 블랙잭을 했는데 4시간 30분 동안 420달러를 땄고 그는 이 모습을 지켜보았다(나는 상황에 따라 1~25달러를 베팅했는데 평균 베팅 금액은 약 5달러였다). 트로피카나에서 사진을 찍는 20분 동안 (카지노 운영진들은 몰랐다) 고맙게도 62.50달러를 벌었다.

〈라이프〉의 기사는 고통스러울 정도로 정확했고, 오닐은 철저하게 취재했다.

---

* 내가 바카라에서 닷새 밤을 연속 따자 하우스는 마지막 방책으로 이 방법을 시도했다. 이례째 밤까지 우리 팀이 계속 멈추지 않자 규칙이 변경되었다. 우리가 이용했던 사이트 베팅이 레이아웃에서 사라졌다. 자세한 내용은 ❺,❼을 참고하라.

《녹색 펠트 정글》의 저자들조차 속임수 상황에 대해 확신하지 못했다(아마 정보가 부족한 탓이리라). 양장본의 표지는 네바다 주 도박의 가장 추악한 단면을 그린 그림과 함께 이렇게 결론을 내리고 있다. "얄궂은 말이지만 도박 장비는 라스베이거스에서 정말 신뢰할 수 있는 유일한 것인지도 모른다."

네바다 주의 응수

〈라이프〉 기사는 그냥 지나칠 수 없는 문제였다. 서부에서는 항의가 빗발쳤다. 일례로 네바다 주 카슨시티^{Carson City}에 있는 네바다 도박규제위원회 의장인 에드워드 A. 올슨^{Edward A. Olsen}은 〈라이프〉에 편지를 보냈다.[48]

> 관계자들께
>
> 귀사의 기자도, 소프 박사도 이 진술을 뒷받침할 만한 증거를 갖고 있지 않습니다. "소프는 네바다 주의 거의 모든 대형 카지노에서 사기꾼 딜러들에게 당했다." 에드워드 소프 박사가 "자신이 속임수에 당하고 있을 때면 대체로 육감으로 알 수 있다"라고 귀사 기자가 진술했군요. 소프 박사의 21게임 카드 카운트 시스템도 과학적 탐구의 대상이겠지만 귀사 기자의 진술은 그보다 더 철저하게 과학적으로 규명해야 할 사안인 듯합니다. 저는 〈라이프〉가 네바다 주의 명예를 훼손했다고 생각합니다.
>
> · 에드워드 A. 올슨(주 도박규제위원회 의장)

〈라이프〉에 기사가 실린 직후인 4월 3일 올슨 씨는 속임수 혐의로 라스베이거스 카지노 실버 슬리퍼를 폐쇄했다. 한편 몇 군데 카지노들은 소프 시스템을 무력화하기 위해 블랙잭 규칙을 바꾸었다.

-편집자 주

그런데 왼손이 하는 일을 오른손이 모르는 게 분명했다. 올슨의 편지가 도착할 무렵 네바다의 한 신문이 이렇게 선언했다[25].

스트립 카지노 주정부에 의해 문을 닫다
실버 슬리퍼 불시 단속. 도박 당국 '속임수 주사위' 고발

기사는 이어서 이렇게 전하고 있다. 크랩 도박대를 정기 점검하면서 다섯 개의 주사위를 골랐는데, 나중에 확인된 바에 의하면, 주사위 다섯 개가 전부 퍼센티지 다이스$^{percentage\ dice}$(통상 확률보다 일정한 숫자가 더 자주 나오도록 변조된 주사위)였다. "규제위원회 의장 에드워드 A. 올슨이 공식 사실 확인서에 서명했다." 이보다 먼저 불거진 블랙잭 관련 속임수 사건은 두 번째 혐의로 보고되었다.

실버 슬리퍼는 지난해 이전에는 위법 사례로 이렇게 심각하게 법 집행의 대상이 되는 일이 없었다. 잠복근무하던 요원들이 21게임에서 한 딜러가 속임수 사용하는 것을 적발한 뒤 도박규제위원회와 게임위원회$^{gaming\ commission}$(주정부 또는 지방정부기관으로 도박 게임의 규칙을 제정하는 기관)가 항의서를 제출했다.

당시에는 어떤 조치도 없었으나 그 사건은 현재 항의서에 법적 조치의 두 번째 원인으로 지목되어 있다.

♣ 카드 속임수를 막는 방법

초판에서 나는 이 책에 설명한 거의 모든 블랙잭 속임수 수법을 저지할 수 있는 상세하고도 단순한 과정을 제시했다. 그런데 네바다는 이런 나의 제안들을 귓등으로 흘려버린 듯하다(쇠귀에 경 읽기였던 듯하다).

평범한 민간인이나 연방정부가 속임수를 근절하려면 어떻게 해야 할까? 많은 사람이 내게 이런 질문을 했고 나는 대답을 오랫동안 골똘히 궁리했다.

커다란 걸림돌이 하나 있다. 날랜 손놀림으로 하는 카드 속임수는 눈에 잡히지 않는다. 이런 것을 법정에서 어떻게 증거로 내세울 수 있겠는가? 사진을 찍거나 더 낫게는 속임수 행위를 동영상으로 찍어야 한다. 속임수 움직임을 프레임별로 볼 수 있도록 영상으로 찍는 게 이상적이다. 속임수 움직임, 속임수 딜러의 얼굴(식별을 위해) 그리고 레이아웃의 클럽 엠블렘을 찍어둔다.

그렇다면 속임수가 계속되지 못하게 저지하는 것은 무척 간단하다. 전국적으로 배포되는 책이나 잡지에 사진을 게재하고 행위를 설명하는 것이다.

사진을 얻는 가장 현실적인 방법은 (여전히 어렵기는 하지만) 초소형 동영상 촬영기로 영상을 찍은 다음 영상을 멀리 있는 녹음기에 옮기는 것이다. 그런데 이 문제는 법적인 문제가 있을 수 있다. 네바다 주법은 카지노의 허가 없이 카지노 내부에서 사진 촬영을 금지하기 때문이다.

🎲 빼돌린 돈에 재무성이 세금을 거두는 방법

1962년 미 재무성의 비밀 요원이 나를 찾아왔다. 네바다 주 일부 카지노들의 탈세를 조사하는 대여섯 명의 요원이 있었는데 이 요원이 거기 소속이었다. 그는 일부 카지노들이 총수입에서 거액의 돈을 빼돌리고 있다고 말했다. 이를테면 이런 수법이다. 블랙잭 테이블 밑에는 열쇠를 채운 상자가 있는데 손님들이 칩을 사면 그 돈이 테이블의 구멍을 통해 밑의 상자에 들어간다. 주기적으로 이 상자들을 회계실로 가지고 가서 개봉하고 안에 든 돈은 카지노 총수입의 일부로 기록된다. 이 요원에 따르면 계산기에 딸린 기록지에 100달러 지폐, 50달러 지폐, 20달러 지폐, 동전의 수가 기록된다.

그는 일부 카지노에서는 두 대의 계산기를 두고 하나로는 진짜 실제 수치를 기록하고 하나로는 크게 줄인 수치를 기록한다고 주장했다. 실제 총액과 신고된 총액의 차이만큼 세금을 피할 수 있다. 나는 이 요원에게 이런 걸 다 어떻게 아느냐고 물었다. 그는 동료 비밀 요원들과 함께 돈을 펑펑 쓰는 호구들인 척하며 일부러 떠들썩하게 도박을 즐기고 있었다고 했다. 이들은 카지노 측의 환심을 사서 급기야 가이드 관광의 일환으로 회계실에도 들어갔다고 했다.

• 기록지가 딸린 계산기

그는 요원 시절 경험된 비추어 보면 당시 카지노들이 수익의 3분의 1을 빼돌리고 있다고 추정했다. 1961년 네바다 주에 신고된 총 카지노 도박 수익이 2억 2,000만 달러이고 비용이 1억 8,000만 달러라면 4,000만 달러에 대한 세금이 약 1,000만 달러로 수익은 약 3,000만 달러이다. 그러나 1억 1,000만 달러가 누락된 것이 아닌지 의심스럽다. 즉 실제 수익은 1억 4,000만 달러이다! 그렇다면 정부가 거두지 못한 세금은 2,500만 달러가 넘는다. 그 요원이 나를 찾아온 이유는 두 가지였다.

첫째, 그는 동료들과 함께 나의 승리 시스템으로 게임하는 법과 속임수 간파하는 법을 배웠다. 정부는 요원들이 회계실을 관광하게 만들려고 테이블에서 거금을 잃도록 내버려둘 수는 없다. 따라서 그는 더 많은 조언이 필요했다.

둘째, 그 요원은 수익을 빼돌리고 있다는 것을 통계학적으로 증명할 방법이 있는지 궁금해했다. 이틀 동안 상의한 끝에 나는 이렇게 하자고 제안했다. 이제 내가 연방정부에 제안한 방법을 원문 그대로 소개하겠다(사소한 수정과 명확한 설명을 위해 괄호 안에 덧붙인 글을 제외하고 원문 그대로다).

♣ '지폐 투입' 작전(1962년 6월)

[머리말] 네바다 카지노들이 게임 테이블들에서 '드롭^{drop}(칩과 교환된 금액으로 테이블 밑 상자에 모인 돈)을 '빼돌린다'고 믿을 만한 강력한 이유가 있다. 즉 회계실에서 총합의 일부를 떼어내서 총액을 실제보다 적

게 신고한다는 것이다. 증거는 두 가지다. 첫째, 연방정부 요원이 카지노 회계실에서 이런 일을 여러 차례 목격했다. 둘째, 카지노들은 회계장부 항목에 기입되지 않는 곳에 큰돈을 쓴다. 예를 들어 고객들을 위한 여성 접대부, 테이블에서 고객을 속이는 메커닉(이들은 수익에서 빼돌린 돈의 일부를 갖기 때문에 보통 딜러보다 일당이 더 높다. 메커닉 한 사람과 길게 이야기를 나누었다) 그리고 아마도 전국적인 망을 갖춘 불법적인 돈벌이에 자금줄을 대는 것 등이다. 이처럼 (카지노가 쓰지만 신고하지 않는 추가) 자금의 출처가 어디겠는가?

[카지노] 운영을 떠받치는 데 사용되고 있는 '빼돌린' 자금이라고 추측하는 게 현명하다. 1961년 네바다 주 카지노의 총 도박 수익은 약 2억 2,100만 달러이며 과세소득으로 보고된 금액은 약 4,000만 달러였다. 카지노들이 수익에서 6분의 1만 빼돌리고 있다고 해도 과세소득 4,400만 달러를 감춘 것이고 이렇게 되면 추정 순수익은 두 배가 넘는다(과세소득은 4,000만 달러에서 3,000만 달러로 줄어든다)! 앞서 언급한 증거를 토대로 보면 빼돌린 금액은 총합의 6분의 1을 훌쩍 뛰어넘는 액수일 듯하다.

부정부패 폭로로 유명한 링컨 슈테펜스$^{Lincoln\ Steffens}$는 1900~1910년 잡지에 연재 기사를 실었다. 이 기사는 당시 대도시와 주정부에서 막 발호하는 부정부패 행태를 폭로하면서 후폭풍을 일으켰다. 그는 자서전에서 자신의 경험을 이렇게 요약했다. "마음대로 취할 수 있는 부당이득이 있는 곳이라면 사람들은 어디서든 부당이득을 취하려 할 것이다." 카지노들은 처벌을 피하면서 수익을 빼돌릴 수 있다. 이런 행위를 막을 어떤 조직도 존재하지 않는다! 더욱이 어떤 카지노가 수십만 달러를 빼돌리고 있다면 수백만 달러를 빼돌리지 말라는 법이 없지 않은가? 어쩌다가 적발되었을 때 벌금이 동일하다면 상황이 허락하는 만큼 많은 돈을 빼돌리지 않을 이유가 없지 않은가?

강력한 법적 증거를 만들 실험을 제안한다. 이 증거에 따라 카지노는 돈을 빼돌린다는 혐의를 벗을 수도 있고 카지노에게 그런 혐의가 있다는 게 밝혀지면 카지노 거물이 형사 법원에서 유죄 판결을 받을 것이다. 후자의 경우 일부 카지노에 해당되는 듯한데 몇 군데만 유죄 선고가 되어도 나머지 카지노 범죄자들이 '올바른 길'로 들어서게 만드는 효과가 있을 것이다. 그만큼 소득세가 더 많이 걷힐 것이고 그 돈이면 해마다 이 프로젝트에 드는 자금의 몇 배는 되고도 남으리라!

[계획] 우리는 특정 카지노의 특정 테이블에서 도박할 것을 제안한다. 100달러 지폐들의 일련번호를 기록해 두고 이 지폐들로 칩을 산다(지폐 일련번호를 기록하는 일은 우리의 주목적에 필수불가결한 것은 아니지만 다른 곳에 요긴하게 쓰인다. 차후 보고서에 이 부분을 논의하겠다). 우리는 칩 더미 별로 지속적으로 게임할 것이다. 돈 상자에 들어가는 100달러 지폐의 총수와 우리 것이었던 지폐들의 수를 기록한다. 현재는 카지노가 다양한 액면가의 지폐 수를 기록하고 기록지에 테이블과 근무조를 적어두는 것이 관행이다. 따라서 카지노 과세연도 말미에 이 기록지들의 일부를 점검하면 총수익을 빼돌렸는지 여부를 확인할 수 있다. 우리가

모은 증거에 따르면 현재 수익 빼돌리기는 100달러 지폐로 이루어지고 있다. 따라서 100달러 지폐의 수가 늘어나는 것에 비례하여 빼돌리는 수익도 늘게 된다. 따라서 우리 실험은 이 문제를 파헤치기에 안성맞춤이다.

모든 게임에서 카지노가 플레이어보다 반드시 일정 비율의 어드밴티지를 갖는다는 것을 이제는 많은 사람이 알고 있다. 예를 들어 블랙잭에서는 장기적으로 보아 평범한 플레이어가 베팅한 총액의 3~5%를 잃는다. 물론 평범한 플레이어는 대체로 자신의 돈을 여러 차례 재베팅한다. 따라서 그는 대개 판돈의 3~5%에 해당하는 금액의 몇 배를 잃는다. 이는 카지노 측이 드롭에서 카지노가 '먹는' 비율을 계산한 것이다. 즉 플레이어가 칩을 사는 데 들인 금액의 어느 정도를 카지노가 버는지를 계산한 것이다. 블랙잭에서는 카지노가 드롭의 20~30%를 '먹는다'고 추산된다. 즉 플레이어는 투자금에서 카지노 어드밴티지의 4~10배에 맞먹는 금액을 잃게 된다는 말이다. 앞서 언급했지만 이는 플레이어가 돈을 여러 번 재베팅하므로 하우스가 어드밴티지의 몇 배를 뜯어내기 때문이다.

이러한 사실에서 유추해 보건대 12만 달러를 블랙잭 테이블들에 투입하려면(1개 테이블 근무조당 5,000달러면 적당하므로 60개의 표본이 생긴다) 3만 달러의 게임 자금이 필요하다. 그러나 블랙잭에서 플레이어를 위한 승리 전략이 있다는 것(이론과 게임 테이블 모두에서)이 증명되었다❻❼ ❻❽ ❻❾! 똑같은 3만 달러의 자금으로 어마어마한 거액(원한다면 수백만 달러)를 실제로 투입하는 것이 가능하다. 우리는 3만 달러를 게임 밑천으로 하라고 제안한다. 수백 개의 표본을 얻을 수 있다면 60개의 샘플보다는 통계학적으로나 법적으로 훨씬 유리할 것이다.

남녀 혼성으로 12명의 요원이 한 팀을 이루어 이 전략을 체계적으로 배운다(2~3일 훈련이면 충분하다!). 그러나 눈에 띄지 않게 여러 카지노에서 거액을 투입하라고 제안한다. 과세연도가 끝날 무렵이면 수많은 테이블-근무조 기록 카드를 확인해 돈을 빼돌리는지 여부를 확인할 수 있다. 표본 규모가 수백 개에 달하면 만약 돈을 빼돌리고 있다면 분명 걸릴 것이다. 더욱이 돈을 세는 사람들은 기록지에 서명하고 돈 상자를 개봉한 뒤부터 현장에 있었기 때문에 돈을 빼돌린 혐의에서 결코 벗어날 수 없다. 이제 만약 동일한 개인이 단 한 건이 아니라 여러 건의 위반 사항이 있는 것으로 드러나면 배심원을 설득하기에 더 강력한 증거가 될 것이다. 우리의 표본 규모는 이런 확률을 높이기 위해 고안되었다.

내가 알기로는 연방 정부의 먼지 쌓인 서랍에는 '지폐 투입 작전' 서류가 파일로 보관되어 있다. 일부 카지노는 아직도 총수익의 일부를 빼돌리고 있고, 국세 징수액은 아직 지출 예산에 미치지 못한다.

11

과학 대 확률

시스템 플레이어들이 속속 등장하게 되면 결국 21게임의 규칙에 중대한 변화가 생길 수밖에 없을 것이다. 지난 10년 사이 네바다 주에서는 소수의 플레이어들(이들은 카드 카운팅을 하므로 카운팅 플레이어라고 부르겠다)이 카지노를 상대로 성공을 거두었는데, 이들을 다룬 네바다 카지노들의 수법을 통해 어떤 변화가 있을지 미리 엿볼 수 있다. 이들 초기 플레이어들을 둘러싼 이야기들은 공식적으로 기록된 것도 아니며 일부 지인들 사이에서만 공유되던 이야기들이다. 나는 이 책에서 설명한 승리 전략을 완성하고 실제 게임에서 실험하기 위해 네바다에 도착한 뒤에도 이런 '전설'에 대해 전혀 모르고 있었다.

♣ 초기의 승자들

최초의 성공한 시스템 플레이어는 '기름투성이 존$^{Greasy\ John}$'이라는 흥미진진한 인물이었다. 그는 평범함과 거리가 먼 좀 유별난 사내였다. 덩치가 크고 아주 비만했던 이 사내는 커다란 봉지에 기름기가 뚝뚝 흐르는 닭튀김을 들고 카지노로 오는 버릇 때문에 '기름투성이'라는 별명을 얻게 되었다. 그는 테이블을 한 번도 벗어나지 않고 한 번에 20시간까지 계속 게임했다. 카지노가 술을 대접했고 커다란 봉지에서는 다양한 크기의 닭튀김이 끝도 없이 나왔다. 얼마 지나지 않아 분명해졌다. '기름투성이 존'은 혼자 게임을 하고 싶어 했다. 카지노는 손님으로 북적였지만 사람들에게 낯익은 얼굴이 되자 별 어려움 없이 다른 플레이어들을 물릴 수 있었다. 그의 걸쭉한 입담과 음주벽 때문에 어지간히 강단 있는 여성 플레이어도 물러났고 급기야 카지노들은 여성이 그와 한 테이블에서 같이 게임하는 것을 금지했다.

　기름투성이 존의 손은 닭기름으로 범벅이 되어 있어서 카드가 얼마 못 가 미끈거렸다. 카드를 다루기가 불편해지자 데크를 자주 교체했지만 기름기 때문에 남성 플레이어들도 질색을 하고 자리를 박차고 일어나 가버렸다.

　기름투성이 존은 매일 같이 오랜 시간 게임했고 몇 달 사이에 은퇴해도 될 만큼 돈을 모았다. 그런데 얼마 못가 심장발작으로 사망했다. 우리는 기름투성이 존이 사용한 시스템에 대해 전혀 아는 바가 없다. 지금까지 전하는 이야기들로 추측해보건대 그는 엔드 플레이를 활용했을 가능성이 있다. 앞선 장에서 언급했지만 플레이어의 기본 전략이 형편없어도 엔드 플레이를 이용해 단기간에 어마어마한 수익을 올릴 수 있다. 게다가 엔드 플레이는 경험으로 쉽게 입증할 수 있고 아주 자연스러운 아이디어이므로 아마도 수많은 플레이어가 이런 발상을 떠올렸을 것이다.

　'시스템 스미티System Smitty(벤저민 F. 스미스의 시스템 참고)를 따르는 플레이어들을 위해 우리는 대부분의 경우 관련 개인들의 상세하고 흥미진진한 여담과 그들이 누군지 알 수 있는 무용담 일부를 생략했다. 역시 아쉽지만 섹스, 범죄, 사기, 갱단 같은 독자가 흥미를 느낄 만한 전설도 생략했다. 또한 전설은 여러 사람이 들려준 수많은 이야기의 조합이라는 점을 다시 강조하고 싶다. 그러나 이 이야기들의 대부분은 일관성 있고, 이야기를 들려준 사람들은 직접 사건에 관여한 인물들이었다. 이러하므로 나는 이 이야기가 꽤 정확하다고 믿는다.

내가 아는 한 '카운트' 시스템으로 카지노에서 성공한 첫 번째 인물은 벤저민 F. 스미스$^{Benjamin\ F.\ Smith}$였다(이 이름에서 '시스템 스미티'가 유래했다). 그는 라스베이거스 카지노에서 유명한 인물이었다. Z씨는 스미티와 알고 지내면서 스미티의 두꺼운 노트를 보았는데, Z씨에 따르면 스미티는 10카드 카운팅을 적용했을 때 적절한 스탠딩 넘버를 판단하기 위해 몇 년에 걸쳐 10만 핸드를 실험했다고 한다. Z씨가 내게 설명해준 그 시스템은 '기타 카드÷10카드'의 다양한 값에 따라 스탠드하는 총합과 아주 근사하다. 그러나 사소한 실수들이 있는데 이는 부분적으로는 그 시스템의 본질에 기인했다.

시스템 스미티의 방식에서 스탠딩 넘버의 사소한 실수 외에도 더블다운과 페어 스플리팅에 관한 상세한 전략이 없었다. 이런 요소들이 모두 합쳐지면 유리한 기회를 기다리는 사이 소액 베팅의 감손율(지속적인 손해나 손상으로 자원이 감소하는 비율)을 높이는 것은 말할 것도 없고, 플레이어 어드밴티지의 2~3%를 깎아 먹을 수도 있다. 유리한 상황에서 베팅하는 경우 대부분이 0~3% 범위 안에 있으므로 플레이어의 수익률은 크게 감소한다. 큰돈을 따려는 플레이어라면 유일한 대안은 자금에 비해 과도하게 베팅하는 것이다(비례 베팅 또는 '고정 비율' 베팅 이론의 관점). ㉓ ㉚ ㉖ 이렇게 하면 파산할 확률이 아주 높지만 어쨌든 일이 잘 풀리기를 바라는 수밖에 없다.

스미티가 바로 이렇게 한 듯하다. 왜냐하면 그는 큰돈을 따고 큰돈을 잃는 식으로 롤러코스터를 탔기 때문이다. Z씨는 어느 날 밤 스미티가 블랙잭 테이블에서 1만 8,000달러를 따고(베팅 상한선이 500달러라는 점을 감안하면 꽤 큰 금액이다), 이튿날 아침 이 돈을 고스란히 다시 잃는 현장을 목격했다고 말했다. 스미티는 아침 사먹을 돈도 없었다고 한다.

내가 판단하기에 1950년대 중반 처음 사용된 스미티 시스템은 과거 일부 소수의 도박꾼들 사이에 퍼진 듯하다. 우리가 F씨, F씨의 정부, 4장의 X씨, Z씨, 앞서 언급한 '자그마한 검은 머리 사내', 주니어 또는 '서니'라는 젊은이 말이다.

이들 플레이어들은 이후 몇 년 만에 블랙잭 테이블에서 거금을 벌어들였다. 얼마나 큰돈을 벌었는지 정확히 알 길은 없다. '들리는 풍문'에 따르면 F씨는 5만 달러, Z씨는 5만 6,000달러(나중에 자금주들과 나눔), X씨는 10만~15만 달러를 벌었다고 한다. 자그마한 검은 머리 사내는 25만 달러를 쓸어갔다고 한다.

어쨌든 이들은 소수의 카지노에서 단기간에 큰돈을 땄고 자신들이 패하리라는 생각은 하지 못하고 있던 카지노들은 마침내 21 테이블에서 이 사람들을 몰아내고 동업자들에게 경고를 보냈다.

♣ 카운팅 플레이어에 맞서는 카지노들의 대책

이 기간 동안, 그리고 이후 많은 카지노가 카운팅 플레이어들에 맞서 대응책을 내놓았고, 일부는 이후 더 발전된 형태를 띠게 되었다.

속임수 : 앞서 설명한 내용 참고하라

문전박대 : 카지노는 별 어려움 없이 소수의 플레이어들을 문전박대

할 수 있다. 그러나 몰아내야 할 플레이어가 아주 많으면 이런 해결책도 소용이 없다. 초기에는 시스템 플레이어가 극소수였으므로 그들의 사진을 모든 지역 카지노에 배포할 수는 있을 것이다. 하지만 이런 사람이 수천 명이 되면 사실상 불가능하다. 같은 논리로 특정 카지노 직원들이 어떤 한 개인을 기억했다가 입장을 거부할 수는 있겠지만, 전체 카지노가 이렇게 하기는 힘들다. 그 사람이 카지노 수백 군데를 돌아다니며 한 군데서 몇백 달러만 따는 식으로 게임하면 의심을 사지 않을 수 있기 때문이다.

카지노 직원들은 사람을 기억하는 훈련을 받는 게 분명하다. 주니어(서니)가 나한테 들려준 이야기를 해보겠다. 주니어는 모든 카지노에서 입장을 거절당한 뒤 할리우드 영화 스튜디오의 분장과를 찾았다고 했다. 그는 500달러를 들여 완벽하게 변장했다. 주니어의 얼굴 생김새, 피부색, 골격을 토대로 그들은 주니어를 중년의 중국인으로 위장하기로 했다. 몸통에 붙일 딱딱한 판까지 맞추었다. 주니어는 새로운 모습이 통하는지 알아보러 어느 날 저녁 자신을 아는 6명의 직원이 있는 카지노로 갔다. 직원 다섯은 그를 거들떠보지도 않았다. 그가 게임을 시작하자마자 나머지 직원 한 사람이 바에서 걸어오더니 단박에 그를 알아보고 외쳤다. "이런, 모두 이리 와봐. 서니가 중국인처럼 차려 입고 왔어." 주니어는 아직도 중국인 분장을 어딘가에 소중히 모셔놓았다고 한다. 하지만 몇 년이 지나 먼지가 수북이 쌓여 있었다.

셔플 업 : 셔플 업 역시 소수의 플레이어들에 맞서는 효과적인 카지

노의 전략이지만 시스템 플레이어가 많으면 심각한 단점이 있다. 게임 속도가 느려져 카지노로서는 돈을 손해 보게 되고 손님들이 떠나간다. 더욱이 8장에서 이미 지적했지만 셔플 업은 카지노로서는 어려움이 많이 따른다. 시스템 플레이어가 있는지 아닌지 딜러가 어떻게 알까? 일류 카운팅 플레이어는 딜러의 딜링 속도보다 빨리 플레이하고 다른 플레이어들보다 더 매끄럽고 힘들이지 않게 플레이한다. 따라서 이들은 얼마든지 자신을 위장할 수 있다. 또한 베팅 규모를 달리할 때 위장 전술을 쓰는 세밀한 방법도 많다(필요하면 베팅 규모의 변화를 아주 작게 2대 1 또는 그보다 더 작게 할 수도 있다).

신형 장비들

8장에서 언급한 바처럼 카지노들은 규칙을 바꾸려고 했지만 결국 포기했다. 자동 블랙잭 기계 실험 결과는 아직 두고 보아야 한다.

플레이어 입장에서는 몇 가지 신품들이 개발되었다. 초판에서 우리는 카드 카운팅 작업을 수행하고 다양한 전략을 사용하는 저렴한 초소형 장비들을 만들 수 있다고 지적했다.

'딜러를 이기는 컴퓨터$^{Beat\ the\ Dealer\ Computer}$*'라고 하는 이 장비는 톰 빈 박사$^{Dr.\ Tom\ Bean}$가 나와 함께 고안한 것이다. 이는 회전형 계산자와 비슷한 손바닥만 한 크기의 플라스틱 장비다. 플레이어는 카드를 볼 때

---

* Beat the Dealer CO, Box 635, Alamogordo, New Mexico로 편지를 보내면 이 컴퓨터와 사용법을 구할 수 있다.

작은 다이얼을 돌린다. 이 특수 장비는 1벌 데크의 10카드 카운트 전략에 사용된다. 다이얼 하나는 10카드를 카운팅하고 다른 다이얼은 기타 카드들을 카운팅한다. 10카드 대비 기타 카드의 비율과 플레이어 어드밴티지를 언제든지 볼 수 있다. 권고되는 베팅 규모 역시 표시된다.

10카드 카운트 시스템을 익힐 때 컴퓨터가 보조 도구가 될 수 있다. 카지노에서도 컴퓨터를 활용하고 싶은 플레이어들은 손바닥에 컴퓨터를 쥐고 터치해서 구동한다. 베팅 규모와 10카드 대비 기타 카드의 비율을 표시하는 작은 요철이 손에 잡힌다. 한 번에 카드 한 장을 클릭하도록 고안된 다이얼들은 눈으로 보지 않고도 작동할 수 있다.

눈보다 귀로 익히는 게 더 나은 사람들을 위해서는 포인트 카운트 전략을 가르치는 장시간 재생되는 축음기판**이 있다. 내가 쓰고 해설한 녹음은 블랙잭 승리를 위한 완벽한 강의로 이것만 들어도 빠짐없이 공부할 수 있다. 이 강의는 카지노의 대응책, 위장 전술, 전술 그리고 최근의 발견들 역시 다루고 있다.

컴퓨터 대 카지노

궁극의 플레이어가 있다면 고속 컴퓨터일 것이다. 몇 년 전 궁극의 플레이어를 향한 첫 번째 발걸음을 내딛은 사람은 나사 제트 추진 연구소$^{\text{Jet Propulsion Laboratory}}$의 로버트 뱀포드$^{\text{Robert Bamford}}$였다. 뱀포드는 블

** 이 녹음 강의는 Scientific Research Records, Inc., Box 63, Palm Springs, California에서 1.95달러에 우편 요금을 25¢에 배포하고 있다.

랙잭 게임을 하는 '블랙박스'를 설계했다. 블랙박스는 아날로그 전기 장치로 임의의 카드 조합일 때 근사치의 연산을 수행한다. 이 장치는 플레이어에게 근사치의 정확한 전략과 근사치의 어드밴티지를 알려준다. 연결 스위치에 딸린 동그란 손잡이를 돌리면 카드 데이터가 입력된다. 정보 출력 버튼을 누르면 통합 계량기에서 연산 결과가 나온다. 아날로그 연산은 바카라 게임의 무한 데크 행렬을 계산하는 것과 본질적으로 동일한 방식으로 진행된다❼⓿. 내가 본 그 장치는 전선으로 연결된 라디오만 한 크기의 휴대용 상자 두 개로 구성되어 있었다. 책 정도나 그보다 더 작게 만들 수 있을 것이다. 이 장치는 라디오로 플레이어에게 연결될 수 있을 것이다. 그러면 이 장치는 질문하는 즉시 자동으로 해답을 내놓을 수 있다.

뱀포드는 자신의 기계로 게임해보겠다고 카지노 두 곳을 설득했지만, 일간지 〈패서디나 스타 뉴스^{Pasadena Star-News}〉 보도에 따르면 카지노 측은 애매한 말로 피해다니면서 그의 실험을 막았다고 한다.

그러나 뱀포드의 기계는 아니지만 컴퓨터와 카지노의 시합이 있었다. 1963년 서부 연합컴퓨터회의^{Western Joint Computer Conference}에서 LA 출신 컴퓨터 전문가 세 사람이 트로피카나 호텔로 갔다. 세 사람은 약 4킬로그램짜리 LGP-21을 구동해 1시간 동안 게임했다. 이 기계의 게임 방식은 《딜러를 이겨라》 초판의 발상에 영감을 받았다.

〈라이프〉의 폴 오닐과 나를 비롯해 여러 사람이 지켜보는 가운데 1시간 동안의 시합에서 기계는 360달러를 땄다❹❹.

다음 단계는 명확하다. 가능한 최선의 플레이를 할 목적으로 컴퓨터에 언제든지, 쉽게 명령을 입력할 수 있다. 플레이어는 카지노 규칙이 무엇인지 알려주고 자신이 본 카드들과 섞을 때마다 섞었다는 것을 알려주기만 하면 된다. 그러면 플레이어가 컴퓨터에 자신의 카드들을 알려주는 즉시 컴퓨터는 최선의 플레이를 플레이어에게 알려준다.

실제 게임을 하는 커다란 기계가 멀리 있으면 카지노에 있는 블랙잭 플레이어와 이 기계를 라디오로 연결하는 것이 기술적으로 가능하다. 이럴 경우 플레이어는 최상위 인간 플레이어보다 승률이 몇 배 높을 것이다. 더구나 5장의 푸에르토리코 엔드 플레이 같은 특수한 상황들에서 쉽게, 정확하게 이용될 수 있다.

대형 컴퓨터를 사용한다면 한 번에 여러 게임을 할 수 있다. 산업계에서는 하나의 컴퓨터를 멀리 떨어져 있는 많은 사용자가 동시에 이용하는 방식이 널리 쓰이고 있다. 컴퓨터는 한 문제에 투입되는 더 많은 정보를 기다리는 사이 소중한 시간을 다른 문제를 푸는 데 쓴다.

♣ 과학 대 확률

확률에 관한 수학적 이론은 16세기와 17세기 카르다노, 파스칼 Blaise Pascal(1623~1662, 프랑스의 수학자·철학자) 등이 다양한 도박 게임에서 승리할 수 있는 시스템이 존재하는지 여부를 조사하는 과정에서 기원했다. 주목할 만한 것은 이들 게임들은 크랩의 전신이요, 사촌뻘이었다는 점이다. 그 시절부터 최근까지 수학과 물리학에서 이름을 날리던 사람들이 도박 게임을 진지하게 연구했다(그리고 종종 확률의 수학이론에 중요한 기여를 해왔다). 카르다노와 파스칼 이

외에도 페르마$^{Pierre\ de\ Fermat}$(1601~1665, 프랑스의 수학자), 제임에 베르누이$^{James\ Bernouilli}$(1654~1705, 스위스의 수학자)와 다니엘 베르누이$^{Daniel\ Bernouilli}$(1700~1782, 스위스의 이론 수학자 · 물리학자), 라플라스$^{Pierre-Simon\ de\ Laplace}$(1749~1827, 프랑스의 수학자 · 천문학자), 프와송$^{Siméon\ denis\ Poisson}$(1781~1840, 프랑스의 수학자 · 물리학자) 등이 있다.

20세기 말 위대한 수학자이자 물리학자인 앙리 포엥카레$^{Henri\ Poincare}$는 수학적 방식이 아니라 물리학적 방식으로 룰렛의 결과를 예측할 수 있는 가능성에 대해 고민했다. 그는 수학적 개념인 연속 함수에 기초한 논거를 통해서 이것이 불가능하다는 결론을 내렸다. 그러나 관련 개념들은 일부 철학적 개념들을 과학으로 설명했다. ❷ 또한 20세기 초반 위대한 영국의 통계학자인 칼 피어슨$^{Karl\ Pearson}$은 몇 년 동안 특정 룰렛 회전원반들(바퀴 모양의 회전원반이 회전하면 공이 특정 숫자의 칸에 떨어진다)의 기록을 분석했다. 그러나 도박 승리 시스템을 고안하려는 과학적 시도는 40년 넘게 성공하지 못했다.

• 룰렛 회전원반

블랙잭을 세밀하게 분석하려면 없어서는 안 되는 장치가 신식 고속 컴퓨터이다. 이런 컴퓨터가 널리 이용된 것은 불과 지난 10~15년 전부터였다. 이런 컴퓨터가 없으면 이 책의 토대가 된 분석 작업은 불가능했을 것이다.* 과학자들과 공학자들의 수가 지속적으로 급증하고 훌륭한 과학적 신도구들이 부상하면서 도박 승리 시스템의 가능성에 대한 관심이 증가하고 있다.

초판에서 우리는 다른 게임의 과학에 토대를 둔 승리 시스템이 출현하리라고 예언했다. 책이 출간되고 몇 달 뒤 훈련된 플레이어들과 나는 바라캇 사이드 베팅의 승리 시스템을 들고 네바다로 갔다. (59) (70)

우리는 첫 번째 카지노에서 이레 동안 시간당 평균 100달러를 땄다. 카지노는 패배를 선언하고 우리를 쫓아냈다. 이후 그 카지노는 사이드 베팅을 없애버렸다. 두 번째 카지노에서는 베팅액을 올렸다. 우리가 두 시간 동안 시간당 평균 1,000달러를 따자 카지노는 우리를 내쫓았다. 그 후 네바다에서 사이드 베팅이 사라졌다.**

앨런 윌슨Allan Wilson은 결함이 있는('편파적인') 룰렛 바퀴를 식별하고 이기려는 시도들에 대해 흥미롭게 설명하고 있다.(80) (나 자신을 포함) 몇몇 사람들이 결함이 있든 없든 룰렛 바퀴를 이길 수 있는 방법을 보유하고 있다!

나는 세계적으로 유명한 과학자의 지하 실험실에서 규정대로 만든 정상적인 휠로 룰렛 게임을 했다. 우리는 그 방식을 이용했고 꾸준히 평균 44%의 수익을 올렸다. 1시간 게임에서 숫자당 불과 25달러를 베팅해서 가상 수익 8,000달러를 땄다! 전자 장비에 문제가 있어서 지금까지 이 방식이 카지노에서 광범위하게 쓰이지 못하고 있다(나는 주사위

---

* IBM 704 고속 컴퓨터로 계산하는 데 약 3시간이 걸렸다. 인간보다 수백만 배 빠르게 연산하며 오류도 거의 없다. 탁상용 계산기의 도움을 받았다고 하면 약 수만 년이 걸렸을 것이다. 지금은 IBM 704보다 더 크고 빠른 기계도 있다.

** 라스베이거스 캐러셀(Carousel) 클럽은 사이드 베팅을 좀 더 '안전한' 형태로 바꾸려고 시도하고 있다.

를 두어 번 던져 큰돈을 몇 번 땄는데 정말 신나는 경험이었다).

그 방식은 효과가 있었다. 그 방식을 발견하고 발전시킨 사연을 늘어놓자면 길지만 멋진 이야기가 될 것이다. 이 방식을 아는 사람은 극소수다. 앞으로 몇 년 안에 이들 중 일부가 카지노에서 이 방식을 이용해 돈을 번다면 더 멋지리라.

게임들 중에 가장 집중적인 수학적 연구의 대상이 된 게임은 아마도 포커일 것이다. 포커에 대한 광범위한 이론적 연구가 이미 있었으므로 현재 어떤 전문가가 사용하는 전략보다 더 실용적인 게임 전략을 구축할 수 있을 것이다.

♣ 주식시장

지구상에서 가장 위대한 도박 게임은 전국에 있는 거래소를 통해 매일 이루어진다. 고객들은 1거래일 동안 약 2억 5,000만 달러를 베팅한다. 한 해의 액션은 600억 달러가 넘는다. 이 게임의 장점은 두 가지다.

첫째, 기업의 자금 마련을 돕는 사회적 목표에 이바지한다(주식이 시장에서 처음 매도될 때).

둘째, 주식의 평균 '가치'는 지난 100년 동안 크게 상승하는 경향을 보였으므로 이 게임은 플레이어에게 '평균적으로 어드밴티지'가 있다.*

카지노와 주식거래소의 유사성은 놀랍다. 증권 중개인은 딜러에 해당한다. 수수료는 하우스 어드밴티지에 상응하며 증권거래소는 카지노로 볼 수 있다. 주식 거래와 티커 테이프들은 도박 도구들이다. 월스트리트에는 온갖 미신과 근거 없는 구호들, 떠도는 격언들이 난무하는데 도박판 역시 마찬가지다. "주사위 물이 좋다는군."

주식과 도박의 유사성을 보여주기에 적합한 첫 번째 예가 있다. 바로 도박장의 확률 게임에 쓰이는 장비들, 그러니까 크랩 게임의 주사위나 룰렛 게임의 회전판 따위가 보여주는 수학적 무작위성이 주식에도 동일하게 나타난다는 점이다. ❼ 그러나 지금은 수많은 패턴이 발굴되고 있다. 주가에는 패턴이 존재한다는 사실을 스스로 확신하려면 내일 아침 신문을 집어 들어라(분명히 말하건대 나는 아직 보지 않았다).

주가는 231÷8처럼 자연수 뒤에 소수점 이하로 표시된다. 이제 아래로 내려가 각 주가의 끝자리를 쭉 한 번 살펴보자. 자연수, 그러니까 양의 정수가 가장 많고 그다음은 많은 끝자리는 0.5(1÷2), 그다음 많은 끝자리는 0.25(1÷4)일 것이다. 가장 드문 것이 0.125(1÷8)이다(나는 0.0625(1÷16)은 무시한다). 시장 전체의 주가를 나타내는 끝자리에도 이런 패턴이 존재하고 각 주식의 주가도 이처럼 끝자리에 나름의 패턴이 존재한다.

많은 집단이 주식시장을 수학적으로 분석하고 있다. 컴퓨터 기술과 수학적 이론의 발달로 주가 예측에 극적인 진전을 기대해도 좋다(나와

---

* 여기서는 인용부호를 자주 사용했는데 정의가 명확한 익숙한 단어들로 다른 개념들을 대략 설명하기 위한 것이다. 이 개념들을 깊이 연구했지만 여기서 정확하게 설명하기에는 너무 복잡하고 장황하다.

여러 사람이 세밀한 결과를 얻고 있지만 아쉽게도 여기서 논할 자리는 아니다.).

♣ 미래

20세기 말이 되면 지금까지 '확률'이라고 부른 현상을 예측하는 과학적·수학적 방식을 새롭게 적용하고자 하는 많은 시도들이 있을 것이다. 우리는 이 책에서 설명한 시도들과 일맥상통하는 몇 가지 발전들을 명시하고자 노력했다. 그러나 우리의 현재 상상과 꿈을 넘어서는 가능성들이 무궁무진하다. 이 가능성들이 펼쳐지는 모습을 보는 건 흥미진진할 것이다.

부록 1

영국의 블랙잭

이 책에서 설명한 승리 시스템들은 영국에서 플레이되는 블랙잭에 적용했을 때 그 위력이 최대한으로 발휘되는 듯하다. 아래에 상세히 논의된 내용을 보면 라스베이거스와 푸에르토리코에서 성공한 방법들은 여기 영국에서도 똑같이 통한다. 영국 독자들과 영국을 여행하는 여행자들이 흥미를 느낄 만한 내용이다. 또한 자신이 〈표 8.2〉를 어느 정도 이해하고 있는지 점검하고, 다양한 카지노의 변종 규칙들을 분석하는 데 〈표 8.2〉가 어느 정도 쓸모 있는지 살펴보고자 하는 독자들도 관심 가질 만한 내용이다. 〈표 8.2〉에 따른 연산은 〈부록 1〉의 결과와 조금 다를 수 있다. 왜냐하면 내가 기회 닿는 대로 추가 수정 및 보완 작업을 했기 때문이다.

다음은 영국인 독자가 보내온 런던 소재 3대 도박 클럽의 규칙과 관행들로 이어서 나의 분석과 해설을 덧붙였다. 독자가 보내온 규칙과 관행은 1장에서 '통상적'이라고 설명한 규칙 및 관행과 동일했고, 아래에 예외를 적어 두었다.

딜러 옆에는 1~6명의 플레이어가 있고 4벌의 데크를 사용하고 슈에서 패를 돌린다(4벌 데크 게임은 플레이어에게 불리하다).

♣ 카지노 1

규칙

(a) 번 카드 없음

(b) 베팅 하한선은 1파운드, 상한선은 50파운드

(c) 패를 돌릴 때 모든 카드는 앞면이 보이게 하며, 딜러의 카드들 중

한 장은 엎은 채로 돌린다(카드 카운팅하는 데 상당히 도움이 된다).
(d) 페어를 스플리트한 플레이어가 세 번째로 동일한 점수의 카드를 받았다면 재차 스플리트할 수 있다(이렇게 하면 플레이어 어드밴티지가 상승한다).
(e) 인슈어런스 베팅은 플레이어의 처음 베팅의 절반뿐 아니라 처음 베팅의 전액까지 할 수 있다(이는 시스템 플레이어에게 아주 유리하다. 인슈어런스가 유리할 때 카드 카운팅 플레이어는 언제나 전액을 인슈어해야 한다).

관행

딜러는 항상 마지막 카드까지 그리고 마지막 카드를 포함해 패를 돌린다(이는 카드 카운터에게 지극히 유리하다. 또한 이 상황에서 엔드 플레이를 활용하면 크게 유리하다. 이 규칙이 적용되면 전문적인 플레이어를 상대하는 어떤 카지노도 플레이어를 앞지를 수 없다).

결론

기본 전략을 쓰는 플레이어는 0.27%의 디스어드밴티지가 있다. 평균 이상의 실력을 갖춘 시스템 플레이어의 승률은 평균보다 더 높을 것이다.

♣ 카지노 2

규칙

(a) 카지노 1과 같음

(b) 베팅 하한선은 5(센트), 베팅 상한선은 50파운드

(c) 카지노 1의 (d)와 같음

(d) 페어를 스플리트하는 플레이어는 새로운 핸드에 더블 다운할 수 없다(이는 플레이어의 어드밴티지를 떨어뜨린다).

(e) 더블 다운은 총합 하드 9, 10, 11과 소프트 19, 20, 21에서만 허용된다(이는 플레이어 어드밴티지를 줄인다).

(f) 9를 더블 다운한 플레이어가 그 카드를 받으면 한 장의 카드를 더 드로우할 수 있다(이는 플레이어의 어드밴티지를 높인다. 정확한 전략에 따르면 9에서 조금 더 자주 더블 다운해야 하지만 이런 세부적인 전술 개량은 무시해도 좋다).

관행

카지노 1 참고

결론

기본 전략을 쓰는 플레이어에게 약 0.60%의 디스어드밴티지가 있다. 평균 이상의 실력을 갖춘 시스템 플레이어는 평균적인 수익률을 얻는다(엔드 플레이의 어드밴티지를 취한다고 가정할 때).

♣ 카지노 3

규칙

(a) 베팅 하한은 10센트, 베팅 상한은 50파운드

(b) 패를 돌릴 때 모든 카드는 앞면이 보이게 돌린다. 딜러는 플레이어가 요구한 추가 카드를 받고 나서야 자신의 두 번째 카드를 받는다. 스플리팅 그리고/또는 더블 다운으로 베팅 금액을 늘린 플레이어는 딜러가 내추럴 패를 받으면 증가된 베팅 금액을 잃는다(이는 플레이어에게 다소 불리하다. 딜러의 공개된 카드가 에이스나 10이면 더블 다운이나 페어 스플리팅을 훨씬 보수적으로 접근해야 한다).

(c) 딜러의 패가 소프트 17이라면 딜러는 플레이어의 카드를 본 뒤 드로우할 수도 있고 안 할 수도 있다(이는 플레이어에게 꽤 불리하다. 왜냐하면 딜러는 자신이 가진 패를 볼 수 있고 자신에게 아주 유리한 결정을 내릴 수 있기 때문이다. 딜러의 정확한 어드밴티지는 확인되지 않는다).

(d) 에이스를 스플리트한 플레이어가 세 번째 카드로 에이스를 받으면 다시 스플리트할 수 있지만 더 이상은 스플리트할 수 없다(이는 플레이어에게 유리하다).

(e) 딜러가 10카드 페어를 스플리트하고 스플리트한 핸드 중 하나에 에이스를 드로우했다면 내추럴로 본다. 그러나 에이스를 스플리트했는데 그 중 하나에 10카드를 받았다면 그냥 21점으로 계산한다(이렇게 변경되면 플레이어에게 유리하다. 평소보다 조금 더 자주 10을 스플리트해야 한다).

(f) 2(e) 참고.

(g) 1(e) 참고

관행

딜러는 슈에 든 카드가 다 없어지기 전에 약 20장의 카드를 섞는다 (내 경험으로 보아 그리 심각한 사안은 아니다). 한때 이 카지노는 카드가 몇 장이냐에 상관없이 총합 하드 9, 10, 11과 소프트 19, 20, 21에서만 더블 다운을 허용했다. 더블 다운한 뒤 총합이 하드 10, 11 또는 소프트 20, 21인 플레이어는 다시 더블 다운하고 4번째 카드를 받을 수 있었다. 또한 딜러는 마지막 카드까지 패를 돌렸다.

결론

기본 전략을 쓰는 플레이어는 약 0.61% 이상의 디스어드밴티지가 있다. 시스템 플레이어는 돈을 따지만 비율은 평균의 절반 이하 정도다.

이런 식으로 독자들은 〈표 8.2〉를 이용해 어떤 카지노든 분석할 수 있다.

부록 2

완전한 데크의 기본 확률

이 책을 이해하는 데 이 부록이 반드시 필요한 것은 아니다. 수학에 관심 있거나 재능 있는 독자들을 위해 실었다.

이 부록에 수록된 표들은 1벌의 완전한 데크에서 패를 돌릴 때의 결과를 컴퓨터로 연산한 것이다. 〈표 4. 1〉에 표시된 다양한 데크를 포함해 이런 결과들은 이 책에서 제시한 블랙잭 이론을 구축하는 데 활용되었다. 데이터 길이가 어마어마하게 커서(최종 결과를 나타내는 숫자만으로 이 책정도 두께의 책을 몇 권은 족히 채울 것이다), 여기서는 완전한 데크에서 딜링할 때의 수치들과 그 연산 결과만 제시하기로 하겠다. 우리가 이들 수치를 논의하고 적용할 때 대체로 소수점 세 자리 이상은 필요가 없어서 여기 제시된 표들은 대체로 소수점 세 자리까지만 표시했다.

모든 수치는 소수점이 생략되어 있기는 하지만 왼쪽에 소수점이 하나 있다고 이해해야 한다. 예를 들어 −0.39라면 −0.039로 읽어야 한다.

다시 한 번 강조하지만 이 부록의 수치들은 1벌의 완전한 데크를 쓰고, 2장의 규칙을 적용하고 딜러의 총합이 소프트 17이면 스탠드한다는 것을 전제로 계산된 것이다. 이 조건들이 변하면 수치는 크게 달라지므로 이 부록을 토대로 연산한다면 정확히 지금 설명한 이 상황들에게만 적용될 수 있다. 하지만 규칙이 다르거나 여러 벌의 데크를 쓰는 상황에 대한 어림치를 제공할 수는 있다.

플레이어의 전략을 결정할 때 우리가 제시한 수치들의 오류가 전략의 오류를 낳을 수도 있다. 하지만 우열을 가리기 힘든 아슬아슬한 결정일 때만 이런 오류가 생긴다. 그리고 이 경우 잘못된 전략으로 인한 오차는 극히 작다. 덧붙여 어떤 결정을 내릴지 우열을 가리기 힘든 경우는 희소하게 발생한다. 이러한 점을 고려하면 이런 유형의 전략적 오류가 플레이어 어드밴티지에 미치는 영향 역시 아주 작다. 이것이 러닝 포인트의 장점이다.

대략 딜러의 공개된 카드가 10일 때 하드 16에서 드로우할지 여부는 결정을 내리기가 힘들며, 총합 16이 어떤 카드들의 조합으로 구성되었는지에 따라 달라진다. 예를 들어 10, 4, 2라면 플레이어는 스탠드해야 하며 10, 6이면 드로우해야 한다. 낮은 수의 카드 여러 장이 모여 총합 16이 되었다면 결론은 아주 명쾌하다. 예를 들어 받은 카드가 4, 4, 4, 4라고 하자. 줄리안 브라운에 따르면 딜러의 공개된 카드가 10일 때 드로우한다면 플레이어의 디스어드밴티지는 정확히 6.382%다. 반면 딜러의 공개된 카드가 10일 때 두 장의 카드로 하드 16이 되었다면 플레이어의 어드밴티지는 평균 2.9%이고 8, 8을 스플리트할 경우 3.2%다.

플레이어의 총합이 하드 16일 때 어떤 카드들로 조합이 이루어졌느냐에 따라 스탠딩 또는 드로우의 어드밴티지와 디스어드밴티지를 계산해 기본 전략을 업그레이드할 수 있다. 그렇게 된다면 플레이어는 카드 조합 목록을 보고 드로우할지 스탠드할지 판단할 수도 있다. 그런데 이런 식으로 자꾸 세분화하고 정밀도를 높이면 암기하기가 힘들어 게임에 활용하기가 어렵다. 더욱이 순수익도 보잘것없다.

그러나 러닝 카운트와 마찬가지로 10카드 카운트 전략 역시 플레이어가 드로우한 카드들을 고려한다. 10카드 카운트 전략은 카드를 단순히 10과 10이 아닌 카드 두 부류로 나누기 때문에 위에 설명한 정밀한 전략만큼 정확하지 않다. 그래도 10카드 카운트 전략은 하우스 어드밴티지의 상당 부분, 때로는 대부분까지도 줄인다.

〈표 1〉은 딜러의 공개된 카드가 무엇이냐에 따라 딜러의 총합이 특정 수치가 될 확률을 보여준다. 반올림과 근사오차(정확한 수치 대신 근삿값을 써서 연산할 때 발생하는 숫자 계산상의 오차) 때문에 표의 행(가로줄)들을 모두 합쳐도 대체로 딱 1이 되지는 않는다. 오차는 10^{-4} 이하이므로 편의를 위해 무시할 수 있는 수준이다. 원래 표는 다섯 자리 숫자들이었고 열(세로줄)의 총계를 먼저 구한 뒤에 반올림했기 때문에 열(세로줄)의 총합은 표에 나타난 확률 수치의 총합과 약간의 격차가 있다.

이 표는 물론 딜러의 적수들이 모두 버스트한다고 해도 딜러가 자신

표 1 딜러의 확률

플레이어 수	딜러의 총합						
	17	18	19	20	21	내추럴	버스트
2	1390	1318	1318	1239	1205	……	3530
3	1303	1309	1238	1233	1160	……	3756
4	1310	1142	1207	1163	1151	……	4028
5	1197	1235	1169	1047	1063	……	4289
6	1670	1065	1072	1007	0979	……	4208
7	3723	1386	0773	0789	0730	……	2599
8	1309	3630	1294	0683	0698	……	2386
9	1219	1039	3574	1223	0611	……	2334
10	1144	1129	1147	3289	0365	0784	2143
A	1261	1310	1295	1316	0516	3137	1165
확률 총합	1458	1381	1348	1758	0736	0483	2836

의 모든 핸드를 마지막까지 플레이한다고 전제할 때만 유효하다.

지금부터 모든 표는 딜러의 패가 내추럴이 아니라는 것을 전제로 연산한 것이다. 〈표 2a〉 활용법을 예를 들어 설명해보겠다. 내 패가 하드 총합 12이고 딜러의 공개된 카드가 2라고 하자. 스탠드하지 않고 드로우하기로 했다면 수익은 0.038이다. 즉 딜러의 공개된 카드가 2이고 내 패가 하드 12인 상황이 아주 많이 반복될 때 스탠드하지 않고 드로우한다면 평균적으로 원래 베팅 금액에서 약 3.8%의 추가 수익을 거둘 수 있다. 표에 있는 수가 양수이면 플레이어는 스탠드 대신 드로우를 선택해야 한다. 반대로 표에 있는 수가 음수이면 플레이어는 드로우하지

표 2a 하드 총합에서 스탠드하지 않고 드로우할 때 플레이어의 수익

플레이어 수	플레이어의 하드 총합								
	12	13	14	15	16	17	18	19	20
2	038	−016	−077	−141	−171	−383	−753	−1,135	−1,474
3	013	−045	−117	0179	−212	−417	−775	−1,096	−1,482
4	−017	−086	−158	−222	−28	−467	−761	−1,116	−1,491
5	−046	−117	−191	−260	−297	−448	−793	−1,157	−1,519
6	−025	−094	−167	−233	−220	−470	−853	−1,190	−1,542
7	209	166	114	119	110	−331	−957	−1,308	−1,608
8	189	148	145	108	102	−079	−657	−1,274	−1,626
9	141	145	103	062	055	−114	−400	−964	−1,586
10	156	119	075	038	029	−148	−471	−813	−1,420
A	246	221	186	159	146	−089	−554	−1,050	−1,533

말고 스탠드해야 한다. 이 표를 들여다보면 바로 하드 스탠딩 넘버가 나온다. 사실 이를 통해 처음으로 하드 스탠딩 넘버가 산출되었다.

〈표 2b〉를 보는 법 역시 비슷하다. 다른 점이 있다면 표에 나타난 숫자를 통해 소프트 스탠딩 넘버가 산출된다는 것이다.

〈표 2a〉와 〈표 2b〉에는 아주 아슬아슬하게 판가름 나는 경우가 각각 하나씩 있다. 〈표 2a〉에서 딜러의 공개된 카드가 10이고 내 패가 두 장의 카드로 이루어진 하드 16일 경우 드로우하지 않고 스탠드하면 평균적으로 베팅액의 약 2.9%를 잃게 된다. 패가 10, 6이라면 손실은 3.8%이고 9, 7이라면 0.8%이다. 그리고 8, 8이라면 0.9%다. 이들 수치에 확률 이론에 따라 16 : 4 : 3의 가중치를 주면 2.9%가 된다. 8, 8을 스플리

표 2b 소프트 총합에서 스탠드하지 않고 드로우할 때 플레이어의 수익

딜러의 공개된 카드	플레이어의 소프트 총합			
	17	18	19	20
2	141	−072	−285	−470
3	132	−074	−251	−453
4	118	−048	−233	−430
5	141	−046	−236	−419
6	131	−067	−242	−418
7	152	−230	−388	−528
8	319	−071	−442	−608
9	270	092	−280	−660
10	233	045	−157	−547
A	291	−001	−303	−614

트하면 수치는 3.2%로 바뀐다.

〈표 2b〉를 보자. 딜러의 공개된 카드가 에이스이고 내 패가 소프트 18일 때 스탠드하지 않고 드로우하는 플레이어는 이런 상황에서 약 0.1%의 손실을 본다. 내가 아는 플레이어 몇 사람은 블랙잭 게임의 확률을 직접 경험으로 실증하려고 했다. 즉 이들은 다양한 딜러의 공개 카드에 대항해 정확한 스탠딩 넘버를 구하기 위해 수백, 때로는 수천 핸드를 딜링해서 결과를 기록했다.

〈표 3〉은 〈표 1〉에서 직접 연산된 것으로 다음과 같다. 딜러의 공개된 카드가 6이고 플레이어의 총합이 19라고 하자. 플레이어의 어드밴티지는 딜러의 총합이 플레이어보다 더 나쁠 때(18, 17, 버스트)의 확률을

표 3 다양한 총합에서 스탠드할 때 플레이어의 어드밴티지

딜러의 공개된 카드	플레이어의 총합					
	16	17	18	19	20	21
2	−294	−155	116	379	635	879
3	−249	−119	143	397	644	884
4	−194	−063	182	417	653	885
5	−142	−023	221	461	683	894
6	−159	009	282	496	704	902
7	−480	−108	403	619	775	927
8	−523	−392	102	594	792	930
9	−533	−411	−185	276	756	939
10	−535	−411	−164	083	564	960
A	−660	−477	−102	278	658	925

모두 더한 것이다. 즉 0.1065 + 0.1670 + 0.4208 = 0.6943이다. 딜러의 총합이 플레이어보다 더 좋을 때(20 또는 21)의 확률을 모두 더하면 0.1007 + 0.0979 = 0.1986이다. 두 값의 차이는 0.6943 − 0.1986 = 0.4957이다. 소수점 네 자리에서 반올림하면 〈표 3〉에 있는 0.496이 산출된다.

앞서 언급한 것처럼 〈표 3〉은 딜러가 내추럴을 잡지 않은 상황을 전제로 한다. 이런 상황에서 내추럴을 쥔 플레이어는 언제나 최초 베팅 금액의 1.5배를 딴다. 즉 우리 식대로 하면 플레이어의 어드밴티지는 150%다. 따라서 이런 경우를 표에 넣어 표시할 필요는 없다.

〈표 4〉는 딜러의 공개된 카드에 따라 두 장의 카드를 잡은 플레이어의 어드밴티지를 보여준다. 표 맨 위는 플레이어가 〈표 2a〉와 〈표 2b〉를 적절한 스탠딩 넘버를 사용해 스탠드하거나 드로우한다고 가정한다. 그 아래쪽에는 플레이어가 더블 다운할 때의 어드밴티지를 제시한다. 마지막으로 플레이어의 홀 카드의 점수가 동일하고 플레이어가 이 페어를 스플리트한 뒤 더블 다운 또는 드로우/스탠드 두 가지 대안 중 가장 유리한 쪽을 선택한다고 가정할 때 플레이어의 어드밴티지가 제시되어 있다. 표는 딜러의 공개된 카드의 값에 따라 크게 10가지로 구분되었다.

딜러의 공개된 카드 값에 따라 기본 전략을 표에서 얻는 방법은 다음과 같다. 첫째, 홀 카드가 페어를 이룬다고 하자. 페어를 스플리트할 때의 플레이어의 어드밴티지와 더블 다운할 때와 드로우할 때의 어드밴티지를 비교한다. 전자의 어드밴티지가 후자보다 클 때는 스플리트해야 한다. 그렇지 않다면 더블 다운 또는 드로우/스탠드 중 유리한 쪽을

택해야 한다. 예를 들어 딜러의 공개된 카드가 10이고 내 패가 4, 4일 때 스플리트하면 어드밴티지는 −0.552다. 더블 다운하면 어드밴티지는 −0.739이다. 그리고 하드 스탠딩 넘버를 16, 소프트 스탠딩 넘버를 19로 설정하고 드로우 또는 스탠드할 때의 어드밴티지는 −0.241이다. 세 수치 중 마지막 수치가 최선이므로 드로우/스탠드가 최상의 전략이다. 따라서 플레이어는 이 경우 더블 다운하거나 스플리트하지 말아야 한다.

플레이어의 홀 카드가 A, 2라면 이는 2, A와 동일하다. 따라서 표에는 둘 중 하나만 제시되어 있다. 따라서 〈표 4〉에 있는 수치들은 삼각형 모양을 이루고 있다.

〈표 4〉를 보면 기본 전략의 핵심 전술들이 더욱 분명해진다. 기본 전략의 페어 스플리팅에 관해 논의하면서 에이스 페어를 스플리트하면 핸드를 이길 확률이 크다. 하지만 에이스 페어를 스플리트하지 않으면 핸드가 더블 다운 또는 드로우/스탠드하기에만 무난할 뿐이다.

〈표 4〉는 더블 다운과 드로우/스탠드 두 가지 대안 중 가장 유리한 경우의 정확한 어드밴티지를 보여준다. 수치가 0을 중심으로 좌우로 움직이므로 양수도 있고 음수도 보인다. 그러나 표에서 보는 것과 같이 에이스를 스플리트하는 경우에 상응하는 어드밴티지는 대체로 양수다. 마찬가지로 딜러의 공개된 카드가 7~A일 때 8페어를 스플리트하면 '나쁜' 패를 쪼개서 두 개의 평균적인 패가 된다는 것이 지나치게 단순화한 명제 같지만, 〈표 4〉는 (대략이나마) 이 명제가 옳다는 것을 뒷받침하고 있다.

완전한 데크일 때, 〈표 4〉는 딜러의 다양한 공개 카드에 대항해 플레이어의 평균 어드밴티지와 전반적인 어드밴티지를 구하는 데 사용되었다. 적절한 자료를 통해 데크가 다를 때도 유사한 결과를 얻었다. 그 결과들은 3장의 〈표 3.1〉과 8장의 〈표 8.2〉에 열거되어 있다. 이들 표는 데크의 카드 구성이나 규칙 변경에 따라 다양한 수치들이 어느 정도 영향을 받는지 입증하고 있다.

표 4a ++ 딜러의 공개된 10카드

플레이어의 홀 카드 →

↓	A	2	3	4	5	6	7	8	9	10
A	−0470	−2756				MH=16	MS=19			
2	−0889	−2756	−3436+			*MH=17	+MS=18			
3	−1236	−3078+	−3348	−2410		**MH=14				
4	−1704	−3090	−2509	−1381	0378					
5	−2234	−3451	−1411*	0344*	1133	−3866*				
6	−1887*	−2503*	0296	1096	−3846	−4503*	−5097**			
히 7	−1387	−1541	1092	−3859	−4464	−4648*	−4748	−5118*		
트 8	0643	0305*	1038	−3987	−4531	−5098*	−5120*	−3907	−1333	
9	5546	1038	−3885	−3987	−4531	−5098*	−5120*	−3907	−1333	
10	1.5000	−3466	−3931	−4458	−5011	−5069*	−4123	−1552	1025	5832
A	−4683									
2	−4790	−1,0943								
더 3	−4796	−1,0928	−1,0713							
블 4	−4963	−1,0731	−9555	−7390						
5	−5367	−9552	−7380	−4384	0180					
다 6	−4328	−7452	−4446	0112	1707	−8038				
운 7	−3213	−4355	0145	1710	−7906	−9083	−1,0347			
8	−2244	0060	1623	−8059	−9096	−9363	−9496	−1,0235		
9	−0520	1428	−8211	−8189	−9111	−1,0239	−1,0240	−1,1163	−1,2489	
10	1391	−7391	−8111	−8993	−1,0022	−1,0139	−1,1134	−1,2456	−1,4201	−1,6793
페어 스플리팅	1942	−499	−498	−552	−648	−647	−606	−447	−265	033

++ MH = 최소 하드 스탠딩 총합   MS = 최소 소프트 스탠딩 총합

표 4b 딜러의 공개된 9 카드

플레이어의 홀 카드 →

	A	2	3	4	5	6	7	8	9	10
A	−0027	−2225				MH=17	MS=19			
2	−0141	−2625	−3100			*MH=16				
3	−0600	−3046	−3039*	−2044*						
4	−1134*	−2840*	−2171*	−0511*	1204*					
5	−1668	−2084	−0511	1174	1517	−3862				
6	−1347	−0524	1176	1495	−3896	−4185	−4746			
7	−0870	1205	1392	−9499	−4134	−4372	−4432	−4871		
8	2880	1425	−3922	−3652	−4259	−4797	−4820	−4116	−1964	
9	7656	−3444	−3588	−4135	−4753	−4793	−4161	−1961	2643	7440
10	1.5000									
A	−4206	−1,0469								
2	−3727	−1,0659	−1,0653							
3	−3935	−1,0453	−9462	−7011						
4	−4218	−9263	−7029	−2790	1746					
5	−4520	−6919	−2897	1646	2399	−8174				
6	−3452	−2741	1537	2247	−8260	−8694	−9782			
7	−2545	1744	2152	−8337	−8476	−8879	−8936	−9742		
8	−0602	2138	−8404	−7587	−8598	−9668	−9641	−1,0638	−1,1895	
9	1105	−7455	−7521	−8394	−9519	−9586	−1,0529	−1,1864	−1,3956	−1,6841
10	2165									
페어 스플리팅	2898	−373	−395	−459	−560	−542	−535	−383	−093	172

표 4c 딜러의 공개된 8카드

플레이어의 홀 카드 →										
↓	A	2	3	4	5	6	7	8	9	10
A	0930					MH=17	MS=18			
2	0391	−1410								
3	0350	−1808	−2311							
하 4	−0355	−2342	−2284	−0548						
드 5	−0843	−2178	−0570	1081	2075					
6	−0649	−0559	1175	2075	2297	−3217				
스 7	1209	1076	2171	2217	−3210	−3944	−4079			
플 8	6078	2073	2203	−3192	−3868	−3691	−3796	−4263		
릿 9	7848	2153	−3161	−3389	−3701	−4207	−4278	−4149	0645	
10	1.5000	−2745	−3282	−3574	−4180	−4248	−3942	0955	5768	7832
A	−2956									
2	−3124	−1.0298								
3	−2542	−1.0254	−9997							
더 4	−3141	−1.0231	−8486	−4471						
블 5	−3326	−8535	−4282	0007	3229					
6	−2297	−4371	0142	3172	3657	−7114				
다 7	−0153	0074	3269	3402	−7112	−8429	−8579			
운 8	1902	2945	3300	−7193	−8291	−7746	−7774	−8526		
9	2298	3277	−7037	−7241	−7619	−8556	−8556	−9506	−1.1325	
10	3327	−6259	−7056	−7393	−8442	−8596	−18497	−1.1303	−1.3947	−1.6854
페어 스플리팅	4065	−192	−244	−291	−391	−374	−378	−059	207	345

표 4p 딜러의 공개된 7카드

플레이어의 홀 카드 → 딜러의 공개된 홀 카드

	A	2	3	4	5	6	7	8	9	10
A	1584					MH=17	MS=18			
2	1073	-0918								
3	0604	-1192	-1645							
4	0337	-1639	-0706	1106						
5	-0238	-0674	-0926	2013	2786					
6	0596	0918	1977	2856	2974	-2077				
7	4120	1836	2772	2938	-2582	-3307	-3892			
8	6145	2676	2918	-2456	-3275	-3485	-3241	-3736		
9	7732	2889	-2471	-2741	-3480	-3632	-3750	-1229	4011	
10	1.5000	-2120	-2704	-3422	-3645	-3762	-1213	3887	6101	7647
A	-1370									
2	-1572	-9421								
3	-1745	-9378	-8712							
4	-1409	-8703	-5426	-1084						
5	-1891	-5672	-1323	1905	4663					
6	0142	-1481	1757	4754	5005	-5985				
7	2402	1600	4447	4874	-5852	-7141	-8230			
8	3253	4166	4726	-5636	-7065	-7346	-6660	-7471		
9	3513	4554	-5788	-6001	-7276	-7446	-7499	-8976	-1,1321	
10	4676	-4958	-5830	-7068	-7363	-7524	-9039	-1,1345	-1,3971	-1,6860
페어 스플리팅	5407	-006	-068	-160	-228	-228	-056	259	364	478

(좌측 구분: 하드 / 소프트 / 더블 다운)

표 4e 딜러의 공개된 6카드

플레이어의 홀 카드 →

	A	2	3	4	5	6	7	8	9	10
A	1996					MH=12	MS=18			
2	1685	0320								
3	1472	0192	0139							
4	1203	0141	0592	1753						
5	1159	0696	1637	2633	3618					
6	1332	1321	2313	3316	3807	−1652				
7	2622	2097	3180	3657	−1435	−1697	−1742			
8	4824	3075	3561	−1473	−1460	−1723	−1770	−1782		
9	6942	3458	−1538	−1514	−1501	−1765	−1796	−0114	2652	
10	1.5000	−1604	−1578	−1554	−1542	−1790	−0113	2681	4841	6974
A	2479									
2	2302	−2490								
3	2218	−2438	−2145							
4	2007	−2150	−0569	1932						
5	2167	−0610	1899	4433	7236					
6	2665	1242	3792	6633	7614	−3871				
7	3849	3574	6361	7315	−3577	−5613	−7339			
8	4826	6151	7122	−3682	−5352	−6465	−7242	−7934		
9	5598	6916	−3876	−4563	−6175	−8018	−7944	−9676	−1.1734	
10	6822	−3189	−4578	−6162	−7746	−7926	−9667	−1.1722	−1.4140	−1.6900
페어 스플리팅	7583	240	220	183	131	151	220	356	437	543

표 4f 딜러의 공개된 5카드

플레이어의 홀 카드 →

	A	2	3	4	5	6	7	8	9	10
A	1820					MH=12	MS=18			
2	1587	0359								
3	1366	0215	0083							
4	1078	0089	0490	1539						
5	0821	0568	1411	2464	3473					
6	1400	1306	2350	3388	3936	−1022				
7	2223	1955	3075	3617	−1234	−1288	−1555			
8	4608	2960	3495	−1308	−1283	−1338	−1605	−1654		
9	6821	3398	−1368	−1339	−1314	−1369	−1636	−0444	2029	
10	1.5000	−1440	−1412	−1382	−1357	−1412	−0432	2023	4478	6737
A	2157									
2	2123	−2140								
3	2036	−2085	−1840							
4	1750	−1855	−0614	1623						
5	1482	−0703	1550	4150	6947					
6	2800	1306	3916	6776	7873	−3247				
7	3491	3321	6150	7234	−3555	−5381	−7407			
8	4530	5920	6991	−3732	−5400	−6344	−7462	−9058		
9	5362	6796	−3932	−4641	−6277	−8041	−9041	−9852	−1.1806	
10	6630	−3271	−4706	−6293	−7992	−8884	−9849	−1.1815	−1.4175	−1.6912
페어 스플리팅	7322	239	228	197	133	172	200	312	415	521

표 4g 딜러의 공개된 4카드

플레이어의 홀 카드 →

	A	2	3	4	5	6	7	8	9	10
A	1421					MH=12	MS=18			
2	1102	−0348				*MH=13				
3	0908	−0410	−0474							
4	0614	−0552	−0166	0978						
5	0380	−0103	0866	1896	2949					
히 6	0773	0811	1860	2928	3520	−1519				
7	2040	1676	2852	3425	−1546	−1584	−1640			
8	4155	2525	3126	−1829	−1813	−1841	−1896	−2153		
9	6539	3000	−1913	−1885	−1859	−1886	−1942	−0844	1670	
10	1.5000	−1940*	−1971	−1934	−1907	−1935	−0644	1642	4041	6448
A	1377									
2	1151	−3840								
3	1091	−3517	−3022							
4	0849	−3237	−1777	0441						
5	0626	−1946	0411	2970	5898					
6	1545	0233	2896	5855	7039	−3802				
7	3127	2718	5704	6851	−3836	−5541	−7376			
8	3731	5049	6252	−4281	−5836	−6751	−7601	−9223		
9	4592	6001	−4510	−5086	−6710	−8392	−9059	−1.0823	−1.1940	
10	5951	−3879	−5159	−6729	−8360	−9091	−1.0702	−1.1946	−1.4234	−1.6926
페어 스플리팅	6686	112	102	076	014	047	103	215	320	444

표 4h 딜러의 공개된 3카드

플레이어의 홀 카드 →

	A	2	3	4	5	6	7	8	9	10
A	1203					MH=13	MS=18			
2	0605	−0818				*MH=12				
3	0442*	−0983	−1182							
4	0234*	−1062*	−0815*	0288*						
5	−0019*	−0615*	0194*	1411*	2548*					
6	0369*	0238*	1389*	2504	3147*	−2111*				
7	1668	1308	2461*	3056*	−2124*	−2148	−2194			
8	4198	2412*	2952*	−2202*	−2167	−2202	−2239	−2284		
9	6441	2690*	−2557	−2460	−2436	−2460	−2497	−1207	1225	
10	1.5000	−2193	−2657	−2509	−2474	−2499	−1190	1444	3835	6361
A	0549									
2	0284	−5015								
3	0108	−4970	−4721							
4	0026	−4455	−3237	−0825						
5	−0192	−3107	−0832	1956	5096					
6	0739	−0783	1892	5009	6294	−4443				
7	1889	1946	4921	6111	−4439	−6081	−7765			
8	3460	4825	5904	−4595	−6112	−6939	−7626	−8999		
9	3922	5380	−5114	−5607	−7121	−8646	−9180	−1.0710	−1.2766	
10	5363	−4386	−5664	−7114	−8595	−9228	−1.0728	−1.2673	−1.4251	−1.6929
페어 스플리팅	6128	024	−031	−348	−104	−069	−020	132	242	383

표 4i 딜러의 공개된 2장 카드

플레이어의 홀 카드 →

	A	2	3	4	5	6	7	8	9	10
A	0948	−1132				MH=13	MS=18			
2	0392	−1314	−1530			*MH=14				
3	0169	−1507	−1230	−0126						
4	−0117	−0994	−0165	0933	2238					
5	−0317	−0130	0921	2175	2840	−2527	−2684			
6	0071	0835	2144	2723	−2526	−2651	−2721	−2749		
7	1358	2130	2682	−2598	−2650	−2679	−2766	−1366	1370	
8	4016	2636	−2663	−2858	−2694	−2734	−1582	1188	3848	6272
9	6559	−2434*	−3042*	−3102	−2948	−2977				
10	1.5000									
A	−0193	−5816								
2	−0420	−5866	−5675							
3	−0468	−5602	−4291	−1846						
4	−0700	−4018	−1678	1135	4464					
5	−0819	−1628	1118	4322	5672	−5054	−8128			
6	0133	1174	4260	5417	−5053	−6639	−7808	−9082		
7	1276	4245	5336	−5197	−6626	−7252	−9120	−1.0603	−1.2550	
8	2372	5248	−5325	−5860	−7179	−8605	−1.0769	−1.2651	−1.4993	−1.6933
9	3798	−4868	−6084	−7376	−8724	−9308				
10	4870									
페어 스플리팅	5657	−047	−116	−156	−193	−165	−105	064	188	331

표 4 딜러의 공개된 에이스 카드

플레이어의 홀 카드 →

↓	A	2	3	4	5	6	7	8	9	10
A	-0307					MH=17	MS=18 *MS=19			
2	-0678	-2589								
3	-1006	-2916	-3340							
4	-1539	-3349	-3450	-2090						
5	-2061	-3311	-2171	-0702	0906					
6	-1999*	-2258	-0785	0815	1729	-3862				
7	-1010	-0828	0868	17113	-3768	-4434	-4947			
8	2897	0864	1709	-3749	-4330	-4534	-4557	-4949		
9	6807	1696	-3745	-3831	-4412	-4958	-4955	-4519	-0552	
10	1.5000	-3489	-3925	-4450	-4987	-5088	-4670	-0820	3077	6501
A	-5988									
2	-5933	-1.3201								
3	-5958	-1.3188	-1.2982							
4	-6199	-1.2957	-1.1264	-1.2982						
5	-6561	-1.1252	-7940	-1.1264	0551					
6	-5272	-7991	-4013	0486	2402	-8346				
7	-3578	-4021	0402	2220	-8375	-9372	-1.0294			
8	-1921	0251	2057	-8467	-9309	-9418	-9280	-9898		
9	-0407	1889	-8582	-8380	-9206	-1.0084	-9910	-1.0892	-1.2497	
10	1452	-8109	-8590	-9316	-1.0129	-1.0175	-1.1116	-1.2664	-1.4853	-1.7664
페어 스플리팅	2239	-422	-465	-527	-613	-617	-613	-363	-113	097

특별수록

정보율에 대한 새로운 해석
A New Interpretation of Information Rate

존 L. 켈리 주니어
1956년 3월 21일

▣ '켈리공식'에 대하여

투자자들 사이에서 이른바 '켈리공식$^{Kelly\ Criterion}$'이라 불리는 논문 〈정보율에 대한 새로운 해석〉을 국내 최초로 번역하여 독자들께 공개한다. 이 논문은 미 AT&T 벨연구소의 천재 물리학자 존 L. 켈리 주니어가 1950년대 중반 발표한 것이다.

1950년대 발표된 논문이 아직까지도 주목을 받는 이유는 이 논문에 소개된 'G max=R'이라는 공식 때문인데, 여기서 G는 부가 축적되는 속도를 말하고, R은 정보율(정보가 확실한 정도)을 뜻한다. 즉 투자 대비 최대수익률은 정보의 신뢰도와 같다는 것으로, 정보의 순도에 따라 자산을 적절하게 배분해 투자하면 수익은 안전하게 늘어난다는 주장이다.

켈리공식의 용도는 투자에서 장기적으로 가장 우수한 자산증식효과를 내는 투자비율을 산출하는 데 있다. 자신이 잘 이해하고 있고 확신을 가지고 있는 소수의 종목에 집중해서 적은 횟수로 많이 투자하라는 것이다. 워렌 버핏, 조엘 그린블라트도 켈리공식을 적용한 투자를 해왔으며, 운용 자산의 80%는 늘 상위 5개 종목에 집중되어 있었다.

독자 여러분의 성공적이고 안전한 투자를 기원한다.

정보율에 대한 새로운 해석

AT&T의 허가를 받아 복제함

저자: J. L. KELLY, JR.

(1956년 3월 21일 원고 수신)

통신로에 투입되는 입력 기호가 우연한 사건의 결과를 표시하고 배당률이 승산과 일치(즉 '공정한' 배당률, 공정한 배당률이란 예를 들어 승산이 10%일 때 배당이 1:10인 상황을 말한다)한다면, 도박사는 수신된 기호를 통해 얻은 지식을 활용해 돈을 기하급수적으로 불릴 수 있다. 도박사의 자본이 기하급수로 불어나는 최댓값은 채널을 통해 전송되는 정보율과 동일하다. 이 결과는 무작위 배당의 경우까지 포괄하여 일반화할 수 있다.

따라서 우리는 부호화의 가능성을 전혀 고려하지 않아도 전송률이 유의한 상황을 찾으려 한다. 과거에는 전송률이 섀넌의 정리^{定理}에 의해서만 유의성이 부여되었다. 섀넌은 적절한 부호화를 거쳐 통신로를 통해 2진수(0과 1 두 가지 수)를 임의의 낮은 오전송률로 전송할 수 있다고 주장했다.

머리말

섀넌은 잡음이 섞인 통신로(정보를 전달하기 위해 사용하는 유선이나 무선의 통로)를 통한 정보의 전송률을 다양한 확률의 관점에서 정의한다.* 이러한 정의는 이진수가 낮은 오전송률로 통신로를 통해 부호화되고 전송될 수 있다는 정리에 의해 유의성이 부여된다. 통신 이론을 연구하는 많은 학자들은 어떤 부호화도 고려되지 않은 경우의 전송률에 유의성을 부여하고 싶어 했다. 일부 학자들은 이러한 유의성이 정말 존재한다는 가정 하에 연구를 진행했다. 이를테면 부호화가 바람직하지 않거나(레이더처럼) 부호화가 불가능한 시스템에서는 최대 전송률을 기준으로, 즉 애매도(통신로를 통하여 전송된 메시지와 수신된 메시지의 차이 또는 수신한 메시지가 틀릴 확률)가 최소화되도록 고안해 왔다. 더 깊은 연구가 없다면 이 과정은 정당성을 부여 받을 수 없다.

그렇다면 무시할 수 없는 정도의 오류가 발생하는 통신 시스템, 즉 최적의 부호화가 사용되지 않는 통신 시스템에 값의 척도를 부여하는

---

* C.E. Shannon, A Mathematical Theory of Communication, B.S.T.J., 27, pp. 379−423, 623−656, Oct., 1948.

문제가 남아 있다. 가장 일반적인 공식에서 이 문제에는 단 하나의 해결책뿐인 듯하다. 비용 함수는 특정 신호가 전송될 때 어떤 기호를 수신하는 것이 얼마나 유해한지를 알려주는 기호 쌍들로 규정되어야 한다. 게다가 기댓값이 유의성을 갖는 그런 비용 함수여야 한다. 즉 평균 비용이 더 적다면 어느 한 시스템이 다른 시스템보다 반드시 더 바람직해야 한다. 폰 노이만의 공리설*은 그러한 비용 함수를 구하는 한 가지 방법을 보여준다. 일반적으로 이 비용 함수는 시스템 외부의 것들에 의존하며 시스템을 형성하는 확률에 의존하지 않는다. 따라서 평균값은 섀넌이 정의한 비율과 동일할 수 없다.

물론 비용 함수 접근법은 통신 시스템 연구에 한정되지 않으며 실제로 인간이 활동하는 거의 모든 분야를 분석하는 데 이용될 수 있다. 노이만은 비용 함수 접근법이 통신 이론의 특정 문제들을 규명하기에는 너무 포괄적이라고 생각한다. 통신 시스템을 구별 짓는 특징은 최종 수신자(여기서는 사람이라고 가정하자)가 입력 기호를 알거나 혹은 심지어 더 정확하게 기호의 확률을 예측할 수 있으면 이득을 취할 수 있는 위치에 있다는 점이다. 비용 함수가 통신 시스템에 적용되려면 이러한 특징을 어떻게든 반영해야 한다. 요는 통계적 변환기(즉 통신로)와 비용 함수를 아무렇게나 임의로 조합한다고 해서 반드시 통신 시스템이 형성되지는 않는다는 점이다. 사실 (상기 진술들의 토대가 되는 통신 시스템의

---

* Von Neumann and Morgenstein, Theory of Games and Economic Behavior, Princeton Univ. Press, 2nd Edition, 1947.

정확한 정의를 알지 못하기 때문에) 노이만은 이런 임의의 조합이 통신 시스템인지 아닌지 여부를 실험할 수 있는 방법을 알지 못했다.

그러나 방법이 없지는 않다. 바로 통신 문제의 근본적인 특성들이 녹아 있는 실제 상황을 취하여 임의의 비용 함수의 도입 없이 이 상황을 분석하는 것이다. 여기서는 도박사가 수익을 목표로 전송된 기호들에 베팅하여 통신로의 수신 기호들에 대한 지식을 활용하는 상황을 선택하기로 한다.

♣ 사설 통신을 보유한 도박사

어떤 도박사가 우연한 사건의 결과를 다수의 타인들이 알기 전에 자신에게만 전송받는 통신로를 보유하고 있다고 가정하자. 이런 통신로가 있다면 도박사는 애초의 배당률에 계속 베팅할 수 있다. 우선 잡음이 없는 이원$^{\pi}$ 통신로를 생각해 보자. 예를 들어 이 통신로가 공정하게 맞붙는 두 팀의 야구 경기 결과를 전송하는 데 이용된다고 하자. 그가 얼마를 버느냐는 오로지 그가 얼마나 많은 돈을 베팅하느냐에 의해 결정된다. 그는 얼마를 베팅할까? 이길 것이 확실하므로 아마도 가진 돈 전부를 베팅할 것이다. 이 경우 그의 자본은 기하급수적으로 증식하며 N회의 베팅 뒤에는 초기 자본, 즉 원금의 2^N 배를 손에 쥐게 된다. 이러한 자본의 기하급수적 증식은 경제학에서 그다지 드문 일이 아니다. 만약 위 통신로의 이진수가 주당 1회의 속도로 도달한다면 계속 베팅할 경우 주 복리로 매주 100% 이자를 받는 투자에 상응하게 된다. 수량 G를 활용하는데, G는 도박사 자본의 기하급수 성장률이다.

$$G = \lim_{N \to \infty} \frac{1}{N} \log \frac{V_N}{V_0}$$

V_N은 N회의 베팅 후 도박사의 자본이며 V_0은 원금, 로그함수의 밑수는 2이다. 위에 든 사례의 경우 $G = 1$이다.

다음으로 소음이 섞인 이원 통신로를 생각해 보자. 전송된 각 기호가 오류일 확률, 즉 오전송 확률을 p, 오류 없이 정확하게 전송될 확률을 q라고 한다. 도박사는 여전히 매번 베팅할 때마다 자본 전액을 베팅할 수 있다. 사실 자본 전액을 베팅하면 $\langle V_N \rangle$, 즉 자본의 기댓값을 최대화할 수 있다. V_N은 다음 수식을 나타낼 수 있다.

$$\langle V_N \rangle = (2q)^N V_0$$

그러나 N이 크다면 파산할 수도 있으므로 불안한 상황이다. 사실, 도박사가 무한정 게임을 계속한다면 1의 확률로 파산한다. 그렇다면 도박사가 매번 자본의 일정 부분, 즉 ℓ만큼 베팅한다고 하자. 그렇다면 기댓값은 다음과 같다.

$$V_N = (1+\ell)^W (1-\ell)^L V_0$$

W는 N회 베팅에서 승리한 횟수, L은 N회 베팅에서 패배한 횟수이다. 그렇다면 다음 식이 성립한다.

$$G = \lim_{N \to \infty} \left[\frac{W}{N} \log(1+\ell) + \frac{L}{N} \log(1-\ell) \right]$$
$$= q \log(1+\ell) + p \log(1-\ell)$$

위 등식이 성립할 확률은 1이다.

G를 최댓값으로 만드는 ℓ을 구해보자. $\sum Y_i = Y, X = \sum X_i$라고 정의하고, 수식의 형태가 $Z = \sum Y_i \log Y_i$일 때 최댓값을 구하는 Y_i는 아래와 같다.

$$Y_i = \frac{Y}{X_i} X_i,$$

이는 로그 함수를 그래프로 나타냈을 때 볼록한 곡선에서 바로 나타난다.

이제 아래 식들을 대입한다.

$$(1+\ell) = 2q$$
$$(1-\ell) = 2p$$

$$G_{\max} = 1 + p \log p + q \log q$$
$$= R$$

R은 섀넌이 정의한 전송률이다.

N회의 베팅 후 기대 수익을 최대화하려면 자본을 전액 베팅해야 한다고($\ell = 1$로 해야 한다고) 주장할 수 있다. 만약 N회의 베팅 후 게임이 중단된다면 이 질문에 대한 답은 (도박사가) 파산 또는 자본 보유 중 어느 쪽에 더 높은 가치를 두느냐에 따라 결정될 것이다. 그런데 무한정 계속 게임을 하는 두 도박사의 운명을 비교해 보면 위 수식의 ℓ 값을 사용하는 도박사는 결국에는 여타의 ℓ 값을 사용하는 도박사보다 앞서 나가며 그 상태를 유지한다. 어쨌든 도박사가 언제나 G를 최대화하는 방향으로 베팅한다고 가정한다.

♣ 일반적인 사례

다수의 입력 기호가 있는 통신로를 생각해 보자. 이 입력 기호들은 우연한 사건들의 결과를 표시하며 나타날 확률이 반드시 동일하지 않다. 범례로 사용할 부호는 다음과 같다.

$p(s)$ 전송된 기호가 s번째일 확률
$p(r/s)$ 전송된 기호가 s번째라는 가정 하에 수신된 기호가 r번째일 조건부 확률
$p(s,r)$ 전송된 기호가 s번째이고 수신된 기호가 r번째일 확률

$q(r)$ 수신된 기호의 확률

$q(s/r)$ 수신된 기호의 가정 하에 전송된 기호의 조건부 확률

α_s 전송된 기호가 s번째일 때 지불된 금액, 즉 α_s는 1달러(이 1달러 포함) 당 얻은 달러의 수

$a(s/r)$ r번째 수신된 기호를 관찰한 뒤 전송된 기호가 s번째일 때 도박사가 결정한 베팅 금액

독립적인 전송 기호와 잡음만 고려한다. '공정' 배당률의 첫 번째 사례를 고려해 보자.

$$\alpha_s = \frac{1}{p(s)}$$

이긴 사람이 판돈을 전부 가져가는 게임은 종류를 막론하고 배당률이 공정 수준인 경향이 있다('공제금'은 무시한다). 우선 다음 사실을 이해하자. 판돈 전부가 승자에게 돌아가므로 '공제금'이 없다면

$$\sum \frac{1}{\alpha_s} = 1 \text{ 이다.}$$

다음으로

$$\alpha_s > \frac{1}{p(s)} \quad \text{라고 할 때}$$

일부 s에 대해서 도박사는 송출된 s번째 정보에 대해 반복 베팅함으로써 확실한 수익을 취할 수 있다. 초과 베팅을 하면 α_s가 줄어든다. 주식시장 투자 같은 더 복잡한 베팅 환경에서도 동일한 결과가 발생한다.

$$\sum_s a(s/r) = 1$$ 이라고 하자.

위 수식처럼 수신된 기호에 관계없이 도박사가 자본 전액을 베팅한다고 가정해도 보편성은 손상되지 않는다. 왜냐하면

$$\sum \frac{1}{\alpha_s} = 1$$ 이므로

베팅 취소를 통해 사실상 자금을 보존할 수 있기 때문이다. 이제 다음 수식이 성립한다.

$$V_N = \prod_{r,s} [a(s/r)\alpha_s]^{W_{sr}} V_0$$

W_{sr}은 전송된 기호가 s, 수신된 기호가 r인 횟수를 의미한다.

$$\log \frac{V_n}{V_0} = \sum_{rs} W_{sr} \log \alpha_s a(s/r)$$

$$G = \lim_{N \to \infty} \frac{1}{N} \log \frac{V_N}{V_0} = \sum_{rs} p(s,r) \log \alpha_s a(s/r)$$

위 등식이 성립할 확률은 1이다. 왜냐하면

$\alpha_s = \dfrac{1}{p(s)}$ 이므로 다음 수식이 성립하기 때문이다.

$$G = \sum_{rs} p(s,r) \log \dfrac{a(s/r)}{p(s)}$$

$$= \sum_{rs} p(s,r) \log a(s/r) + H(X)$$

위 수식에서 $H(X)$는 섀넌이 정의한 정보원의 정보율이다. 첫 번째 항은 아래 수식을 대입하면 최대화된다.

$$a(s/r) = \dfrac{p(s,r)}{\sum_k p(k,r)} = \dfrac{p(s,r)}{q(r)} = q(s/r)$$

따라서 $G_{max} = H(X) - H(X/Y)$이며 이는 섀넌이 정의한 전송률이다.

배당률이 공정하지 않은 경우

공제금이 없으며, 즉

$$\sum \frac{1}{\alpha_s} = 1 \text{ 이며}$$

α_s가 반드시

$$\frac{1}{p(s)} \quad \text{이지는 않은 경우를 가정해 보자.}$$

도박사는 $1/\alpha_s$에 비례하여 베팅함으로써 자금에서 어떤 비율만큼 베팅하든 사실상 해당 금액을 보존할 수 있으므로 여전히 $\sum_s a(s/r) = 1$로 설정하는 것이 허용된다. 그렇다면 등식 (1)을 아래 등식으로 다시 바꾸어 쓸 수 있다.

$$G = \sum_{r,s} p(s,r) \log a(s/r) + \sum_s p(s) \log \alpha_s$$

$a(s/r) = q(s/r)$을 대입하면 여전히 G를 최대화할 수 있다. G의 최댓값, 즉 G_{max}는 다음과 같다.

$$G_{max} = -H(X/Y) + \sum_s p(s) \log \alpha_s$$

$$= H(\alpha) - H(X/Y)$$

위 수식에서 $H(\alpha)$는 아래와 같다.

$$H(\alpha) = \sum_s p(s) \log \alpha_s$$

여기서 몇 가지 흥미로운 사실들이 나타난다.

(a) 이 경우 $a(s/r) = q(s/r)$을 대입하면 앞서처럼 G를 최대화할 수 있다. 즉 도박사는 게시된 배당률을 무시하고 베팅한다!

(b) $$\sum_s \frac{1}{\alpha_s} = 1 \text{ 일 때 } H(\alpha)\text{의 최솟값은}$$

$\alpha_s = \dfrac{1}{p(s)}$ 이고 $H(X) = H(\alpha)$일 때 얻을 수 있으므로

공정 배당률에서 벗어나는 어떤 편차도 도박사에게 도움이 된다.

(c) 도박사에게 어떤 내부 정보도 없다면 도박사의 수익은 $H(\alpha) - H(X)$이므로 통신로 덕분에 G_{max}의 증가로 $R = H(X) - H(X/Y)$로 풀이할 수 있다. 통신로가 없을 때, 즉, $H(X/Y) = H(X)$일 때

$$\alpha_s = \frac{1}{p_s} \text{ 로 설정하면}$$

G_{max}는 (0으로) 최소화된다.

이는 '공정 배당률' 개념에 더 심오한 의미를 부여한다.

'공제금'이 있을 때

'공제금'이 있다면 상황은 더 복잡해진다. 공제금이 있다면 이제는 $\sum_s a(s/r) = 1$이라고 가정할 수 없다. 도박사는 일정 비율로 공제금을 잃게 되므로 베팅 취소를 할 수 없다. 수신된 기호가 r번째일 때 베팅하지 않은 자금은 $b_r = 1 - \sum_s a(s/r)$이다. 그렇다면 최대화해야 할 수량은 아래와 같다.

$$G = \sum_{rs} p(s,r) \log [b_r + \alpha_s \alpha(s/r)], \quad (2)$$

단, $b_r + \sum_s a(s/r) = 1$이다.

등식 (2)와 상기 제약식 모두에서 r값이 서로 다른 항들이 독립적이므로 (2)를 최대화하려면 특정 r값이 나타난 항들을 최대화하고 각 r값을 독립적으로 최대화하는 것으로 충분하다. 즉 이런 형태의 항들을 최대화해야 한다.

$b_r + \sum_s a(s/r) = 1$이라고 할 때

$$G_r = q(r) \sum_s q(s/r) \log [b_r + \alpha_s a(s/r)] \text{ 이다.}$$

사실 이 각각의 항들은 모두 통신로가 없는 도박사의 지수 성장 수식

과 형태가 동일하다.

$$G = \sum_s p(s) \log [b + \alpha_s a(s)] \qquad (3)$$

(3)을 최대화하고 그 결과를 일반적 문제의 전형적 항 또는 통신로가 없을 경우의 총수익으로 해석할 것이다. $a(s) > 0$인 s 지수들의 집합을 λ, $a(s) = 0$인 s 지수들의 집합을 λ'이라고 한다. 이제 구하고자 하는 최댓값은 아래와 같다.

$$\frac{\partial G}{\partial a(s)} = \frac{p(s)\alpha_s}{b + a(s)\alpha_s} \log e = k \quad \text{for } s \epsilon \lambda$$

$$\frac{\partial G}{\partial b} = \sum_s \frac{p(s)}{b + a(s)\alpha_s} \log e = k$$

$$\frac{\partial G}{\partial a(s)} = \frac{p(s)\alpha_s}{b} \log e \leq k \quad \text{for } s \epsilon \lambda'$$

k는 상수다. 아래 등식이 성립한다.

$$k = \log e, \quad b = \frac{1-p}{1-\sigma}$$

$$a(s) = p(s) - \frac{b}{\alpha_s} \quad \text{for } s\epsilon\lambda$$

위 식에서 $p = \sum_\lambda p(s), \sigma = \sum_\lambda (1/\alpha_s)$이므로 아래 부등식이 성립한다.

$$p(s)\alpha_s \leq b = \frac{1-p}{1-\sigma} \quad \text{for } s\epsilon\lambda'$$

아래 조건들이 전적으로 λ를 결정한다.

$$\sigma < 1$$

$$p(s)\alpha_s > \frac{1-p}{1-\sigma} \quad \text{for } s\epsilon\lambda$$

$$p(s)\alpha_s \leq \frac{1-p}{1-\sigma} \quad \text{for } s\epsilon\lambda'$$

지수들을 치환해 아래 식, 즉

$p(s)\alpha_s \geq p(s+1)\alpha_s + 1$이 성립하도록 한다면
λ는 $s \leq t$인 모든 지수로 구성되며 이때 t는 양의 정수 또는 0이다.

아래 분수식이 t에 따라 변하는 양상을 고려해 보자.

$$F_t = \frac{1-p_t}{1-\sigma_t}$$

위 분수식에서

$$p_t = \sum_1^t p(s), \quad \sigma_t = \sum_1^t \frac{1}{\alpha_s}; \quad F_0 = 1 \text{ 이다.}$$

만약 $p(1)\alpha 1 < 1$이라면 $\sigma_t \geq 1$가 될 때까지 F_t는 t와 함께 증가한다. 이 경우 $t = 0$이면 바라는 조건을 만족시키며 λ는 공집합이다. 만약 $p(1)\alpha 1 > 1$이라면 $p(t+1)\sigma_{t+1} < F_t$ 또는 $\sigma_t \geq 1$가 될 때까지 F_t는 t와 함께 증가한다. 만약 전자의 경우라면, 즉 $p(t+1)\sigma_{t+1} < F_t$라면 $F_{t+1} > F_t$이며 $\sigma_t \geq 1$가 될 때까지 F_t는 증가한다. 어느 경우든 바람직한 t 값은 F_t를 양의 최솟값으로 만드는 값이며 만약 그러한 t값이 하나 이상 존재한다면 그중 가장 작은 값이다. 최댓값을 만드는 과정을 요약하면 다음과 같다.

(a) $p(s)\alpha_s \geq p(s+1)\alpha_{s+1}$이 되도록 지수를 치환한다.

(b)
$$p_t = \sum_1^t p(s), \quad \sigma_t = \sum_1^t \frac{1}{\alpha_s} \text{ 일 때}$$

$\dfrac{1-p_t}{1-\sigma_t}$ 가 양의 최솟값이 되도록 한다.

(c) $a(s) = p(s) - b/\alpha_s$ 또는 0, 둘 중 더 큰 수로 설정한다. ($a(s)$의 총합은 $1-b$)

따라서 원하는 G의 최댓값은 아래와 같다.

$$G_{\max} = \sum_{1}^{t} p(s) \log p(s)\alpha_s + (1-p_t) \log \dfrac{1-p_t}{1-\sigma_t}$$

위 식에서 t는

$\dfrac{1-p_t}{1-\sigma_t}$ 를 양의 최솟값으로 만드는 최소 지수다.

다음 사항을 주목해야 한다. 만약 $p(s)\alpha_s < 1$이라면 모든 s에 대해 베팅하지 않는다. 그러나 $p(s)\alpha_s < 1$, 즉 기대 수익이 음의 값일 때 $p(s)\alpha_s > 1$을 만드는 s의 최댓값에 대해 베팅할 수도 있다. 이런 경우에는 결코 베팅하지 않는 정통파 도박사들의 기준을 벗어난 것이다.

맺음말

 본 논문의 도박사는 정통파 도박사와는 근본적으로 다른 기준을 따른다. 여기에서 소개하고 있는 도박사는 매번 베팅할 때마다 자본 로그 함수의 기댓값을 극대화한다. 이는 도박사가 자신의 돈에 부여하는 가치 함수 때문이 아니라 베팅을 계속함에 따라 가산되며 대수의 법칙이 적용되는 로그 함수 때문이다. 상황이 다르다고 가정해 보자. 이를테면 도박사의 아내가 매주 1달러 베팅만 허용하고 딴 돈을 다시 투자하지 못하도록 했다고 하자. 그렇다면 도박사는 매 베팅 시 기대(자본의 기댓값)를 최대화해야 한다. 그는 투자할 수 있는 모든 자본(1달러)을 최고의 기댓값을 도출할 수 있는 사건에 베팅할 것이다. 이 도박사는 1의 확률로 자본을 다른 방식으로 할당하는 어떤 사람보다 앞서게 된다.

 이 방식으로 베팅하는 도박사의 자본은 다른 방식으로 베팅하는 도박사를 상회하며 그 확률은 1이다. 그러나 이는 시간이나 과거 사건들로부터 독립된 각 수신 기호에 고정된 방식으로 적용된다. 우리의 전략이 항상 일정하지는 않은 $a(s/r)$를 포함하는 다른 전략보다 우월하다는 점은 여전히 증명해야 할 과제로 남아 있다.

 이 논문에서는 도박이라는 실생활에 모델을 적용했지만 이 모델은 여타의 특정 경제 상황들에도 적용할 수 있다. 이 이론이 타당하려면 반드시 전제조건들이 필요하다. 바로 수익을 재투자할 수 있어야 하며 다양한 범주에 투자하거나 베팅하는 액수에 변화를 주거나 통제할 수 있어야 한다는 점이다. 이 이론의 '통로'는 실제 통신로일 수도 있고 투자자가 입수할 수 있는 내부 정보의 총량일 수도 있다.

본 논문의 결론의 간단하게 요약하자. 도박사가 통신로에 투입된 기호에 베팅하고 특정 기호가 수신될 때마다 동일한 비율의 자금을 베팅한다면 자본은 기하급수적으로 증가한다(또는 감소한다). 배당률이 전송된 기호가 나타날 확률과 동일하다면 (즉 확률의 역수와 동일하다면) 자본의 최대 증식률은 전송되는 정보율과 동일하다. 배당률이 공정하지 않다면, 즉 전송된 기호의 확률과 일치하지 않고 다른 확률 집합들과 동일하다면 자본의 최대 성장률은 정보의 전송률과 동일한 양만큼 통신로가 없을 때보다 크다. '공제금'이 있는 경우에도 비슷한 결과가 도출되지만 관련 공식들이 더 복잡하며 정보에 대한 직접적이며 이론적인 해석의 여지가 줄어든다.

감사의 글

이 논문을 준비하도록 도와준
R. E. 그레이엄과 C. E. 섀넌에게
감사를 전합니다.

참고문헌

❶ ASHBAUGH, DON, "Game for Gaming," *Las Vegas Review Journal* (sunday Feature Section), December 25, 1960, pp. 20, 22

❷ BALDWIN, ROGER; CANTEY, WILBERT; MAISEL, HERBERT; and McDERMOTT, JAMES, "The Optimum Strategy in Blackjack," *Journal of the American statistical Association,* Vol. 51, 429-439(1956)

❸ BALDWIN, ROGER; CANTEY, WILBERT; MAISEL, HERBERT; and McDERMOTT, JAMES, *Playing Blackjack to Win; A New Strategy for the Game of 21* (M. Barrows & Co., Inc., New York, 1957)

❹ *Boston Globe,* January 24, 1961, pp. I. II.

❺ CARDANO, GEROLAMO, *book on games of chance* (written about 1520 and first published in 1663). Translated by SIDNEY H. GOULD (Holt, Rinehart and Winston, Inc., New York and San Francisco, 1961)

❻ *Columbus Dispatch,* January 30, 1961, p. I-B.

❼ COOTNER, PAUL H., ed., *The random Character of Stock Prices* (M. I. T. Press, Cambridge, Massachusetts).

❽ CRAWFORD, JOHN R., *How to Be a Consistent Winner in the Most Popular Card Games* (Doubleday and Co., Inc., New York, 1953)

❾ CULBERTSON, ELY; MOREHEAD, ALBERT; MOTT-SMITH, GEOFFREY, *Culbertson's Card Games Complete, with Official Rules* (The Greystone Press, New York, 1952).

❿ DARVAS, NICHOLAS, *Wall Street, The Second Las Vegas* (Stuart, Lyle, New York, 1962).

⓫ FELLER, WILLIAM, *An Introduction to Probability Theory and Its Applications*, Vol. 1, Second Edition (John Wiley & Sons, Inc., New York, 1957).

⓬ Fox, PHILLIP G. (as told to STANLEY FOX), "A Primer for Chumps," *Saturday Evening Post*, November 21, 1959, pp. 31ff.

⓭ FREY, RICHARD L., *According to Hoyle* (Fawcett Publications, Inc., Greenwich, Conn., 1956).

⓮ FURST, DOCTOR BRUNO, *The Practical Way to a Better Memory* (Fawcett Publications, Inc., Greenwich, Conn., 1957).

⓯ GARCIA, FRANK, *Marked Cards and Loaded Dice* (Prentice-Hall, Inc., New York, 1962).

⓰ GOODMAN, MIKE, *How to Win at Cards, Dice, Races and Roulette* (Holloway House Publishing Co., Los Angeles, 1963).

⓱ GREENSPUN, HANK, "Where I Stand," *Las Vegas Sun*, January

26, 1962, p. 1.

⑱ HUFF, DARRELL, *The Mathematics of Sex, Gambling and Insurance* (Harper & Brothers, New York, 1959).

⑲ JONES, JACK, *Golden Nugget Gaming Guide* (Silver State Publishing Co., Las Vegas, 1949).

⑳ JONES, STRAT (AP), "Thorp's Book Brings About Vegas Shakeup," *Las Cruces Sun-News*, April 3, 1964, p. 1.

㉑ KATCHER, LEO, *The Big Bankroll; the Life and Times of Arnold Rothstein* (Harper & Brothers, New York, 1959).

㉒ K. C. Card Co., *Forty-second Anniversary Blue Book*, 1960, Chicago, 1959.

㉓ KELLY, J. L., "A New Interpretation of Information Rate," *IRE Transactions on Information Theory*, Vol. IT-2, NO. 3, September, 1956. *Bell System Tech. J.*, Vol. 35, 917-926. (1956).

㉔ *Las Cruces Sun-News*, "Mobster Swears Gang Boss Has Interests in Las Vegas," October 1, 1963, p. 1.

㉕ *Las Vegas Review-Journal*, "Silver Slipper Raided," April 4, 1964, p. 1.

㉖ *Las Vegas Review-Journal*, "State Casinos Change Rules on '21' Games," April 2, 1964, p. 1.

㉗ *Las Vegas Sun*, January 25 and 27, 1961.

㉘ *Las Vegas Sun*, "U.S. to Smash Mob-Ruled LV Casinos," January 29, 1962, p. 1.

㉙ LEWIS, OSCAR, *Sagebrush Casinos: The Story of Legal*

Gambling in Nevada (Doubleday & Co., Inc., New York, 1953).

㉚ *Life,* "Senators Survey Low-Belly Strippers," September 1, 1961, p. 39.

㉛ *Los Angeles Herald Examiner,* "Can YOU Beat Blackjack?" June 10, 1962, p. H1.

㉜ *Los Angeles Herald Examiner,* "Crooked Dice Charge; Vegas Casino Closed. First Case of Cheating in Nevada (sic)," April 4, 1964, p. 1.

㉝ *Los Angeles Times,* "Federal Extortion Case May Link Las Vegas Gambling to Underworld," February 6, 1964, p. 1.

㉞ *Los Angeles Times,* "Vegas Casinos Cry Uncle, Change Rules," April 2, 1964.

㉟ MACDOUGALL, MICHAEL, "Even 'Honest' Vegas House Cheats," *Sunday Star-Ledger,* Newark, New Jersey, December 2, 1962, p. 35.

㊱ MACDOUGALL, MICHAEL, *MacDougall on Dice and Cards* (Coward-McCann, Inc. New York 1944).

㊲ MACDOUGALL, MICHAEL, "Nevada Trumps a Blackjack Dealer," *Sunday Star-Ledger,* Newark, New Jersey, April 19, 1964, section 2, p. 2.

㊳ McKINSEY, JOHN C., *Introduction to the Theory of Games* (McGraw-Hill Book Co., Inc., New York, 1952).

㊴ *Miami News,* January 25, 1961, p. 6A.

㊵ MONROE, KEITH, "William Harrah: The New Gambling King,

and the Social Scientists," *Harper's,* January, 1962.

㊶ *The Nation,* February 4, 1961.

㊷ *Newsweek,* "Gambling: Hello Suckers," September 4, 1961, pp. 22ff.

㊸ *New York Herald Tribune,* January 29, 1961, pp. 1, 24.

㊹ *New York Journal American,* "Computer Beats House at '21' in Las Vegas," November 15, 1963, p. 1.

㊺ *New York Journal American,* "How Wizard of Odds Beat Las Vegas Cards," April 3, 1964, p. 1.

㊻ *New York Times,* Western Edition, "Las Vegas: Gambling Take Creates New Force in U. S.; Millions in Untaxed 'Black Money' Give Obscure Figures Power that Extends from Underworld to Government," November 18, 1963.

㊼ *New York Times Book Review,* Best Seller List, April 19 and May 3.

㊽ OLSEN, ED, Letter to the Editor, *Life,* April 17, 1964, p. 27.

㊾ O'NEIL PAUL, "The Professor Who Breaks the Bank," *Life,* March 27, 1964, pp. 80-91.

㊿ ORE, OYSTEIN, *Cardano The Gambling Scholar* [with a translation (from the Latin of Cardano's book, *Games of Chance*) by SIDNEY HENRY GOULD] (Princeton University Press, Princeton, N. J., 1953).

(51) *Parade Sunday Magazine,* Intelligence Report: "Crimes," August 25, 1963.

(52) POINCARÉ, HENRI, *Science and Method*. Translated by Francis Maitland (Dover Publications, Inc., New York, 1958).

(53) RADNER, SIDNEY H., *How to Spot Card Sharps and Their Methods* (Key Publishing Co., New York, 1957).

(54) THE RAND CORPORATION, *A Million Random Digits with 100,000 Normal Deviates* (Free Press of Glencoe, Illinois, 1955).

(55) REID, ED and DEMARIS, OVID, *The Green Felt Jungle* (Trident, New York, 1963). Reprinted and enlarged (Pocket Books, Inc., New York, 1964). All references are to the enlarged Pocket Book version.

(56) RIDDLE, MAJOR A., as told to Hyams, Joe, *The Weekend Gambler's Handbook* (Random House, New York, 1963).

(57) ROBB, INEZ, "Bets Are Off," *New York World-Telegram and sun,* February 7, 1961.

(58) SCARNE, JOHN, *Scarne's Complete Guide to Gambling* (Simon and Shuster, Inc., New York, 1961).

(59) SCHERMAN, DAVID E., "It's Bye! Bye! Blackjack," *Sports Illustrated,* January 13, 1964.

(60) SCIENTIFIC AMERICAN, "How to Beat the Game," April, 1961, p. 84.

(61) SHEINWOLD, ALFRED, "It's in the Cards: Blackjack-Counting the Cards," *Argosy,* August, 1961.

(62) SHERMAN, GENE, "'Off The Top' Plagues Gambling Authorities. Pocketing Money Without Being Reported for Tax Purposes

Called Impossible to Prove," *Los Angeles Times,* October 28, 1963.

⑥³ Showboat Hotel, Las Vegas, Nevada, "The Univac '21' Formula for Standing or Drawing."

⑥⁴ SMITH, HAROLD S., *I Want to Quit Winners* (Prentice Hall, Englewood Cliffs, New Jersey, 1961).

⑥⁵ *Sports Illustrated,* "Calculated Risk," February 6, 1961, pp. 4, 5.

⑥⁶ STEEN, JOAN, "Exposing Crooked Gambler's Tricks," *Popular Science Monthly,* January, 1962, pp. 61ff.

⑥⁷ THORP, EDWARD O., "Fortune's formula: The Game of Blackjack,: *Notices of the American Mathematical Society,* December, 1960, pp. 935-936.

⑥⁸ THORP, EDWARD O., "A Favorable Strategy for Twenty-One," Proceeding of the National Academy of Sciences, Vol. 47, No. 1, pp. 110-112 (1961).

⑥⁹ THORP, EDWARD O., "A Prof Beats the Gamblers," *The Atlantic Monthly,* June, 1962.

⑦⁰ THORP, EDWARD O. and WALDEN, W., A Favorable Side Bet in Nevada Baccarat, *Journal of the American Statistical Association,* Vol, 61, 313-328 (1966).

⑦¹ *Time,* Modern Living: "Eight Days to Win," January 13, 1961, p. 82ff.

⑦² *Time,* "Games: 'Beating the Dealer,'" January 25, 1963, p. 70.

⑦³ *Time,* Non-Fiction Best Seller List, May 29, 1964, p. 4.

㊍ TURNER, WALLACE, "Nevada Gambling Faces New Test," *New York Times,* April 12, 1964, p. 53.

㊎ TURNER, WALLACE, New York Times, November 18, 1963 to November 22, 1963, p. 1.

㊏ WALDEN, W., Ph.D. Thesis, New Mexico State University (unpublished).

㊐ WANNISKI, JUDE, "Gambers Shuffle Blackjack Rules Back to Old Deal," *The National Observer,* June 15, 1964, p. 8.

㊑ *Washington Post and Times Herald,* January 25, 1961, p. 3; editorial, "High Stakes," p. A16, January 26, 1961.

㊒ WILLIAMS, JOHN D., *The Compleat Strategyst* (McGraw-Hill Book Co., Inc., New York, 1954).

㊓ WILSON, ALLAN, *The Casino Gambler's Guide* (Harper and Row, New York, 1965).

옮긴이 신가을

서울대학교 영어영문학과를 졸업하고 서울대학교 인문대학원 영문학 석사과정을 수료하였다. 현재 외국계기업 한국 지사에 근무 중이며, 경제경영 분야의 국제적 감각으로 번역 프리랜서로도 활동하고 있다. 역서로는 알렉산더 엘더 박사의《심리투자 법칙》, 토마스 K. 카 박사의《추세매매기법: 추세와 친구가 되라》, 존 볼린저의《볼린저 밴드 투자기법》, 반 K. 타프의《슈퍼 트레이더》, 버프 도르마이어의《거래량으로 투자하라》,《언제 매도할 것인가》등이 있다.

감수 안혁

KAIST에서 기계공학(학사)와 경영공학(석사)을 전공하고 현재 CFA(국제재무분석사)이자 한국투자증권 퀀트(계량분석) 애널리스트로 일하고 있다. 저서로는《프로야구 명감독이 주식투자를 한다면》(2014년)이 있다.

딜러를 이겨라

초판 1쇄 발행 | 2015년 4월 20일
초판 5쇄 발행 | 2024년 7월 10일

지은이 | 에드워드 O. 소프   옮긴이 | 신가을   감수 | 안 혁

펴낸곳 | (주)이레미디어
전화 | 031-919-8511
팩스 | 0303-0515-8907
주소 | 경기도 파주시 문예로 21, 2층
홈페이지 | www.iremedia.co.kr
이메일 | mango@mangou.co.kr
등록 | 제396-2004-35호

편집 | 유소영, 김현정, 정은아   디자인 | 박정현   마케팅 | 김하경

저작권자ⓒ에드워드 소프, 1962, 1966
이 책의 저작권은 저작권자에게 있습니다. 서면에 의한 허락 없이 내용의 전부 혹은 일부를 인용하거나 발췌하는 것을 금합니다.

ISBN 978-89-91998-97-1 13320

– 책값은 뒤표지에 있습니다.

이 도서의 국립중앙도서관 출판예정도서목록(CIP)은 서지정보유통지원시스템 홈페이지(http://seoji.nl.go.kr)와 국가자료공동목록시스템(http://www.nl.go.kr/kolisnet)에서 이용하실 수 있습니다. (CIP제어번호: CIP2014038571)